国家自然科学基金项目（71362029，71562036）
云南省中青年学术和技术带头人后备人才项目（2014HB009）
云南省支持新增一级学科博士点学科建设项目——应用经济学
云南师范大学“十二五”学科建设项目——层次应用经济学
联合资助

共享节约契约下的网购供应链库存与运输整合优化研究

李富昌　胡晓辉　卢　玮　著

科学出版社
北　京

内 容 简 介

本书首先从营销成本、价格决策权等方面探讨传统供应链的库存与运输优化机制；其次从决策模式优选、价格决策效应、契约优化设计、协作机制、合作努力程度多方面揭示共享节约合同和库存与运输整合优化的单周期融合机制；然后将研究拓展到动态条件下，研究共享节约下的网购供应链库存与运输动态整合优化的决策规则和优化路径；最后提出收益共享契约与网购供应链库存与运输整合优化的融合策略和对策建议。

本书可供企业决策层管理人员、供应链管理人士学习参考，也可作为高等院校系统工程、工业工程、管理科学与工程、物流管理、工商管理、企业管理等相关专业的本科生和研究生的参考用书。

图书在版编目（CIP）数据

共享节约契约下的网购供应链库存与运输整合优化研究/李富昌，胡晓辉，卢玮著. —北京：科学出版社，2017.11（2018.12 重印）

ISBN 978-7-03-054733-0

Ⅰ. ①共… Ⅱ. ①李… ②胡… ③卢… Ⅲ. ①电子商务–供应链管理–库存–研究 ②物流–货物运输–管理–研究 Ⅳ. ①F713.36 ②F252

中国版本图书馆 CIP 数据核字（2017）第 245440 号

责任编辑：张 展 朱小刚 / 责任校对：杜子昂
责任印制：罗 科 / 封面设计：陈 敬

科学出版社出版
北京东黄城根北街 16 号
邮政编码：100717
http：//www.sciencep.com
四川煤田地质制图印刷厂印刷
科学出版社发行 各地新华书店经销
*
2017年11月第 一 版 开本：B5（720×1000）
2018年12月第二次印刷 印张：10 1/2
字数：220 000

定价：69.00 元

（如有印装质量问题，我社负责调换）

前　　言

随着电子商务的日渐成熟，网购已成为人们日常消费的重要渠道。网购供应链是由制造商、网店运营商、快递服务商、顾客构成的销售并配送产品的供应链，包括制造商供货、顾客网上订购、电子支付、快递物流运输、签收、确认收货、评价反馈等环节。库存与运输成本是网购供应链总成本的重要组成部分，占80%以上，但是二者之间存在典型的“效益背反”现象。在共享节约合同中，参与方按照一定的比例分享成本节约所带来的利润增量，各方均能从运输成本和库存成本的节约中获利，因此，共享节约合同是解决“效益背反”现象的一种有效方法。将共享节约合同和库存与运输整合优化相结合，探讨二者的融合机制，分析共享节约合同对网购供应链库存与运输整合优化的促进效应，具有重要的理论价值和现实意义。

本书第 1 章从供应链协调优化、库存与运输优化、收益共享研究、共享节约研究四方面梳理了国内外相关研究成果，奠定了研究的理论基础；第 2 章聚焦于传统供应链模式下的库存与运输优化研究，在考虑营销成本条件下分析了网店运营商的最优决策，接着研究了批发价决策权对供应商最优决策的影响，最后指出网络零售商在网购供应链中的决策路径；第 3 章在单周期条件下，探讨基于共享节约契约的网购供应链库存与运输优化问题，从协作机制、决策模式比较、价格决策权、契约优化设计、线性需求、合作努力程度多方面揭示共享节约合同和库存与运输整合优化的融合机制，比较分析了整合优化和分散优化的系统绩效，指出共享节约合同对库存与运输整合优化的促进效用；第 4 章将研究拓展到多周期条件下，从动态优化模型、三阶段决策模型、整合优化策略方面介绍了共享节约下的网购供应链库存与运输优化动态优化路径；第 5 章在参与方有限理性条件下，引入演化博弈分析框架，探讨不同初始条件下，基于共享节约合同的网购供应链库存与运输整合优化的演化稳定状态，并分析了稳定均衡的性质；第 6 章从障碍因素、矛盾分析法、影响机制和优化策略、促进机制方面分析了共享节约条件下网购供应链库存与运输整合优化的对策。

本书对共享节约合同和网购供应链库存运输协调优化的探讨可以拓展到不同情形下，为收益分配、网购供应链和协调优化理论研究提供了有益的补充。本书研究思路、研究方法和研究结论对电子商务、物流管理和网购供应链管理领域的理论研究学者和实业界人士有一定借鉴意义。

由于社会经济发展日新月异，且作者学识有限，书中难免存在不妥之处，敬请读者予以批评指正。

李富昌　胡晓辉　卢　玮

2017 年 6 月于昆明

目　　录

第1章　ITIO研究综述

1.1　供应链协调优化

近几年来，供应链逐渐被人熟悉，供应链协调就是使得供应链参与者之间进行合作，共同完成同一目标的处理过程。Lariviere（1999）认为，外部性使得供应链运作无效率，有两种方法可以缩减外部性带来的危害：一是优化贸易结构，例如，将供应链中的纵向成员企业连成一个整体以实现在供应链中纵向一体化；二是改变交易规则，特别是改变契约或者契约中的变量。类似这种设计各种解决办法为使供应链系统整体效率提高的方法，就是供应链的协调机制。Iyer和Bergen（1997）首次提出快速反应（quick response，QR）模型，该模型以一个包含制造商和零售商有着两阶段的供应链为前提，在供应链中，买方承诺购买一定数量的产品，但是选择一次性购买或先买一部分再视情况购买剩下的部分存在不确定性。QR模型证明了下游企业占据很大优势，作者最后针对这一现象提出了一些帕累托改进的建议。Fisher和Raman（1996）提出了精确响应（accurate response，AR）模型，该模型是指在一个随机市场需求的环境中，假设零售商为实现产品供应的柔性，委托进行一个两阶段的生产，第一阶段的生产运作包含了销售季节早期的市场需求，第二阶段的生产运作就在此基础上于销售季节之后的其他时间进行。AR模型对于季节性较强且生命周期较短的产品而言具有较好的效果。Eppen和Iyer（1997）首次建立了后备协议模型，也称补充协议模型，这属于灵活订货问题中的一种，在服饰工业的补充协议下供应链中的下游企业承诺在一定期限内订购一定数量的产品，然而上游企业并不会把全部产品一次性给下游企业，第一次会保留一部分，等到下游企业第二次购买时，再把这部分保留的产品发送。补充协议规定那些实际购买数量少于协议中规定的购买数量的企业需要支付相应费用，也就是惩罚成本。此模型保持了上下游企业之间的盈利平衡。Tsay（1999）建立了数量弹性契约模型，在这个契约下，下游企业首先对市场需求进行预测，然后向上游企业承诺订购不少于某一比例预测需求量的产品，上游企业则依据该契约执行交付货物任务。Netessine和Rudi（2001）研究了直接交运（DS）模型，该模型是在市场随机需求下研究单个批发商与单个零售商关于产品费用的函数。该模型中利用多阶段报童模型，考虑三种不同力量状况，产品费用由零售商决定，批发商的订货数量由其在整个供应链中的订货水平决定。Cheung和Lee（2002）研究了在供应商管理库存（vendor managed inventory，VMI）模式下，信息共享通过库存水平与协作配送的再平衡使供应链中所有成员企业均受益的机制。Cachon 和 Lariviere（2005）研究了零售商的每次收益都会分享一定比例收益给供应商的收益分享合同，提出该合同等同于余货回购合同，也就是说，每个余货回购合同都有相应的收益共享合同，使得任意需求都能产生相同利润分配与现金流。

刘桂庆（2010）对非一体化供应链进行了研究，对货物订购数量、运输成本的分配进行了分析，对是否将供应链成本因素考虑进去、在管理库存模式下库存路径在库存与配送整合优化时遇到的问题进行了分析。李富昌（2012a）认为库存与运输整合优化（inventory/transportation integrated optimization，ITIO）可以有效缓解“牛鞭效应”、节省成本和提高服务质量，但也存在信息泄露、效益分配、决策权分配、道德风险等问题。朱道立等（2011）进一步研究了网购供应链的概念、特点与网络结构等问题，指出快递商在网购供应链中处于优势地位、其与网店运营商之间存在激烈的竞争问题，并提出了相应的协调方案，在不同决策产生效益的情况下，对供应链的库存与运输整合优化进行比较分析。李富昌（2010）在此基础上提出了库存成本与运输成本的“效益背反”现象，在不同决策模式下分析比较了供应链的最优决策，并对系统绩效的区别与联系进行分析，然后在非对称理性条件下，对供应商和零售商的库存与运输整合优化的动态演化问题进行了研究并得出复制动态演化稳定策略（evolutionarily stable strategy，ESS），最后对 ITIO 的效益在收益共享与讨价还价情况下的分配进行了分析。成党伟（2011）提出了客户的服务水平对物流企业的发展的影响因素，对影响物流企业顾客满意度的因素进行了分析并提出提高满意度的相应建议。王法涛等（2013）在经典的报童模型基础上建立模型，并对网上零售服务供应链的协同问题进行研究，分别分析了分散式系统与系统在集中控制情形下的最优决策。徐琪等（2015）构建了合作与非合作情形下的供应链模型，重点分析了前者的绩效以及其基于双重补偿契约的转运协调机制，表明合作型双渠道供应链库存协调对提高整个供应链系统的利润、减少缺货成本和降低整体渠道库存水平都有重要作用。杨畅等（2016）在基于市场需求不确定的情况下，建立了一个由单一供应商和单一零售商组成的二级退货模型，讨论了零售商的定价问题，分析了单纯的退货策略以及其在引入惩罚与回馈机制后的利润状况，从集中决策和分散决策角度分别研究了供应链的协调与优化问题。

1.2 库存与运输优化

1.2.1 国内研究

刘丽文等（2003）在 VMI 环境下，对比分析了时间整合模型、数量整合模型和时间与数量混合模型的优缺点，得出了其最佳参数值和运用环境。唐宏祥（2004）

研究了分散式供应链和 VMI 模式供应链的性能特点，依据 VMI 模式的优缺点提出了相应的改进途径。陈治亚等（2004）在单品种库存模型的基础上，依据企业总费用最小的原则推导出不同需求、不同服务水平的计算公式和在运输费用一定的情况下库存模型合理的配送时间间隔。金志扬等（2005）基于合作博弈的角度，提出库存与运输整合优化存在现实必要性及其实现的可能性，并认为其比对库存和运输分开进行优化更能节省成本、获利更高并且突出体现了现代物流系统的整合性优势。王耀燕等（2005）假设 Poisson 随机过程，对 1 个供应商与 N 个零售商的供应链进行了分析，提出了 VMI 系统的配送对策，运用规模经济对为达到最小成本的小额订单派送问题进行了研究。张东亮（2007）构建了即时配送以及整合配送的整合优化模型，实现了 VMI 系统在供应商取得最佳订货量基础上的最小总成本，提出了关于提高服务的自主性和能动性的相关对策，采用非线性规划约束极值理论和随机过程的相关定理进行分析，得出供应商在零售商需求较小的情况下采用即时配送策略，而在一般情况下则采用整合配送的策略。

刘立辉等（2006）构建了随机多品种的库存与运输优化模型，在该模型的基础上，运用双层规划法对复杂性问题进行计算并得出最优解，通过不断调整供需以达到模型最优策略。王亮等（2007）基于库存控制整合优化模型与整车发运的运输决策，对随机需求的三种配送策略进行推导，得出最优运输频率以及最优库存水平。李虎（2007）为建立业务人员的库存金额预算，对缺货件数和缺货次数进行了分析，对单点多品种的库存结构进行了优化，得出了各零件的不同参数，通过对比分析更新、失效与寿命更新周期之间的关系来确定总成本，计算出了达到批量订货策略与寿命更新整合优化的最优寿命更新周期及订货点。建立了基于单级多点转运系统的多维过程模型，对库存缺货时不同的处理策略进行了分析，得出了最优库存。在单级多点转运库存系统中，不同情况下的批量订货有其对应的策略分析。对不同情况下的两级多点转运库存系统进行研究和仿真实验，而对于实际问题中的大规模需求，则构建混合整数规划模型并采用算法来求解最优效率。王亮（2008）认为在限定条件下结合配送策略的供应链系统支出的最小化和库存与运输的最优化相符合。为降低优化总成本，重点分析了库存与运输中的四类问题。在市场中引入先进库存管理模式能够解决当前面临的诸多问题。

马乐（2008）建立广义条件下的库存与运输整合优化模型，在 VMI 环境下探讨其运作模式和优势，研究了通过车辆路径规划问题来实现库存与运输整合优化、完善库存控制方式和达到各阶段分派在复杂情况下的运输最优规划。田立新等（2009）构建了基于多对多成品油配送系统的 0-1 规划模型，计算出最优解，证明了在多供给、多需求且允许缺货的情形下应采用成品油采购、运输和存储的决策。王勇等（2009）在不缺货和需求随机形式下，构建多折扣的两级供应链库存与运输整合优化模型，并进一步求解，解决了销售商在第一阶段的最优配货和在第二阶段的送货问题，并得出在 VMI 模式下整车发运和零担量整合运输中的最佳补货量。雷邦军（2009）认为库存与运输成本占供应链配送成本的大部分，基于同一目标函数，在复杂环境中对库存与运输进行整合优化，是目前学者最重要的任务。在两级供应链系统中分析订货、库存及运输费用的最小化，在模糊的环境下对库存与运输的决策进行优化，对供应商与多个销售商的利益进行最大化并研究了目标函数在模型算法中的性质。

奚飞等（2009）在两级供应链系统中，以实现供应链成本最小化为目标，对新的零售商分割策略下的共同与不同订货周期进行比较分析，得出后者更具优势。刘桂庆等（2009）研究了非一体化供应链下单零售商-单供应商的库存与运输整合优化问题，构建了三种情况下的数学模型，分别是一体化的理想情况以及运输成本由供应商、零售商分别承担，发现供应链整体在零售商承担运输成本的情况下利润最优，设计了利润分配策略来协调供应链以保证供应商和零售商均能获得更大的利润。奚飞（2009）在基于一对多的两级供应链系统情况下，对整数倍时间订货周期策略、2 的整数幂倍（power of two，POT）时间订货周期策略以及非一体化库存-路径问题（inventory-routing problem，IRP）进行了研究。在需求确定情况下，针对传统 POT 订货周期的策略采用新研究，从而降低供应链的成本。为了论证最优整数倍时间策略，运用周期比例向量对双方订货周期的大小关系进行对比。

肖汉（2010）首先总结了国内外的相关研究，并在此基础上进一步分析了在多周期、需求随机条件下的库存-路径问题，采用遗传算法对库存与运输问题进行了求解。并对多周期随机需求在普遍多车条件下的库存-路径问题进行了分析，并引入了粒子群算法来求解多车模型。王斐等（2010）在整合库存管理（jointly managed inventory，JMI）物流系统下对两级库存的集成优化模型进行了研究，寻求单周期离散随机的遗传算法。谢小良等（2010）认为当供应商采购与存货达到临界值时，物品好坏和存货及销售率之间的关系会对库存与运输整合优化产生影响。构建关于供应商库存与运输整合优化的模型，对销售率与存货间的关系进行探究，以此来求得供应商的最优库存和最佳订货量。王勇等（2010）在零售商面临的需求呈正态分布且相互独立的情况下，采用两个作业进行整合运输的策略，零售商提前期由固定的运输时间以及等待时间构成，该等待时间是为了降低运输成本而选择作业整合的，允许零售商缺货，并且缺货成本与提前期的长短相关，构建零售商与运输商的整合期望总成本模型，并寻求合适的提前期及最佳订货点。邓哲锋等（2010）构建时滞变质物品的库存与运输整合优化模型，采用启发式算法，在可控范围的拖后率情况下，研究时滞变质物品需求的最优库存与运输策略。谢秉磊（2010）为应对随机顾客需求，采用启发式算法进行求解，之后采用修正的公式来确定各个顾客需求的库存路径，以周期车辆路径来求解库存路径。

刘利国（2010）以系统、集成的思想突破传统的库存管理模式，在信息技术不断发展的条件下，对供应商管理库存进行了研究，得出最小化物流成本并解决了“效益背反”的矛盾。运用管理运筹学在库存和运输的环节中解决集成优化的问题，在一对多的两级分销系统模型中 VMI 模式下的库存与路径实现了总成本最小条件。采用模拟退货算法来计算行驶路径并计算初始库存和需求量以确定配送的对象和数量以解出配送的最优解。王伟（2011）对三级集成化与非集成化供应链 IRP 进行了研究，分别以五个维度对 One-Many-Many 供应链建立模型和算法。为求得模型的可行解，在一系列相关约束条件下，采用 0-1 整数变量和次序变量变换模型，并采用遗传算法来论证多周期的供应商主导的库存-路径问题（supplier led inventory-routing problem，SIRP），采用蚁群算法对周期数维度的反周期供应链 IRP 进行论证，分析三种不同运输方式下的 SIRP 模型，以正态分布和均匀分布对模型进行优化。王勇等（2011）根据 ITIO 问题在一对多配送系统中的特点，在不对称条件下，构建了零售商和配送中心双方理性的退化收益矩阵，得出复制动态方程，求出 ESS，研究发现，不完全信息条件下有限理性零售商的 ESS 与完全信息条件下完全理性零售商的选择是相同的。通过运输与库存的各参数对 ITIO 双方演化稳定策略的影响可知，单独优化时的库存安全因子、运输启动成本及零售商与配送中心的距离越大，最终零售商越倾向于采取整合优化策略。王旭等（2011）构建双层规划模型，采用 Milk Run 取货模式，对汽车零部件库存与运输的“效益背反”问题进行分析，不断对上下层的博弈采用分层迭代算法以找到双方利益的均衡点来取得整个物流系统的优化。李富昌（2012b）分析了库存与运输整合优化的障碍因素及应对策略，在库存与运输整合优化利润分配的研究中指出，整合优化能否开展以及供应链能否开拓新的利润增长点与利润分配问题有很大关系。在库存与运输整合优化中的信息共享研究中认为，信息共享有助于得出库存与运输最优决策，对整条供应链增强其竞争力有重要影响。

王乾龙（2012）在假设只有一个供应商和一个零售商的情况下，对分散决策模式和整合优化模式进行了比较分析，得出整合优化模式在零售商主导的供应链中是最优决策，并据此分析在随机需求情况下多种物品的整合优化，针对供应商和零售商提出相应合理建议，以此来实现库存与运输的整合优化。为实现物流成本最低，构建出库存补货策略上的库存运输优化模型。用多个库存优化问题与车辆路径子模型求得 NP 难题的最优解。李富昌（2012c）为解决库存与运输整合优化各方面的问题，建立了基于讨价还价模型 ITIO 利润分配关系，对 ITIO 利润讨价还价和完美贝叶斯均衡的逆向归纳法进行了研究，推导得出，在第一阶段，对方和自身的耐心程度决定了双方利润分配，且耐心程度与价格存在不确定性，在第二阶段，零售商的最优分配与整合优化的利润分配呈正相关，供应商最低利润与整合优化的利润分配呈反相关。李富昌（2012a）指出目前库存与运输整合优化的重要问题之一即信息共享问题，其在目前市场中还存在一些困难，通过提高信息共享的能力，使得供应链信息对称化、成本最小化以及库存与运输的决策最优化。通过信息共享的激励，完善的信息管理和合理的利润分配能够有效促进供应链各方的合作。杨子楠（2013）对虚拟库存管理进行了研究，基于由多个零售商、一个供应商和一个协调中心组成的物流系统，优化库存与运输的策略，协调零售商和供应商以实现利益共享，达到节约成本、增强效益的目的。采用虚拟库存联盟的基本方法来解释虚拟库存管理的基本原理，尤其阐明了集成优化的作用。构建集中订货和相互调拨模型以实现物流业务的协调，该模型是以总成本最小为目标，采用遗传算法来求解库存与运输最佳方案。

肖继先等（2013）认为采用最大最小运送周期的方法能够有效降低供应链成本，而基于车载能力的周期配送货物效果更明显。采用最大最小运送周期库存与运输模型能够有效节约两级供应链的成本和运输费用。刘丹等（2013）构建了一对多的两级供应链模型并进行了分析，解决了多类零售商的库存分配问题，将最优先到先服务（first come first service，FCFS）和最优库存分配、简化 FCFS 和简化库存分配进行对比分析，认为简化 FCFS 和最优库存分配具有相对优势。杨佳（2013）在 VMI 模式下，对 IT 产品的库存与运输集成优化进行了研究，认为降低 IT 产品供应链的总成本，对 IT 产品使用价值具有重大影响。分析指出当前 IT 产品物流的缺陷，及其对成本控制的不利影响。VMI 模式基于 IT 产品的特殊性采用多对多的集成优化模型，有效地规避了“效益背反”，使得总成本最小且实现了库存与运输的优化。可可（2013）对已有的研究成果进行概括总结，并在此基础上，在 VMI 模式下，对一对多的两级供应链系统基于随机需求的单周期的库存路径整合优化问题进行了研究，建立 VMI 模式下的 IRP 模型，考虑混合时间窗和车辆载重量等条件，实现随机需求的单周期总成本最小的库存路径整合优化决策。

汪亮（2014）指出，国内外学者对 VMI 模式都相当重视，中国企业在 VMI 库存管理模式的实践探索中从未停下脚步，VMI 模式的优点是能够极大地满足供应链各环节的有效需求，不过在具体实践中还需要具体分析。从供应链库存成本和收益出发来分析供应链库存的现状，构建系统动力学模型来阐述库存成本、“牛鞭效应”和企业收益不均等问题来源，比较不同需求目标下的模式现象，分析 VMI 模式对供应链和市场之间的协调性的影响。建立模型对比两种模式的收益，表明 VMI 模式能够提高零售商收益，并且降低供应商的收益。结合零售商的返利，在 VMI 收益共享模型下双方收益都有所提高，有效解决了 VMI 模式下供应链整体的协调运作问题。秦军昌等（2014）建立库存与运输随机规划模型，分析了在特定仓库下单周期物资的应急物流和模型求解性质的复杂性，采用混合智能算法，求得服务水平、运输和库存成本在应急物流中的均衡水平，并指出该均衡水平能够提高物流效率。

王桦等（2015）以网购供应链为对象，构建库存与运输整合优化模型，指出 ITIO 的决策受到信息、利润以及售后服务等因素的影响。提出实施保障机制、分配制度、协作共建等相关措施来解决同质化困局。卢亚秀（2015）运用 VMI 的管理模式在天然气供应链系统中对天然气的供需进行分析，该模式以川渝地区天然气的供应链为研究对象，以解决天然气供应链中存在的主要问题为目的，在天然气库存与运输整合优化模型中参考历史数据，研究分析了不同决策下的总成本和天然气的需求量及库存量，有效地缓解了“牛鞭效应”，优化了天然气配置。卢玮等（2015）认为 ITIO 促进了物流和网购供应链的高效合作，ITIO 的动态优化促进了各方的共赢。从网购供应链的角度发现 ITIO 面临的各种障碍因素并求得最优决策。陈静（2015）在电子商务环境的背景下，分析电商企业和供应商之间的库存与运输的“效益背反”传导机制，对双方的利弊进行分析，并以此为研究对象。首先研究了库存-路径问题的理论基础，接着对电子商务环境下的 IRP 特征进行分析，构建 IRP 模型，采用遗传算法，求得集中订货策略，最后验证集中订货在降低总成本上是有效的。

李富昌（2016）认为分散优化将导致效率损失，也就是个体与整体之间产生偏差，进行 ITIO 来寻求问题的最优解决方案以此优化整个运营成本。运用 ITIO 三阶段的决策模型寻求营销成本下的最优解。结果表明，ITIO 零售价与需求的弹性、运输成本和订购成本等呈正相关，与需求价格弹性和订货批量呈反相关，且零售商在相同数量下单独优化时成本更大。张可芳等（2016）指出企业在面临巨大竞争力的情况下，应节约成本以争得市场，实现有效管理。深入分析库存与运输的整合优化，并与现有的情况相结合，完善最优化策略。

1.2.2 国外研究

关于库存与运输整合优化（ITIO）问题的研究，国外学者更多地集中于单对单、单对多、多对单和多对多的物流配送系统。Daganzo 等（1985）在产品总需求可以预测的假设条件下，对单商品的一对多物流配送系统进行了研究，发现随着运输距离的增加，运输成本增加的幅度很小，但节约比重随配送区域的增加而减少幅度显著。Daganzo（1988）对多对多物流配送系统进行研究，指出散货场站具有重要作用，发现该系统在一定条件下采取转运方式，能够有效节约运输成本。Harris（1913）构建了经典的基本经济订货批量（economic order quantity，EOQ）公式，在单路径配送模型中，假定产品的需求速率是一个常量，并由连续速率发运的一对一货物配送系统，得出使得库存与运输总成本最小化的策略。Trudeau 等（1992）在每一个零售商都面临着随机需求的前提下，针对一对多的配送问题，求解在配送路线上车辆的总需求超过车辆运载能力时的策略。Bramel 等（1997）在不考虑缺货且需求固定的条件下，针对一个配送中心和一组销售商设计出所有销售点的需求得到满足的模型，该模型在单位时间内使得运输、装卸、库存在内的总费用最小。Herer 等（1997）在一对多配送系统中，采用生产与配送体系的双功能启发式算法，得出了最小化运输和库存成本的运送策略。Bertazzi 等（1997）对多种产品的一对多分销策略的情况进行研究，设计出一个基本的启发式算法来寻求使整个系统的运输和库存成本达到最小的最理想的配送频率。Shen 等（2009）在由一个供应商、多个配送中心和多个代理商组成的三层供应链配送体系中，整合车辆的横向调动和库存，并将其作为一个整体融入到整个补货和配送计划中进行研究。

除此之外，国外学者在需求确定型和需求不确定型的库存与运输整合优化方面也进行了一定研究。Federgruen 等（1985）假定配送系统是一对多且只配送一种货物，供应商与客户的库存能力在一定条件下都是有限的且客户需求属于随机变量，首次研究了库存与运输整合优化在单周期随机需求时的问题。Federgruen 等（1986）在随机需求的情况下，对易逝品的单周期库存与运输整合优化问题进行了研究，提出库存与运输整合优化可以极大地节省总成本。Kumar 等（1995）在每个零售商的需求都服从正态分布且产品价值和库存成本成比例、期末净库存与延期交货成本成比例的条件下，对固定配送路线上存在 N 个零售商的静态和动态补货及库存管理策略进行了研究。Bard 等（1998）在顾客的产品需求量不确定的情况下，且客户为避免缺货而带来损失将持有一定的库存量，对库存与运输整合优化问题在滚动周期框架下的最优配送方案进行了近似估计。Campbell 等（1998）在需求确定的情况下，以及在分批配送和车队规模有限的条件下，对多周期库存与运输整合优化问题进行了研究，分析指出，车辆路径问题和库存与运输整合优化问题之间存在差异。Aghezzaf 等（2006）在需求率一定的条件下，为使得车辆启动成本、装卸费用、运输费用和零售商的库存成本相加最小，设计出了一个基于列生成法的近似算法。Chen 等（2008）在消费者的需求在周期内已知、车队规模有限、不允许缺货、每周期每个消费者的需求量可以分开且可由多台车辆配送的条件下，对多周期库存与运输整合优化的问题进行了研究。

1.3　收益共享研究

1.3.1　国内研究

供应链上不同企业目标发生冲突是供应链失调最主要的原因之一。供应链上各企业为追求自身利润最大化的目标，不考虑供应链的整体利润，导致供应链发生失调，造成供应链总利润低于协调时可以达到的最优利润。供应链契约

（Pastemack 于 1985 年首次提出）则对供应链上各企业之间的利润进行协调，使供应链达到帕累托最优。常见的供应链契约包括批发价格契约、回购契约、数量弹性契约、收入共享契约，其中前两个契约最为常见，而后两个契约则是供应链中的核心内容即成员收益和产品数量的契约。收益共享契约（revenue sharing contract）是供应链协调机制的一种重要的契约形式，该契约为了弥补制造商的损失，在制造商制定的批发价格较低的情况下，零售商将自己的销售利润按照一定比例支付给制造商。在契约双方签订购货协议之前，制造商承诺以一个较低的批发价格提供给零售商，同时零售商必须保证返还给制造商一定比例的销售利润，该契约不仅减小或消除了零售商积压库存的风险，也鼓励了零售商增加产品订货量、扩大产品销售量，同时有效减少了缺货所带来的商业损失，而且又能在一定程度上为零售商和分销商分担由增加产品订货量而造成的各种风险。

关于收益共享在供应链中的应用研究，国内学者主要集中在需求是随机的或者供应商具有风险厌恶或偏好的情形下，零售商和供应商组成的二级供应链以及加上制造商组成的三级供应链中。张熙悦等（2006）在由一个供应商和一个零售商组成的二级供应链中，假定零售商面临随机需求，参与方之间签订收益共享契约，研究发现该契约能够有效协调供应链，且参与方能够被任意分配得到最优收益共享比例，虽然如此，但收益共享比例并不能使供应商达到最优，因此认为采用单一的收益共享机制来协调供应链将产生不稳定的现象。熊中楷等（2006）把收益共享契约模型引入零售商、分销商和生产商组成的三级供应链中进行研究，假定价格是内生变量并且是与需求有关的函数，研究发现存在唯一的最优出售价格且能够最大化供应链中各方的收益。赵志刚等（2007）设计了一种利润分享契约，并研究其在需求价格弹性变动情况下的响应方法，研究发现，当需求价格弹性发生变动时，零售商通过对利润分享契约的参数进行调整来决策，能够实现供应链的有效协调。付蓬勃等（2008）在需求确定且与价格具有一定的相关性的情况下，对由单个供应商和多个零售商组成的二级供应链进行研究，构建供应链收益共享契约决策模型并分析契约参数，发现该契约模型比一般决策模型更能够实现供应链系统的协调。林志炳等（2010）假定决策主体存在一定损失厌恶，分析其在离散供应链系统中的最佳订购策略，认为零售商需求的最佳数量受损失厌恶的影响，进一步对收益共享契约参数与决策者的目标函数之间的关系进行了研究，指出收益共享契约在损失厌恶和风险中性的条件下的不同之处以及产生原因。郭春香等（2011）在由一个制造商和一个供应商组成的二级供应链中引入收益共享契约，对 Nash 均衡、Stackelberg 均衡和合作博弈情形分别进行了探究，发现制造商和供应商在分散决策系统中的定价过高，且其总利润比供应链整体合作时的总利润要低，收益共享契约可达到供应链的帕累托改进。杨道箭等（2011）在假定顾客具有风险偏好和策略行为的前提下，考虑由一个生产商、一个销售商和顾客组成的供应链，对供应链中利润分享契约的问题进行研究，并分析销售商的定价与库存决策行为，发现销售商的利润与顾客风险偏好程度成反比，利润分享契约中的批发价格的设定应高于生产商生产成本，同时利润分享契约中的分享参数应对实现供应链内部再分配利润有帮助，供应链中各个成员的议价能力往往决定了分享参数的确定。赵亚博等（2011）在需求不确定的环境下，在多节点的供应链模型中引入收益共享契约，发现该契约对多节点供应链的期望利润和最佳订货量能够起到优化作用，并且第一个节点的收益分享因子与其后节点的收益分享因子成正比。伍强等（2012）假定生产商处于主导地位且该二级供应链具有风险厌恶偏好，设计了考虑风险因素条件下的利润分享契约机制，认为在集中决策下供应链达到协调状况的充要条件是批发价及利润分享比例取得最优，研究发现分散决策将会使效率损失，进而导致供应链协调失败。与风险中性的情况相比，风险厌恶条件下供应链的收益会产生效率损失现象，而且供应链成员越厌恶风险，损失就越大。邓正华等（2012）构建了单一产品的单一零售商、单一制造商的供应链协调模型，研究发现，制造商产品处理残值小于或等于零售商剩余产品处理残值时，可通过收益共享契约有效协调供应链以实现供应链利润最大化，而当制造商产品处理残值大于零售商剩余产品处理残值时，无法通过收益共享契约实现供应链利润的最大化。叶飞等（2012）在二级供应链中，针对风险规避型的零售商和供应商进行单独研究，指出风险系数分别对其行为进行影响，最后提出采用收益共享契约机制来调节供应链。李绩才等（2013）构建了收益共享契约协调模型，该模型是在下游损失厌恶型零售商之间存在竞争的前提下，通过设定“批发价-收益共享系数”的特定比值，来实现整个供应链系统的唯一均衡，并对最优契约参数之间的关系进行了分析。代建生等（2014）研究了风险规避的供应商在条件风险价值（conditional value at risk，CVaR）条件下存在促销效益的收益共享合同，并分析了传统的和改进过的收益共享合同的协调问题，进一步讨论了契约参数之间的参数关系问题。

学者在随机需求的条件下，依据供应链特点，对收益共享契约进行了进一步深入的研究。赵霞等（2009）研究发现在随机产出和需求的情况下，生鲜农产品呈现均匀分布状态，构建了供应链协调模型，证明了在收益共享合同下，单个零售商和生产商能够有效协调，指出生产商的投入、零售商指定的价格与需求价格弹性相关。邢光军等（2009）在需求随机且具有缺货损失的条件下，构建了具有逆向物流供应链系统、零售商、生产商的利润优化模型，采用梯度算法进行分析，得出新产品的零售价，零售商、生产商的最优库存，以及在实现利润协调状况下的产品批发价格。在逆向物流供应链系统中，收益共享契约使零售商与生产商之间利润能够合理分配，达到利润共享。在此基础上，林略等（2010）研究了在收益共享契约下，生鲜农产品的三级供应链协调优化，在生产商、零售商和分销商三级供应链的状态下，利用库存因子寻求供应链最大利润的解，同时验证了弹性与最优利润的关系。宁亚春等（2010）建立了社会收益与政府机制之间的博弈模型，指出存在“政府偏好悖论”。林强等（2011）建立了在随机弹性需求条件下的收益共享契约模型，在分权供应链和集权供应链系统中，研究了风险规避供应商和零售商的最优抉择，并验证了销售商和供应商在随机需求变量服从均匀分布时的最佳选择。随着科技的发展，出现了双渠道供应链模式。但斌等（2013）运用 Stackelberg 模型和报童模型，研究了传统渠道和电子渠道对于同种产品的替代以及协调的相关问题，对该模型的有效性进行了研究。丁正平等（2003）基于双渠道的研究，提出现实中存在搭便车的状况，因此构建了模型，并对在此条件下供应链整体利益最优、不同主体分散决策时的均衡定价以及在不同渠道各种协调策略的实践问题进行了研究。王芹鹏等（2014）关于单个零售商和供应商之间的合理定价问题进行了研究，进一步研究了供应商关于碳排放的问题，以及供应商和零售商在单位产品于低、中、高等不同程度碳排放量的情况下的获益情况和供应商的抉择，并根据分成比例在特定区间确定问题建立 Rubinstein 讨价还价模型。

1.3.2　国外研究

国外的学者在供应链的研究中引入利润分享机制的时间较早且研究较为丰富。Anderson 等（1987）指出，利润的分配直接影响到是否能够顺利构建、运行和管理供应链，可以将此认为是最早将利润分享引入供应链中的研究。Jaber（2006）对具有风险厌恶偏好零售商的供应链进行了研究，认为风险厌恶零售商比风险中性零售商订购的产品要少。Wang 等（2007）在零售商是风险厌恶者且生产商是风险中性者的情形下，分析收益-损失分享契约对供应链渠道协调的影响，并且发现该契约不仅能够有效分配供应链的期望利润，而且还可以对其进行有效协调。Schweitzer 等（2000）在没有缺货惩罚的情况下，利用报童模型进行研究，发现损失厌恶决策者的需求数量比风险中性的要少，同时损失厌恶程度与其订购数量成反比。Dana 等（2001）提出零售商提供的收益共享契约可以缓和与其上游供应商之间的冲突。Wang 等（2004）将收益共享的委托契约引入渠道绩效中，分析发现，零售商的成本分担和需求价格弹性决定了单个公司和整个渠道的绩效。Cachon 等（2005）分析了收益共享契约和批发价格契约，指出供应链各方在零售商制定价格和固定零售价格两种情况下均能达到利润最优。Chauhan 等（2005）建立了基于收益共享的二级供应链模型，并在此基础上分析了供应链上不同成员的收益情况。Wang（2006）假定供应商所面临的市场需求均是随机的且其生产了一系列具有互补特性的产品，对由多个供应商及单个零售商组成的供应链系统中的定价与生产决策问题进行研究，发现采用带有收入分享机制的寄售销售契约后，零售商与供应商之间关系更加协调。Foros 等（2009）对利润分享契约如何有效协调销售渠道上下游企业之间的运作问题进行了研究。在此基础上，Wang 等（2009）在有缺货成本的基础上进一步进行了研究，分析了风险中性者与损失厌恶者在缺货成本的情况下，对于商品需求量的差异以及其受损失厌恶程度的影响。Cruz（2010）对风险和相关环境这两个因素进行了分析，建立了有关企业社会责任的供应链网络框架，指出企业既要考虑自身利益也要考虑自身的责任和公众利益。

1.4　共享节约研究

Corbett 等（2001）强调共享节约合同的优势，指出该合同能够有效协调供应链成员之间的关系，同时对比了工业产业中应用的合同绩效，发现共享节约合同对减少供应链的整体消耗和损失影响很小，但却可以有效提升产业链的获利水平。Yadav 等（2003）则在现实生活中引入了共享节约问题，作者对轮胎再制造商和物流公司关于轮胎成本的共享节约合同进行了研究，对共享节约合同在减低轮胎耗损方面提出了一些建议，并提出了增加双方利益的有效途径。在此基础上，Corbett 等（2005）对供应链共享节约合同中的双重道德风险和线性合同问题进行了研究，验证了线性合同能够有效处理双边道德风险问题。杨德礼等（2003）在信息完全下，研究了供应链的节点企业与第三方物流服务提供商（third party logistics service providers，TPLSP）非协同合作和协同合作的量化模型，结果表明，协同合作可以带来节点企业与 TPLSP 的双赢。但斌等（2007）认为现实中顾客希望物流费用越低越好且第三方物流企业不愿降低服务费用，对该矛盾进行了分析，也研究了由此引起客户与物流企业间的利益冲突的问题。由该点切入，设计共享节约合同，采用动态博弈模型验证了该合同的主要性质和内在激励机制。刘桂庆等（2009）对单个零售商和单个供应商的二级非一体化供应链进行了研究，指出零售商承担一部分运输成本时供应链利润有所提高。吴庆等（2009）对低值易逝品进行研究，指出较高的物流服务价格会导致客户企业减少该类商品的存货订购量，论证并指出当合同参数满足一定条件时，收入共享合同不仅可以协调 TPLSP 的服务价格和客户企业的存货决策，而且可以实现系统利润的最优、双方共赢。徐广业等（2010）认为存在传统分销渠道和网络直销渠道的双渠道供应链，对分散决策模型和集中决策模型进行了分析。构建了收益共享节约模型，设计了协调双渠道供应链的契约参数的数学公式，求解其最优取值范围，以最大化其收益。卢玮等（2015）认为 ITIO 具有降低成本、提高效率等作用，并指出收益共享节约能让各参与方互利共赢，是实现 ITIO 的有效途径。对网购供应链的特点进行分析，研究了库存与运输动态整合优化面临的问题以及相应的解决措施。在此基础上，李富昌（2016）提出在 ITIO 以及零售商和供应商都是理性的条件下，将共享节约合同引入 ITIO 中，分析了零售商的最优售价、制造商的最优批发价以及库存运输费用节约之间的关系，最后建立模型证明了存在双方努力水平纳什均衡解。

第 2 章　传统供应链库存与运输优化

2.1　考虑营销成本的网店运营商最优决策模型研究

2.1.1　网店运营商决策理论适应性分析

网店运营商在网络购物中发挥着供应商和消费者的共同中间商的作用，其最优决策对上游制造商利润的实现和下游消费者剩余的大小有重要影响，对电子商务渠道和传统渠道的互斥共生也有较大影响。在买方市场下，网店运营商需要投入一定的营销成本（网络广告、折扣等）用做产品促销，因此，研究基于营销成本的网店运营商最优策略问题具有很强的理论和现实意义。

国内外学者对零售商最优决策问题进行了一定的研究。从订货数量和期望利润两方面考虑了产品替代对零售商采购的影响，扩展了基本报童模型，使其包括过剩库存产品替代缺货产品的可能性。通过分析影响零售商定价策略的各种因素，发现竞争对手是影响定价的最重要因素；研究了基于决策优先权的零售商战略联盟的效益；在市场需求稳定环境下，以考虑数量折扣的零售商订货策略为研究对象，得到使得零售商利润最大化的订货量；在零售商具有风险规避特性条件下，研究了供应链协作契约机制的设计问题；在需求信息滞后条件下，研究了零售商的决策与“牛鞭效应”的关系；将期权思想应用于回购契约，在供应链实时市场条件下，指出在期权回购契约下，零售商的利润期望函数是最优决策变量的联合凹函数，并得出决策变量解析解；通过建立向单个供应商订购期权和向两个供应商订购期权的订货模型，以最大化期望利润为目标，证明零售商的最优订货量和最大期望利润都存在并且是唯一的；综合浪费规避偏差和缺货规避偏差研究零售商的订购行为，发现零售商的订购行为受浪费规避偏差和缺货规避偏差的影响；在时变供需环境下，探讨了基于商业信用的零售商最优订货策略。

但是现有研究没有考虑营销成本对网店运营商最优决策的影响，而且基本没有假定需求函数的具体结构，只是假定需求函数为确定性需求或者随机需求，然后建立分析模型，设计相应求解算法对模型进行分析。本节假定需求为营销成本和零售价格的函数，建立网店运营商最优决策求解模型，并对最优决策进行求解分析。此外，一般零售商最优决策研究都是研究单个决策变量，而本节选取零售价、订货批量和营销成本三个变量作为决策变量，弥补了现有零售商最优决策研究的不足。

2.1.2　模型描述

1. 模型假设

假设供应商配送的产品送达网店运营商后，网店运营商对产品的销售需要花费一定的营销成本。为了控制成本，网店运营商将做出最优决策，如最优的订货批量、零售价和营销成本等。这里把市场需求假定为营销成本和商品零售价的函数，假定需求价格弹性为x、需求营销成本弹性为y，则网店运营商可以通过x和y了解市场需求。零售价P、订货批量Q和网店运营商市场营销成本C为网店运营商的决策变量。

2. 输入变量

网店运营商从供应商处获得的批发价为W。网店运营商的单位商品库存成本为t_a，需求函数系数为$m(m>0)$，需求价格弹性为$x(x>1)$，需求营销成本弹性为y，满足$0<y<1$，$y+1<x$，订购成本为R_a。市场需求率为$U(P,C)$，假设$U(P,C)=xP^{-x}C^y$，其中P为网店运营商向消费者销售产品的价格，C为网店运营商市场营销成本。

2.1.3　网店运营商决策模型分析

以上分析得出，网店运营商的利润函数可以是：网店运营商的利润函数 = 产品销售收入–产品购买成本–营销成本–订货成本–库存成本。用数学公式可以表示为

$$\begin{aligned}\pi_a(P,C)&=PU-CU-R_aUQ^{-1}-WU-0.5t_aQ\\&=mP^{-x+1}C^y-mP^{-x}C^{y+1}-R_amP^{-x}C^yQ^{-1}-mWP^{-x}C^y-0.5t_aQ\end{aligned}\tag{2.1}$$

网店运营商的经营目标是选择一个最优的销售价格以最大化利润函数。因为$\pi_a(P,C)$是产品零售价P的凹函数，所以存在唯一最优的P^*，使得网店运营商的利润函数$\pi_a(P,C)$取得最大值。这个最优的P^*可以由网店运营商利润函数$\pi_a(P,C)$的一阶条件决定，求解$\pi_a(P,C)$的一阶条件为

$$\frac{\partial\pi_a(P,C)}{\partial P}=xmWP^{-x-1}C^y+(1-x)mP^{-x}C^y+xmP^{-x-1}C^{y+1}+xmR_aP^{-x-1}C^yQ^{-1}=0\tag{2.2}$$

网店运营商的最优价格 P^* 可以由网店运营商一阶条件求出：

$$P^* = \frac{x(W + C + R_a Q^{-1})}{x-1} \tag{2.3}$$

把式（2.3）代入式（2.1），可以将网店运营商的利润函数转化为

$$\begin{aligned}\pi_a &= (P - W - C - R_a Q^{-1})U - 0.5t_a Q \\ &= (P - W - C - R_a Q^{-1}) m P^{-x} C^y - 0.5t_a Q \\ &= mC^y \left[\frac{x(W + C + R_a Q^{-1})}{x-1}\right]^{-x} \left[\frac{x(W + C + R_a Q^{-1})}{x-1} - W - C - R_a Q^{-1}\right] - 0.5t_a Q\end{aligned} \tag{2.4}$$

因为式（2.4）代表营销成本 C 的凹函数，可以由其一阶条件唯一决定网店运营商的最优营销成本 C^*。其一阶条件为

$$mC^y \left(\frac{x}{x-1} - 1\right)\left[\frac{x(W + C + R_a Q^{-1})}{x-1}\right]^{-x} + m\left(\frac{x(W + C + R_a Q^{-1})}{x-1} - W - C - R_a Q^{-1}\right)$$
$$\left\{yC^{y-1}\left[\frac{x(W + C + R_a Q^{-1})}{x-1}\right]^{-x} - xC^y \frac{x}{x-1}\left[\frac{x(W + C + R_a Q^{-1})}{x-1}\right]^{-x-1}\right\} = 0 \tag{2.5}$$

由式（2.5）可以求出网店运营商最优营销成本 C^* 为

$$C^* = \frac{y(W + R_a Q^{-1})}{x - y - 1} \tag{2.6}$$

再将式（2.6）代入式（2.3）中，可以转化 P^* 为

$$P^* = \frac{x(W + R_a Q^{-1})}{x - y - 1} \tag{2.7}$$

P^* 就是网店运营商向顾客销售的最优零售价，其中 $x > y + 1$。

把 C^* 和 P^* 代入网店运营商的利润函数，得到

$$\begin{aligned}\pi_a(Q) &= PU - CU - R_a U Q^{-1} - WU - 0.5t_a Q = U(P - C - R_a Q^{-1} - W) - 0.5t_a Q \\ &= mx^{-x} y^y \left[\frac{(x-y)(W + R_a Q^{-1})}{x-y-1} - R_a Q^{-1} - W\right]\left(\frac{W + R_a Q^{-1}}{x-y-1}\right)^{-x+y} - 0.5t_a Q\end{aligned} \tag{2.8}$$

因为 $\pi_a(Q)$ 是关于订货批量 Q 的凹函数，所以存在着最优的 Q^*，使得 $\pi_a(Q)$ 取得最大值。该 Q^* 可以由网店运营商利润函数 $\pi_a(Q)$ 的一阶条件决定，求解出 $\pi_a(Q)$ 的一阶条件为

$$mx^{-x} y^y \frac{R_a Q^{-2}}{x-y-1}\left[\frac{(W + R_a Q^{-1})}{x-y-1}\right]^{-x+y} - 0.5t_a = 0 \tag{2.9}$$

从而求出最优的 Q^* 为

$$Q^*=\text{RootOf}\left[-2R_a m x^{-x} y^{y}\left(\frac{W-Z+R_a}{-Z}\right)^{-x+y}+t_a(x-y-1)^{-x+y+1}-Z^2\right] \quad (2.10)$$

2.1.4 结果分析

由前面部分的整合优化分析二级供应链系统库存运输，可以得到如下一些结论。

命题 2.1 网店运营商最优市场营销成本与其订货成本、需求营销成本弹性和进货批发价成正比，与订货批量、需求价格弹性成反比。

证明 由于其他结论显而易见，所以仅证明需求营销成本弹性的影响。

$$\frac{\partial C^*}{\partial y}=\frac{(W+R_aQ^{-1})(x-y-1)+y(W+R_aQ^{-1})}{(x-y-1)^2}=\frac{(W+R_aQ^{-1})(x-1)}{(x-y-1)^2} \quad (2.11)$$

因为 $x>y+1$，所以 $\frac{(W+R_aQ^{-1})(x-1)}{(x-y-1)^2}>0$ 。

即营销成本和需求营销成本弹性之间呈正相关。

命题 2.2 供应商给网店运营商的批发价和需求营销成本弹性成正比、与订货批量和需求价格弹性成反比，网店运营商的最优零售价与网店运营商订购成本成正比。

证明 命题结论十分明显，只有需求营销成本弹性和需求价格弹性的影响不太明显，因此着重分析它们的影响。

$$\frac{\partial P^*}{\partial y}=\frac{x(W+R_aQ^{-1})}{(x-y-1)^2}>0 \quad (2.12)$$

$$\frac{\partial P^*}{\partial x}=\frac{(y+1)(W+R_aQ^{-1})}{(x-y-1)^2}<0 \quad (2.13)$$

命题得证。

命题 2.3 网店运营商的最优订货批量与市场营销成本、需求营销成本弹性和网店运营商订购成本成正比，与零售价、网店运营商单位商品库存成本和需求价格弹性成反比。

2.1.5 网店运营商决策建议

本节将营销成本引入需求率中，假定需求率是价格和营销成本的函数。研究了产品需求同时受零售价格和营销费用影响情况下，网店运营商基于营销费用、零售价和订货批量的最优决策模型。

研究发现：需求营销成本弹性、进货订货成本和批发价越大，市场营销成本越小；需求价格弹性、订货批量越大，市场营销成本越小。网店运营商订购成本、供应商给网店运营商的批发价越大，网店运营商的最优零售价越大；需求价格弹性、订货批量越大，需求营销成本弹性越大，网店运营商的最优零售价越小。需求营销成本弹性、市场营销成本和网店运营商订购成本越大，网店运营商的最优订货批量越大；需求价格弹性、网店运营商单位商品库存成本和零售价越大，网店运营商的最优订货批量越小。

近年来，各种论文研究为迅速发展的电子商务行业打下了深厚的理论基础，为电子商务中的网店运营商制定最优营销策略提供条件，具有一定的前瞻性；同时丰富了需求率的形式，拓展了对网店运营商最优决策方面的研究。

2.2 具有批发决策权的供应商最优决策模型研究

2.2.1 供应商决策理论适应性分析

在装备制造业（如轮船业、汽车业等产业）中，供应商拥有绝对优势，如网络、规模和技术优势，因此，通常在和零售商的业务交易中供应商处于主导地位，供应商提供什么产品，零售商就只能购买和销售什么产品，将这种状态称为卖方市场状态。

EOQ 这一概念被提出后，众多学者也相继对 EOQ 进行了拓展研究。设单位缺货成本依赖于缺货时间，构建两种打折和完全延迟订购的 EOQ 模型；对准时制和确立了数量折扣时的经济订货数量的库存成本进行比较；探讨了产品会随时间变长而变质并具有数量折扣条件下的确定性库存模型；考虑线性依赖于订货批量的补给成本和损失销售的机会成本，并假设常数变质，发现延迟订购速率是时间的指数下降函数；在不完美生产过程的 EOQ 模型中，假设单位生产成本与过程的确定性成正比，与需求速率成反比；在随机条件下，构建需求随库存变化的 EOQ 模型，分析和求解了需求符合常数分布和指数分布情况下的经济订货批量；假设每批产品中不完美质量的产品的比例是模糊随机变量，在求解时采用了粒子群优化（particle swarm optimization，PSO）算法，并对其有效性进行了检验；假定需求和提前期都是三角模糊数并得到了优化问题的分析解；设定优化目标，即单个制造商的利润最大化，研究在产品质量有缺陷的情况下，制造商对来料进行全部检查的经济订货批量模型并最终得到了优化结果；基于生鲜农产品新鲜度受时间影响的特点，建立了消费者偏好影响需求的生鲜农产品 EOQ 模型，同时对比了两种不同保鲜情形下零售商的最优订货决策和最优保鲜投入；基于顾客等待行为，构造了一个新的短缺量滞后供给分数，建立了相应的特价商品 EOQ 模型，同时分析了模型唯一最优解存在的条件，并给出数值算例和主要参数的灵敏度分析；基于存货影响销售的变质物品 EOQ 模型，通过考虑随机补货时间间隔和随缺货量变化的延期供给率对库存订货策略的影响，建立了相应的库存控制模型，同时分析了模型最优解的存在性和唯一性。

已有大部分研究都是基于代理商或零售商决定订购数量，这确实符合大多数产业中的实际情况。与现有的研究不同，本节基于由供应商决定代理商的订货批量，且现有的研究暂时没有对需求函数的具体形态进行研究，只是简单地将需求函数假设为确定性需求和随机需求，然后建立模型，设计相关算法对模型进行求解。假设需求函数为零售价格和营销成本的函数，并且考虑运输成本受运输能力柔性的影响，建立装备供应商优化模型，并对模型进行求解。

2.2.2　模型描述

模型假定由装备供应商决定代理商的订货批量，然后给代理商配送装备。装备送至代理商后，代理商对装备的销售需要花费一定的营销成本，对机器调整、员工培训等需要花费一定的生产准备成本。供应商的配货成本由固定运输费用和可变运输费用组成，固定运输费用与运输数量无关，仅与配送次数有关，车辆启动费、司机的工资费用都可以纳入固定运输费用范畴。假定市场需求是商品零售价和营销成本的函数，需求价格弹性为 x、需求营销成本弹性为 y，代理商可以通过 x 和 y 了解市场需求。不允许缺货，因此，生产率需大于或等于市场需求率，假定生产率和市场需求率的关系由式（2.14）线性决定。

$$L = z_0 U(P,C) \tag{2.14}$$

其中，L 为生产率；U 为需求率；P 为零售价；C 为市场营销费用；z_0 表示生产安全系数。

通常情况下，零售商或代理商决定订货批量，基于装备制造业的特点，假定由供应商决定订货批量，这种订货批量由供应商决定的模式在很多产业中可以找到实例，例如，在技术含量和专业化程度高的设备制造行业，如装备制造业中的汽车制造业，一般由少数几个供应商主导整个市场。这是因为在这些行业中存在着最低生产水平限制，这些行业需要很高的启动成本、运输成本和库存成本，必须进行大规模生产才能弥补这些高成本。正因为最低生产水平限制这一因素，减少了装备制造行业中供应商的数量，从而也使这些行业中的供应商在和代理商的交易中占据主导地位，最终形成由供应商决定订货批量的卖方市场，便于供应商安排生产和获得最大利润［如 Esmaeili 等（2009）和 Kelle 等（2003）的研究］。

为了模型分析更为简便，假定供应商和代理商的订货批量是一样的，即供应商决定的订货批量就是代理商接受的订货批量。

供应商决定的订货批量为Q，产品批发价为W。供应商生产率为L，生产函数系数为z_0（$z_0 \geqslant 1$），生产启动成本为N_d，单位生产成本为C_a，其中包括材料和零部件等采购成本，单位商品库存成本为g_b，运输固定成本为L^c，运输可变成本为$n = s - tQ$，其中s和t为大于零的系数，t越小，表示供应商运输能力柔性越强。

市场需求率为$U(P,C)$，与 Lee 等（1993）一样，假设：

$$U(P,C) = mP^{-x}C^{y} \tag{2.15}$$

其中，m（$m>0$）为需求函数系数；x（$x>1$）为需求价格弹性；y（$0<y<1$，$y+1<x$）为需求营销成本弹性；P为销售价格；C为市场营销成本。

2.2.3 装备供应商最优策略

本小节分析供应商的利润函数和最优策略，组成供应商的利润函数的各个部分之间的关系可以总结为：供应商利润函数 = 销售收入 − 生产成本 − 生产准备成本 − 库存成本 − 运输成本（运输可变成本 + 运输固定成本）。把相应的数学表达式代入，供应商利润可以表示为

$$\begin{aligned}\pi_s(W,Q) &= WU - (s-tQ)U - C_aU - L^cUQ^{-1} - UQ^{-1} - 0.5g_bQUL^{-1} \\ &= mWP^{-x}C^{y} - A_s mP^{-x}C^{y}Q^{-1} - L^c mP^{-x}C^{y}Q^{-1} - mC_aP^{-x}C^{y} \\ &\quad - 0.5g_bQz_0^{-1} - (s-tQ)mP^{-x}C^{y}\end{aligned} \tag{2.16}$$

供应商的经营目标是选择最优的订货批量Q^*和批发价W^*，以最大化其利润函数。当W固定时，供应商利润函数$\pi_s(W,Q)$是订货批量Q的凹函数，因此，存在唯一最优的Q^*使得供应商利润函数$\pi_s(W,Q)$取最大值。Q^*可以由供应商利润函数$\pi_s(W,Q)$一阶条件唯一决定。求$\pi_s(W,Q)$一阶条件，可得

$$\frac{\partial \pi_s(W,Q)}{\partial Q} = tU + N_dUQ^{-2} + L^cUQ^{-2} - 0.5g_bUL^{-1} = 0 \tag{2.17}$$

从式（2.17）可以解得

$$Q^* = \sqrt{\frac{2L(N_d + L^c)}{g_b - 2tL}} \tag{2.18}$$

把$L = z_0U(P,C)$代入式（2.18），可得

$$Q^* = \sqrt{\frac{2z_0U(N_d + L^c)}{g_b - 2tL}} \tag{2.19}$$

把式（2.19）代入式（2.16），供应商利润函数可以化为

$$\pi_s(W,Q)=WU-C_aU-sU+\left(t-\frac{g_b}{2L}\right)U\sqrt{\frac{2z_0U(N_d+L^c)}{g_b-2tL}}-(N_d+L^c)U\sqrt{\frac{g_b-2tL}{2z_0U(N_d+L^c)}} \tag{2.20}$$

令供应商的利润 $\pi_s(W,Q)=0$，可以求解出相应的批发价为

$$W_0=C_a+s-\left(t-\frac{g_b}{2L}\right)Q+(N_d+L^c)Q^{-1} \tag{2.21}$$

因为式（2.20）是 W 的线性增函数，最优的 W^* 值在供应商能够向代理商收取的最大价格处出现，因此：

$$W^*=FW_0=F\left[C_a+s-\left(t-\frac{g_b}{2L}\right)Q+(N_d+L^c)Q^{-1}\right] \tag{2.22}$$

其中，$F>1$。对任意给定的 P 和 C，供应商最优的订货批量和销售价格由 Q^* 和 W^* 给出。

2.2.4　结果分析

由前面对装备制造业中的供应商最优策略的分析，可以得到如下一些命题。

命题 2.4　在供应商主导的供应链系统中，供应商的利润为 $U(F-1)\left[C_a+s+\xi\left(\psi^{-1}+\frac{1}{2}\psi L^{-1}\right)\right]$，其中，$\xi=\sqrt{(N_d+L^c)(g_b-2tL)}$，$\psi=\sqrt{2z_0U}$。

证明

$$\begin{aligned}\pi_s(W,Q)&=WU+\left(t-\frac{0.5g_b}{L}\right)QU-C_aU-sU-(N_d+L^c)UQ^{-1}\\&=(C_a+s)FU+(N_d+L^c)FUQ^{-1}+\left(t-\frac{0.5g_b}{L}\right)QU-C_aU-sU\\&\quad-(N_d+L^c)UQ^{-1}-\left(t-\frac{0.5g_b}{L}\right)FUQ\\&=(1-F)\left(t-\frac{0.5g_b}{L}\right)QU-(1-F)(C_a+s)U-(1-F)(N_d+L^c)UQ^{-1}\\&=(F-1)\left[(C_a+s)U-\left(t-\frac{0.5g_b}{L}\right)QU+(N_d+L^c)UQ^{-1}\right]\end{aligned}$$

将$Q^*=\sqrt{\dfrac{2z_0U(N_d+L^c)}{g_b-2tL}}$代入上式有

$$(F-1)\left[(C_a+s)U-\left(t-\frac{g_b}{2L}\right)U\sqrt{\frac{2z_0U(N_d+L^c)}{g_b-2tL}}+(N_d+L^c)U\sqrt{\frac{g_b-2tL}{2z_0U(N_d+L^c)}}\right]$$

$$=U(F-1)\left[C_a+s+\frac{1}{2L}\sqrt{2z_0U(N_d+L^c)(g_b-2tL)}+\sqrt{\frac{(N_d+L^c)(g_b-2tL)}{2z_0U}}\right]$$

$$=U(F-1)\left[C_a+s+\sqrt{(N_d+L^c)(g_b-2tL)}\left(\frac{1}{\sqrt{2z_0U}}+\frac{\sqrt{2z_0U}}{2L}\right)\right]$$

命题 2.5 供应商的最优批发价与生产启动成本、生产成本、固定运输成本和单位商品库存成本呈正相关关系；与供应商生产率和订货批量呈负相关关系。

命题 2.5 可由上述关于W^*的分析中得到。

命题 2.6 供应商最优订货批量与市场需求率、固定运输成本、生产启动成本和供应商生产率呈正相关关系，与零售价和单位库存成本呈负相关关系。

证明 显然其他性质比较容易得出，在此仅分析零售价与最优订货批量之间关系。

把$L=z_0mP^{-x}C^y$和$U(P,C)=mP^{-x}C^y$代入供应商最优订货批量公式中，得到

$$Q^*=\sqrt{\frac{2mz_0P^{-x}C^y(N_d+L^c)}{g_b-2mtz_0P^{-x}C^y}}$$

Q^*分别对P和C求导：

$$\frac{\partial Q^*}{\partial P}=\frac{-xmg_bz_0P^{-x-1}C^y(N_d+L^c)}{(g_b-2tz_0mP^{-x}C^{-y})^2\sqrt{\dfrac{2z_0mP^{-x}C^y(N_d+L^c)}{g_b-2tz_0P^{-x}C^y}}}<0$$

$$\frac{\partial Q^*}{\partial C}=\frac{yz_0mP^{-x}C^{y-1}g_b(N_d+L^c)}{(g_b-2tz_0mP^{-x}C^y)^2}\sqrt{\frac{g_b-2tz_0mP^{-x}C^y}{2z_0mP^{-x}C^y(N_d+L^c)}}>0$$

命题得证。

2.2.5 供应商策略建议

与现有的成果有所区别，假设装备供应商可以决定产品订货批量。另外，假设供应商的生产率与市场需求率呈线性相关关系，并且在需求率中考虑了销售费用，假设需求率是价格和销售费用的函数。在兼顾需求函数和运输成本函数的情形下，建立装备供应商的批发价和订货批量决策模型，并对其相关的情况进行了研究。

研究发现，供应商的最优批发价与生产启动成本、生产成本、固定运输成本和单位商品库存成本呈正相关关系；与供应商生产率和订货批量呈负相关关系。供应商最优订货批量与市场需求率、固定运输成本、生产启动成本和供应商生产率呈正相关关系，与零售价和单位库存成本呈负相关关系。

2.3　基于网络零售商价格决策权的网购供应链运输与库存优化研究

2.3.1　目前关于库存与运输文献的不足

库存与运输问题是网购供应链结构中最受关注的问题，大量学者对库存和运输问题进行了较为透彻的研究。在库存研究方面，对 VMI 避免供应链“牛鞭效应”、减少供应链成本的作用进行了全面阐述；对二级供应链中的库存管理方式——VMI 和零售商管理库存（retailer managed inventory，RMI）做了对比研究；研究在需求不变的情况下，一个供应商和多个网络零售商基于相同补给期的库存协调模型；探讨了在随机需求情况下单一供应商与网络零售商通过价格数量折扣方法进行的供应链协调问题；讨论了在实际操作中，单一供应商和网络零售商的数量折扣情形；研究了在供应商和分销商的 VMI 模式下，后者缺货时，作为上游企业的供应商如何对分销商实施激励。

关于运输研究方面，对存货配送时的汽车调度问题，利用遗传算法和改进后的遗传算法分析了优化调度的数学模型；对蚂蚁群落算法前期停滞、收敛过慢、搜索困难和易陷入局部最优解等不足进行了改进；把运输调度问题运用到危险品的运输中；针对窗口时间限制下的非满载车辆优化调度情况，考虑特定的窗口时间和运输载量、运输距离等限制条件，利用数学规划理论对物流配送做了相关研究。

在网购供应链配送系统实际操作中，供应链各节点难免会产生矛盾：供应商运输成本的降低会使网络零售商库存成本提高，反之亦然。在其他条件不变情况下，供应商利润的增加由运输成本的降低决定，因此，供应商进行大批量的运输是非常有必要的，通过统一集中运输以满足网络零售商的需求，这将提高网络零售商缺货风险。为了防止缺货产生损失和客户减少，网络零售商需提高库存以降低缺货风险，因而网络零售商的库存成本将会增加。另外，假如网络零售商要求降低库存成本又不降低供货质量，这就要求供应商多次、小规模配货，增加了供应商配送管理强度和成本。供应商和网络零售商这种库存和运输成本降低上的矛盾现象称为“效益背反”。

虽然现有文献对库存和运输问题都做了大量科学研究，但将库存和运输问题有机结合进行研究的成果寥寥无几。ITIO 针对库存成本和运输成本之间矛盾，找出了平衡点，使得两者总成本最低。ITIO 能够有效化解“效益背反”现象。ITIO 将库存和运输管理融为一体，去寻求该整体商务最优解决策略，既具有理论参考价值，也具有现实意义。

首先提出必要的假设，求出供应商和网络零售商的利润函数。然后在网络零售商具有定价权和不具有定价权的情况下，对分散优化时供应商和网络零售商最优选择求解，得出两者最优策略，继而求出网购供应链系统库存与运输整合优化策略。最后对分散优化和库存与运输整合优化的最优策略做对比，分析两种情况下的优缺点。

2.3.2 问题描述和模型假设

假设网购供应链系统由一个供应商和一个网络零售商构成。供应商向网络零售商供应产品的单位供货价为 p_G，供应商能够提供无限量的商品，且没有库存。供应商的单位产品成本为 c_G，配送单位产品的可变成本为 c_k，供应商发货量为 D，发货量和网络零售商的需求量 d 相同。为了防止网络零售商要求小规模和多次订货，配送过程中供应商向网络零售商额外收取固定费用 F，供应商取得此费用需要付出成本 g，它可以理解为供应商每次配送产生的成本，如发车、保养成本等。所以供应商向网络零售商收取价款 F_t 由额外配送费用和批发收入组成，$F_t(F, p_G, Q) = F + p_G Q$。

供应商会随着市场的需求进行生产和配货。网络零售商需求量 d 和网络零售商价格 p 之间的函数关系为：$p = m - nd$，参数 $m,n > 0$; $d \geqslant 0$。假设供应商没有库存，仅网络零售商拥有库存，网络零售商的单位库存成本为 x。供应商和网络零售商既不风险厌恶，也不风险偏好，即风险偏好均为中性。

综上分析，可知供应商的利润 = 向网络零售商额外收取固定费用 + 向网络零售商收取价款 – 生产成本 – 固定配送成本 – 可变配送成本，即

$$\pi_a = F + p_G Q - c_G Q - c_k Q - g \tag{2.23}$$

网络零售商的利润 = 销售收入 – 支付给供应商的费用 – 库存成本，用数学表达式表示为

$$\pi_b = pQ - (F + p_G Q) - \frac{Qx}{2} \tag{2.24}$$

联立式（2.23）和式（2.24），得出网购供应链利润：

$$\pi_c = pQ - c_G Q - c_k Q - \frac{Qx}{2} - g \tag{2.25}$$

由于“效益背反”现象的影响，供应商和网络零售商均追求自身利益最大化，

导致个体利益和网购供应链整体利益存在冲突，达到供应链整体最优比较困难。为了达到个体和供应链整体最优策略，要求供应链各节点从整体出发，共同降低库存和运输成本，即开展库存与运输整合优化业务。

2.3.3　基于一般合同的库存运输优化分析

在非合作博弈中，供应商和网络零售商均追求自身利益最大化，尽可能地降低各自的相关成本。为了达到目的，他们忽略合作方的成本，例如，网络零售商为节约库存成本，要求供应商小规模、多次配送，将会导致固定成本和可变成本增加。此外，供应商往往会大批量配送以降低成本，这将导致网络零售商的库存成本增加。这种优化决策模式称为运输与库存分散优化模式。

如果把供应商和网络零售商视为整体，从供应链整体的收益角度出发来做出决策，则可以节约系统整体的总费用，达到整体最优。这种决策模式称为 ITIO 决策模式。

1. 网络零售商具有定价权时的库存与运输决策研究

基于此假设，双方决策程序：首先，供应商与网络零售商协商固定配送费用；其次，供应商依据其了解的网络零售商相关信息，确定产品批发价，实现期望利润最大化；最后，网络零售商利用相关技术和信息，断定供应商的报价是否偏高，进而做出决定。若网络零售商未拒绝供应商报价，双方达成一致，网络零售商对零售价格进行最优确定；若网络零售商拒绝供应商报价，那么供应商可以做出适量调整，直至双方达成一致或取消合作。

在研究此定价决策步骤中，运用逆向归纳来求解这一动态博弈过程。

给定供应商的产品价格、网络零售商最优零售价格，均为收益最大化决策。网络零售商的利润函数 $\pi_{\mathrm{b}} = pQ - \frac{Qx}{2} - (F + p_{\mathrm{G}}Q)$ 变为

$$\pi_{\mathrm{b}} = \left(p - p_{\mathrm{G}} - \frac{x}{2}\right)Q - F \tag{2.26}$$

供应商依据市场需求对网络零售商进行配货，即 $Q = d$，解出配送量 $Q = \frac{m-p}{n}$，将 Q 代入上述利润函数，得到目标函数：

$$\max \pi_{\mathrm{b}} = \left(p - p_{\mathrm{G}} - \frac{x}{2}\right)\frac{m-p}{n} - F \tag{2.27}$$

$$\text{s.t.} \quad \pi_{\mathrm{b}} \geqslant \pi_{\mathrm{bb}}$$

其中，$\pi_{\mathrm{bb}}(\pi_{\mathrm{bb}} \geqslant 0)$表示网络零售商的保留利润。

运用库恩-塔克（K-T）条件对这一规划问题进行求解，上述问题的 K-T 条件为

$$\begin{cases}\left[\dfrac{m-p}{n}+\left(p-p_{\mathrm{G}}-\dfrac{x}{2}\right)\dfrac{-1}{n}\right]-\beta\left[\dfrac{m-p}{n}+\left(p-p_{\mathrm{G}}-\dfrac{x}{2}\right)\dfrac{-1}{n}\right]=0\\ \beta\left[\left(p-p_{\mathrm{G}}-\dfrac{x}{2}\right)\dfrac{m-p}{n}-F-\pi_{\mathrm{bb}}\right]=0\\ \beta\geqslant 0\end{cases}$$

解此方程组，需要考虑三种情况：

（1）令 $\beta\neq 0$，$\beta\neq 1$，那么必须满足 $\dfrac{m-p}{n}+\left(p-p_{\mathrm{G}}-\dfrac{x}{2}\right)\dfrac{-1}{n}=0$ 且 $\left(p-p_{\mathrm{G}}-\dfrac{x}{2}\right)\cdot\dfrac{m-p}{n}-F-\pi_{\mathrm{bb}}=0$，即同时满足 $\dfrac{m+p_{\mathrm{G}}}{2}+\dfrac{x}{4}=p$ 和 $\left(p-p_{\mathrm{G}}-\dfrac{x}{2}\right)\dfrac{m-p}{n}-F-\pi_{\mathrm{bb}}=0$，因此无解。

（2）令 $\beta\neq 0$，$\beta=1$，无解。

（3）$\beta=0$ 时，最优解为

$$p^{*}=\frac{m+p_{\mathrm{G}}}{2}+\frac{x}{4} \tag{2.28}$$

经检验，p^{*} 即网络零售商的最佳销售价格。

将 p^{*} 和 $Q=\dfrac{2(m-p_{\mathrm{G}})-x}{4n}$ 代入 π_{b}，得出网络零售商此时的最优利润：

$$\pi_{\mathrm{b}}=\frac{\left[2(m-p_{\mathrm{G}})-x\right]}{16n}-F \tag{2.29}$$

然后求解供应商的最优发货价。供应商根据自己了解的相关信息，可以对网络零售商的最优收益进行断定，最后确定自己最优零售价格。供应商得到网络零售商会以零售价 p^{*} 销售的信息后，据此来实现自身利润最大化。供应商的利润函数表示为

$$\pi_{\mathrm{a}}=F-g+(p_{\mathrm{G}}-c_{\mathrm{G}}-c_{\mathrm{k}})Q \tag{2.30}$$

把 Q 代入式（2.30），可得：$\pi_{\mathrm{a}}=F-g+(p_{\mathrm{G}}-c_{\mathrm{G}}-c_{\mathrm{k}})\dfrac{2(m-p_{\mathrm{G}})-x}{4n}$。供应商做出以下决策：

$$\max\pi_{\mathrm{a}}=F-g+(p_{\mathrm{G}}-c_{\mathrm{G}}-c_{\mathrm{k}})\frac{2(m-p_{\mathrm{G}})-x}{4n} \tag{2.31}$$

$$\text{s.t.}\quad \pi_{\mathrm{a}}\geqslant\pi_{\mathrm{ar}}$$

其中，π_{ar} 为供应商的保留收入。由 K-T 条件，不难求出供应商的最优发货价为

$$p_{\mathrm{G}}^{*}=\frac{2(m+c_{\mathrm{G}}+c_{\mathrm{k}})-x}{4} \tag{2.32}$$

代入式（2.30），可得

$$\pi_{\mathrm{a}}=F-g+\frac{\left[2(m-(c_{\mathrm{G}}-c_{\mathrm{k}})-x\right]^{2}}{32n} \tag{2.33}$$

2. 网络零售商不具有定价权时的库存与运输决策研究

当网络零售商不具有定价权时，其定价博弈过程与网络零售商具有市场势力时类似，两者之间的博弈行为与 3.1 节的研究相似，仅在博弈的最后阶段，如果两者达成一致，产品价格由非系统因素决定，是固定的。如果双方协商一致，解出最优解为(p_x^*,p_y^*)，则$p_x^*=\overline{\overline{p}}$，$\overline{\overline{p}}$代表外生的产品零售价；批发价$p_y^*$满足：$c_{\mathrm{G}}+c_{\mathrm{k}}\leqslant p_y^*\leqslant\overline{\overline{p}}$。$p_y^*$的数值由供应商和网络零售商所了解的信息、管理能力、市场占有率以及双方讨价还价的谈判能力等决定。如果供应商了解了网络零售商成本相关情况，制定出最佳谈判计划，并采取相关策略行为，则p_y^*将会更高，对供应商更有利。反之，p_y^*将会降低，对供应商不利而对网络零售商有利。

3. 库存与运输整合优化模型

1）网络零售商具有定价权时的库存与运输整合优化模型

假设供应链存在一个控制终端，这个控制终端监控并管理网购供应链的运作，控制终端从整体出发，对网购供应链整体做出最优决策。控制终端把供应商和网络零售商视为一个系统整体进行优化，能够有效地降低并克服供应链节点间的“效益背反”现象，得到对网购供应链整体最优的策略。

根据前面的分析，网购供应链整体优化条件用数学表示为

$$\max_{p\geqslant 0}\pi_{\mathrm{c}}=\max_{p\geqslant 0}\left(pQ-c_{\mathrm{G}}Q-c_{\mathrm{k}}Q-\frac{Qx}{2}-g\right) \tag{2.34}$$

$$\text{s.t.}\quad \pi_{\mathrm{a}}\geqslant\pi_{\mathrm{ar}}$$

$$\pi_{\mathrm{b}}\geqslant\pi_{\mathrm{bb}}$$

根据最优化条件，求出最优解

$$p_{\mathrm{c}}^{*}=\frac{m+c_{\mathrm{G}}+c_{\mathrm{k}}+\dfrac{x}{2}}{2} \tag{2.35}$$

对比p_{c}^{*}和$p^{*}=\dfrac{m+p_{\mathrm{G}}+\dfrac{x}{2}}{2}$，可以看出，在没有网购供应链控制终端的单独决

策中，仅当 $p_{\mathrm{G}}=c_{\mathrm{G}}+c_{\mathrm{k}}$ 时，即供应商的发货价等于生产成本和可变配送成本之和时，网购供应链整体才能够实现最优，整体才能达到最佳福利。但是实际运作中，供应商要保持这样的定价水平只可能在短期内实现，若供应商长期如此定价，其销售收益不能弥补运输固定费用，将会产生亏损。因此，作为理性供应商一定提高定价，追求自身利润最大化，定价高于可变成本，即 $p_{\mathrm{G}}\geqslant c_{\mathrm{G}}+c_{\mathrm{k}}$，给网购供应链系统带来效率损失以及福利损失。

2）网络零售商不具有定价权时的库存与运输整合优化模型

在网络零售商不具有定价权时，若双方使用库存与运输整合优化策略，则控制终端的最优目标用数学表达式表示为

$$\max_{p\geqslant 0}=\max\left[\left(\overline{\overline{p}}-c_{\mathrm{G}}-c_{\mathrm{k}}-\frac{x}{2}\right)\frac{m-\overline{\overline{p}}}{n}-g\right] \tag{2.36}$$

$$\text{s.t.}\quad \pi_{\mathrm{a}}\geqslant\pi_{\mathrm{ar}}$$
$$\pi_{\mathrm{b}}\geqslant\pi_{\mathrm{bb}}$$

这时，产品零售价格由供应链外因确定，所以库存与运输整合优化最优利润在短期内是固定不变的。除非供应链相关外因发生改变，否则供应系统最优利润将会固定不变。网络零售商支付给供应商的固定费用 F 和可变成本 $p_{\mathrm{G}}Q$ 不会改变供应链整体最优利润，但可能会改变供应链节点之间的利润分配。

2.3.4 模型性质分析

命题 2.7 在分散优化模式中，网络零售商的最佳销售价格 p^* 随着单位库存成本和供应商的发货价增加而升高；供应商的最佳发货价 p_{G}^* 随着单位制造成本以及运输费用增加而升高，随着网络零售商的单位库存成本增加而降低。

命题 2.7 的结论根据 2.3.3 节的研究较容易得出。

命题 2.8 在库存与运输整合优化模型中，网络零售商的销售价与单位制造成本、运输费用和单位库存成本呈正相关关系。

命题 2.8 的结论也可以根据 2.3.3 节内容得出。

命题 2.9 网络零售商具有定价权时，网络零售商利润数学表达式为 $\pi_{\mathrm{b}}=\frac{[2(m-p_{\mathrm{G}})-x]^2}{16n}-F$；供应商的利润数学表达式为 $\pi_{\mathrm{a}}=F+\frac{[2(m-c_{\mathrm{G}}-c_{\mathrm{k}})-x]^2}{32n}-g$；网购供应链整体利润数学表达式为 $\pi_{\mathrm{L}}=\frac{3[2(m-c_{\mathrm{G}}-c_{\mathrm{k}})-x]^2}{64n}-g$。

证明 将 $p_{\mathrm{G}}^*=\frac{2(m+c_{\mathrm{G}}+c_{\mathrm{k}})-x}{4}$ 代入 $\pi_{\mathrm{b}}=\frac{[2(m-p_{\mathrm{G}})-x]^2}{16n}-F$，可得

$$\pi_b = \frac{\left(m - c_G - c_k - \dfrac{x}{2}\right)^2}{16n} - F$$

供应链整体利润为

$$\begin{aligned}\pi_a + \pi_b &= \frac{\left[2(m - c_G - c_k) - x\right]^2}{32n} + F - F - g + \frac{\left(m - c_G - c_k - \dfrac{x}{2}\right)^2}{16n} \\ &= \frac{\left[2(m - c_G - c_k) - x\right]^2}{32n} - g + \frac{\left(m - c_G - c_k - \dfrac{x}{2}\right)^2}{16n} - g \\ &= \frac{3\left[2(m - c_G - c_k) - x\right]^2}{64n} - g\end{aligned}$$

命题 2.10　在分散优化中，网络零售商具有定价权时，网络零售商利润与单位制造费用、单位配送可变成本、单位库存成本和固定配送费用呈负相关。供应商利润与单位制造费用、单位配送可变成本、单位库存成本和固定收益费用呈负相关，与固定配送费用呈正相关。

命题 2.11　网络零售商具有定价权时，网购供应链运用库存与运输整合优化模型总利润较网购供应链系统分散优化时的总利润要高。

证明　将网购供应链整体利润 $\pi_L = pQ - c_G Q - c_k Q - \dfrac{Qx}{2} - g$ 变形为 $\pi_L = \left(p - c_G - c_k - \dfrac{x}{2}\right)\dfrac{m-p}{n} - g$，把库存与运输整合优化和分散优化售价 p_c^* 和 p^* 代入 π_L，则库存与运输整合优化网购供应链总利润 π_L^c 大于分散优化网购供应链总利润 π_L^T，转化为

$$\begin{aligned}&\left(m + c_G + c_k + \frac{x}{2}\right)\frac{m + c_G + c_k + \dfrac{x}{2}}{2} - \frac{\left(m + c_G + c_k + \dfrac{x}{2}\right)}{2} \\ >&\left(m + c_G + c_k + \frac{x}{2}\right)\frac{m + c_G + c_k + \dfrac{x}{2}}{2} - \left(\frac{m + p_G + \dfrac{x}{2}}{2}\right)^2\end{aligned}$$

仅当 $p_G = c_k + c_G$ 时，上式两边相等。当 $p_G > c_G + c_k$，上式成立。

2.3.5　优化策略建议

供应商和网络零售商通过运用库存与运输整合优化模型，能够提高网购供应

链整体利润，增强网购供应链系统运作效率和竞争力。库存与运输整合优化能够有效避免供应商和网络零售商间的“效益背反”矛盾，促进供应商接受网络零售商节约库存成本策略、网络零售商接受供应商节约运输成本策略，协调两者之间经营目标冲突，促进双方都愿意接受与运输库存整合优化相同的策略。

首先对模型做出描述和假设，进而求出供应商和网络零售商的利润表达式。对供应商最优策略、网络零售商最优策略和库存与运输整合优化策略进行研究，求出供应商和网络零售商的分散优化策略和库存与运输整合优化策略。通过网络零售商最优零售价和库存与运输整合优化的最优零售价对比，得到网络零售商个体最优零售价，将会导致效率以及福利损失。

然后对网络零售商具有定价权和不具有定价权决策做了对比研究，网络零售商不具有定价权时，如果协商一致，最优零售价由外因决定并且为固定数值。而供应商的最优发货价受供应商和网络零售商获得相关信息的能力、运作能力、两者市场影响力和议价能力影响。若供应商单方面获取了网络零售商成本相关信息，并对谈判做出精心策划，继而采取相关的可信策略，则最优发货价将会更高，对供应商更有利。反之，最优发货价将会更低，对供应商不利而对网络零售商有利。所以在短期内，库存与运输整合优化最优利润固定不变。除非决定外生价格的因素改变，否则网购供应链整体最优利润将保持恒定。

研究发现：在传统分散优化中，网络零售商的最优零售价与单位库存成本和供应商的发货价呈正相关，供应商的最优发货价与单位制造费用和单位运输费用呈正相关，与网络零售商的单位库存成本呈负相关；在库存与运输整合优化模型中，网络零售商的零售价与单位制造费用、单位运输费用和单位库存成本呈正相关。网络零售商具有定价权时，在分散优化中，网络零售商利润与单位制造费用、单位可变成本、单位库存成本和固定配送费用成反比。供应商利润与单位制造费用、单位可变成本、单位库存成本和固定收益成本成反比，与固定配送费用成正比。网络零售商具有定价权时，网购供应链整体运用库存与运输整合优化策略的总利润比网购供应链系统分散优化时总利润要高。

进一步研究可以涉及供应商和网络零售商在随机市场需求、运输、库存情形下的优化策略，这些方向值得进一步研究。

第3章　单周期优化

3.1　共享节约合同下的网购供应链库存与运输协作机制

随着电子商务的日渐成熟，网购已成为人们日常消费的重要渠道，肩负着推动中国经济增长的重要使命。2016年，中国网购用户高达4.8亿人，网络零售交易额达5.16万亿元，同比增长26.20%。其中，实物商品的网络零售交易额为4.19万亿元，同比增长25.60%，比同期社会消费品零售总额增速高出15.20个百分点。网络零售的渗透作用持续增强，实物商品网络零售交易额占社会消费品零售总额的比重达到12.60%，较上年同期提升了1.8个百分点。网络零售成为带动零售业增长的主要动力。商务部对重点零售企业的监测结果显示，网络零售业增速为25.40%，远高于百货店、超市和购物中心等其他零售业的增速。2016年的快递营收增速明显放缓，网购快速发展的同时快递业盈利金额却在不断减少。

在网购环节中，库存与运输成本是总成本的重要组成部分，占总成本的80%以上，所以对库存与运输进行动态整合优化来寻求最优解决方案，不仅具有重要的理论价值，也具有极大的现实意义。本节研究了基于共享节约合同的网购供应链库存与运输整合优化，在库存与运输整合优化的基础上，线上零售商、供应商与快递签订共享节约合同，快递降低单位产品物流服务的报价后，按一定的比例分享线上零售商的销售收入，鼓励双方共同努力减少物流成本，使得利润上升。

目前国内外学者对库存与运输整合优化问题已经进行了相应的研究，然而没有将网购供应链与共享节约合同引入进来，在现实生活中，线上零售商、供应商与第三方物流提供商不能有效协作的问题日益明显，因此，本节提出基于共享节约合同的网购供应链库存与运输整合优化的研究，研究网购供应链各成员的有效协作机制，促进线上零售商和快递的整合优化。

3.1.1　模型假设与条件

假设1：网购供应链由一个线上零售商和一个快递构成，一家快递为一家线上零售商提供物流服务，双方都是完全理性的，同时风险偏好都是中性。

假设2：线上零售商具有价格决策权，同时根据市场的需求提供产品。线上零售商面临的市场需求 D 与价格 P 和快递努力程度 x 之间存在函数关系：$D(P,x)=$

$a-bP+Lx$，且系数$a,b,L>0, P\geqslant 0, 0<x<1$。其中$P$、$x$为决策变量，$L$为市场需求量对快递努力程度$x$的灵敏度系数。

假设3：快递企业没有库存。供应商一直以固定的价格提供给线上零售商所需的商品数量，即不存在缺货的情况，且线上零售商和快递对市场需求数量具有完全信息。

假设4：线上零售商的单位进货成本、单位服务成本分别为C_{L1}、C_{L2}，快递为线上零售商提供单位产品物流服务的成本为C_K，其向线上零售商的报价为P_K，快递按件收费，努力成本函数为$H(x)=\alpha x^2$，其中C_{L1}、C_{L2}、C_K和P_K均为常数且大于零，$P_K\geqslant C_K$。

假设5：为节约运输费用，快递和线上零售商的努力程度分别为e_K,e_L，其中$0\leqslant e_K,e_L\leqslant 1$。双方共同努力节约下的运输费用为$\Delta C_K(e_K,e_L)$。此外，由于努力，快递和线上零售商所需付出的成本分别为$C_K(e_K),C_L(e_L)$。

线上零售商和快递单独决策时，他们可以分别获得各自的利润最大化；整合优化时，整条供应链可以获得利润最大化，若要激励线上零售商和快递共同努力节约物流费用，可以签订这样一个合同：快递降低单位产品物流服务的报价后，按一定比例分享客户企业的销售收入。

3.1.2　基于共享节约合同的网购供应链库存与运输整合优化模型研究

1. 库存与运输整合优化参与方的收益分析

ITIO是指线上零售商和快递从网购供应链整体角度来看，将库存和运输总成本联合考虑实现整体的利润最大化。ITIO是供应链整合的有效手段，可以解决线上零售商与快递利益的“效益背反”现象，提高整个供应链的竞争力和效率。

ITIO网购供应链的总利润函数为

$$\pi(P,x)=PD(P,x)-(C_{L1}+C_{L2}+C_K)D(P,x)-H(x) \tag{3.1}$$

整理得到

$$\pi(P,x)=(P-r_2)(a-bP+Lx)-\alpha x^2 \tag{3.2}$$

其中，$r_2=C_{L1}+C_{L2}+C_K$。为使ITIO整体利润最大，需对式（3.2）进行求解，需满足$\dfrac{\partial\pi(P,x)}{\partial P}=0$、$\dfrac{\partial\pi(P,x)}{\partial x}=0$、$AC-B^2>0$、$A<0$，其中$A=\dfrac{\partial^2\pi(P,x)}{\partial P^2}, C=\dfrac{\partial^2\pi(P,x)}{\partial x^2}$，$B=\dfrac{\partial^2\pi(P,x)}{\partial P\partial x}$。对式中的$P$、$x$分别求一阶偏导并令其为零，解得

$$x_2=\frac{(a-br_2)L}{4\alpha b-L^2} \tag{3.3}$$

$$P_2 = \frac{2\alpha(a - br_2)}{4b\alpha - L^2} + r_2 \tag{3.4}$$

其中，$A = 2b > 0, C = 2\varepsilon > 0, B = -L/2b < 0$，即 $AC - B^2 > 0$，可知最优解有意义且此时供应链取得最大利润，记 π_{ITIO} 为 ITIO 时最大利润。

把解得的 P, x 值代入式（3.2）可得 π_{ITIO}，

$$\pi_{\text{ITIO}} = \frac{(8b\alpha^2 - \alpha L^2)(a - br_2)^2}{(4b\alpha - L^2)^2} \tag{3.5}$$

在 ITIO 中，由式（3.5）可知，r_2 越大，整合优化时供应链利润越少，即线上零售商和快递的成本越高，整体利润越低；α 的增速快于 π_{ITIO} 的增速，即快递付出的成本要比供应链得到的利润增速快；L 越大，π_{ITIO} 越大，表明快递努力程度越大，所带来的线上零售商市场需求越大，进而引起 ITIO 利润越大。

2. 共享节约合同下各决策主体收益分配模型

在利益的驱动下，快递商提供的单位产品物流服务价格会高于其物流成本，这会导致线上零售商单位产品边际成本的上升，从而造成系统整体最优利润的损失。为了解决这一问题，快递与线上零售商可以达成协议将共享节约合同理论运用到 ITIO 中来，签订这样一个合同：快递降低提供给线上零售商单位产品物流服务报价后，按一定的比例分享线上零售商的销售收益。线上零售商对快递的转移支付可以表示为：$T(C_{\text{CF}}, p_{\text{K}}, \theta) = C_{\text{CF}} + p_{\text{K}}Q + (1-\theta)pQ$。其中，$C_{\text{CF}}$ 表示线上零售商支付给快递的固定部分的服务费，即不会随运输产品数量变动而变动，且 $C_{\text{CF}} \geqslant 0$，假设 C_{LF} 表示快递获得固定收益 C_{CF} 所付出的成本，且 $C_{\text{CF}} \geqslant C_{\text{LF}} \geqslant 0$；$1-\theta$ 为快递分享线上零售商销售收入的比重。若 $\theta = 0$，则表示线上零售商会将全部收入转移支付给快递，显然，这与假设线上零售商是理性相矛盾；若 $\theta = 0$，这表示线上零售商会获得全部收入，那么快递将没有降低其单位产品物流服务报价的内在激励。所以须满足 $0 < \theta < 1$。

那么，快递、线上零售商和供应链整体的利润函数分别为

$$\pi_{\text{K}}(p_{\text{K}}, e_{\text{K}}, e_{\text{L}}) = C_{\text{CF}} + \left[p_{\text{K}} - C_{\text{K}} + (1-\theta)\Delta c_{\text{K}}(e_{\text{K}}, e_{\text{L}})\right]Q - C_{\text{LF}} - C_{\text{K}}(e_{\text{K}}) \tag{3.6}$$

$$\pi_{\text{L}}(P, e_{\text{K}}, e_{\text{L}}) = \left[P - C_{\text{L1}} - p_{\text{K}} + \theta\Delta c_{\text{K}}(e_{\text{K}}, e_{\text{L}})\right]Q - C_{\text{CF}} - C_{\text{L}}(e_{\text{L}}) \tag{3.7}$$

$$\pi_{\text{T}}(P, e_{\text{K}}, e_{\text{L}}) = \left[P - C_{\text{L1}} - C_{\text{K}} + \Delta c_{\text{K}}(e_{\text{K}}, e_{\text{L}})\right]Q - C_{\text{LF}} - C_{\text{L}}(e_{\text{L}}) - C_{\text{K}}(e_{\text{K}}) \tag{3.8}$$

其中，式（3.6）和式（3.7）表示共享节约后双方的利润函数；式（3.8）表示共享节约后供应链整体的利润函数。

3.1.3　共享节约合同的性质

由假设得知，线上零售商具有价格决策权，库存与运输整合优化时，快递、

线上零售商的努力程度分别表示为e_{KT}^*、e_{LT}^*，且$e_K^* \in [0, e_{KT}^*), e_L^* \in [0, e_{LT}^*)$。

证明 在线上零售商具有价格决策权时，式（3.8）在$e_K \in [0,1]$区间上有最优解的必要条件为

$$(\partial \Delta c_K(e_{KT}^*, e_{LT}^*) / \partial e_{KT}^*)Q = \mathrm{d}C_K / \mathrm{d}(e_{KT}^*) \tag{3.9}$$

假设$\mathrm{d}C_K / \mathrm{d}(e_K^*) = \mathrm{d}C_K / \mathrm{d}(e_{KT}^*)$，由于$C_K(e_K)$在$e_K \in [0,1]$上是单调递增的凹函数，可推导出$e_K^* = e_{KT}^*$。因$\Delta c_K(e_K, e_L)$在$e_K \in [0,1]$上是单调递增的凸函数，故可推出$(\partial \Delta c_K(e_K^*, e_L^*) / \partial e_K^*) = (\partial \Delta c_K(e_{KT}^*, e_{LT}^*) / \partial e_{KT}^*)$，由假设$\mathrm{d}C_K / \mathrm{d}(e_K^*) = \mathrm{d}C_K / \mathrm{d}(e_{KT}^*)$可知$(1-\theta)(\partial \Delta c_K(e_K^*, e_L^*) / \partial e_K^*)Q = (\partial \Delta c_K(e_{KT}^*, e_{LT}^*) / \partial e_{KT}^*)Q$。由$D(P,x) = a - bP + Lx$可知，若$P, x$不变，则$Q$不变，故可以推导出$\theta = 1$，这与$0 < \theta < 1$矛盾，因此，$e_K^* \neq e_{KT}^*$。容易推出式（3.8）在$e_K \in [0,1]$上是凸函数，在$e_K^* = e_{KT}^*$处获得最大值。据式（3.8）在$e_K \in [0,1]$上的性质可知，存在$e_K^1 \in [0, e_{KT}^*], e_K^2 \in [e_{KT}^*, 1]$使得$\pi_T(e_K^1) = \pi_T(e_K^2)$。又由于快递是理性的，其努力程度必然会在区间$[0, e_{KT}^*]$上，因此，$e_K^* \neq e_{KT}^*$，故$e_K^* \in [0, e_{KT}^*]$。

通过以上分析，在共享节约合同约束下，给线上零售商固定的产品批发价格，快递和线上零售商在库存与运输整合优化的情况下最优努力程度会比其在一般模式下的最优努力程度要好。

3.2 共享节约合同下的网购供应链库存与运输决策模式比较研究

TPLSP 能有效地为网络零售商节约物流费用。为节约物流费用，有两种思路：一种是网络零售商和 TPLSP 可以从自身利益出发，通过各自的努力节约物流费用来实现供应链分散优化；另一种是通过双方的共同努力节约供应链总物流费用，实现供应链整体优化。但是 TPLSP 的收入增长与网络零售商物流费用增长息息相关，所以 TPLSP 并不愿意主动采取整体优化策略。为解决网络零售商和 TPLSP 之间的利益冲突问题，合作双方可以达成一种有效的物流外包合同，从而使这种利益冲突降到最小化，实现双方共赢。物流外包合同多是非协作合同，导致部分网购供应链参与方受到利益损失，不能有效实现网络零售商和 TPLSP 的协调合作。本部分针对传统的物流外包合同中的缺陷，设计一种激励网络零售商和 TPLSP 共同努力节约物流费用的共享节约合同。

3.2.1 模型假设与条件

假设 1：在不完全竞争市场中，存在 TPLSP 且其为网络零售商提供物流服务，网络零售商的商品名义价格已经标出，根据价格领导模型，假设网络零售商为商品的市场价格领导者，网络零售商要根据市场价格决定提供给 TPLSP 的物流服务

价格，TPLSP 为价格追随者。TPLSP 和网络零售商都具有有限理性，同时风险偏好均是中性的。

假设 2：网络零售商没有库存，供应商具有充足的商品，不存在缺货现象，并由 TPLSP 直接运输商品给市场消费者，物流服务费用由网络零售商承担。

假设 3：市场对网络零售商商品的需求为 Q，需求 Q 与价格 p 之间的函数关系为 $Q=a-kp$，且系数 $a,b>0,p\geqslant 0$。

假设 4：网络零售商和 TPLSP 努力节省物流费用，其努力程度分别为 $e_{\mathrm{c}},e_{\mathrm{l}}$，其中 $e_{\mathrm{c}},e_{\mathrm{l}}\in[0,1]$。网络零售商和 TPLSP 共同节约的单位商品物流费用为 $\Delta C_{\mathrm{L}}(e_{\mathrm{c}},e_{\mathrm{l}})$，$\Delta C_{\mathrm{L}}(e_{\mathrm{c}},e_{\mathrm{l}})$ 在 $[0,1]\times[0,1]$ 上是连续、二阶可微的，$\Delta C_{\mathrm{L}}(e_{\mathrm{c}},e_{\mathrm{l}})$ 满足以下条件：$\Delta C_{\mathrm{L}}(0,e_{\mathrm{l}})=\Delta C_{\mathrm{L}}(e_{\mathrm{c}},0)=0$。表示只要有任何一方不付出努力，另外一方一定不会节约物流费用，只有双方共同努力协作，才能达到节约物流费用的目的。$\partial\Delta C_{\mathrm{L}}(e_{\mathrm{c}},e_{\mathrm{l}})/\partial e_{\mathrm{c}}>0$，$\partial\Delta C_{\mathrm{L}}(e_{\mathrm{c}},e_{\mathrm{l}})/\partial e_{\mathrm{l}}>0$，表示随着网购零售商和 TPLSP 努力程度的增加，节约的物流费用会随之增加；$\partial^2\Delta C_{\mathrm{L}}(e_{\mathrm{c}},e_{\mathrm{l}})/\partial e_{\mathrm{c}}^2<0$，$\partial^2\Delta C_{\mathrm{L}}(e_{\mathrm{c}},e_{\mathrm{l}})/\partial e_{\mathrm{l}}^2<0$，表示物流费用的节约速度会随着努力程度 $e_{\mathrm{c}},e_{\mathrm{l}}$ 的递增而递减。

假设 5：为节约物流费用，网络零售商和 TPLSP 需要付出的努力成本分别为 $C_{\mathrm{C}}(e_{\mathrm{c}})$、$C_{\mathrm{L}}(e_{\mathrm{l}})$，其中 $C_{\mathrm{C}}(e_{\mathrm{c}})$、$C_{\mathrm{L}}(e_{\mathrm{l}})\in[0,+\infty)$。$C_{\mathrm{C}}(e_{\mathrm{c}})$、$C_{\mathrm{L}}(e_{\mathrm{l}})$ 满足以下条件：$C_{\mathrm{L}}(0)=C_{\mathrm{C}}(0)=0$，表示网络零售商和 TPLSP 不努力时成本为零；$\lim\limits_{e_{\mathrm{c}}\to 1}C_{\mathrm{C}}(e_{\mathrm{c}})=+\infty$，$\lim\limits_{e_{\mathrm{l}}\to 1}C_{\mathrm{L}}(e_{\mathrm{l}})=+\infty$，表示网络零售商和 TPLSP 任何一方付出的努力程度接近 1 时，其付出的成本是巨大的；$\mathrm{d}C_{\mathrm{C}}(e_{\mathrm{c}})/\mathrm{d}e_{\mathrm{c}}>0$，$\mathrm{d}C_{\mathrm{L}}(e_{\mathrm{l}})/\mathrm{d}e_{\mathrm{l}}>0$，表示随着自身努力程度的增加，网络零售商和 TPLSP 付出的努力成本会越来越大；$\mathrm{d}^2C_{\mathrm{C}}(e_{\mathrm{c}})/\mathrm{d}e_{\mathrm{c}}^2>0$，$\mathrm{d}^2C_{\mathrm{L}}(e_{\mathrm{l}})/\mathrm{d}e_{\mathrm{l}}^2>0$，表示随着网络零售商和 TPLSP 努力程度的递增，其付出的代价也会加速递增。

相关符号解释如下：p 为网络零售商销售单位商品的价格；Q 为市场对网络零售商商品的需求量；c_{p} 为网络零售商的单位商品成本；p_{l} 为 TPLSP 提供单位商品的物流服务报价；c_{l} 为 TPLSP 提供单位商品的物流成本，且 $p_{\mathrm{l}}\geqslant c_{\mathrm{l}}$；$e_{\mathrm{c}}$ 为网络零售商降低物流费用所付出的努力程度；e_{l} 为 TPLSP 降低物流费用所付出的努力程度，且 $e_{\mathrm{c}},e_{\mathrm{l}}\in[0,1]$；网络零售商和 TPLSP 共同节约的单位商品物流费用为 $\Delta C_{\mathrm{L}}(e_{\mathrm{c}},e_{\mathrm{l}})$；网络零售商为节约物流费用所付出的努力成本为 $C_{\mathrm{C}}(e_{\mathrm{c}})$；TPLSP 为节约物流费用所付出的努力成本为 $C_{\mathrm{L}}(e_{\mathrm{l}})$。

3.2.2　基本模型

1. 传统物流外包合同

如今传统物流外包合同可以表示为网络零售商对 TPLSP 的转移支付：$T(C_{\mathrm{CF}}$,

$p_1, Q) = C_{CF} + p_1 Q$。其中，网络零售商支付给 TPLSP 的固定部分的物流费用为 C_{CF}。TPLSP 为了获得固定收益 C_{CF} 而需付出的成本为 C_{LF}，C_{CF}、C_{LF} 均是固定的，不随着商品数量的变动而变动，且 $C_{CF} \geqslant C_{LF} \geqslant 0$。

2. 分散化决策模式

在分散化决策模式下，网络零售商和 TPLSP 是相互独立的，分别做出自身利益最大化决策，网络零售商具有对价格的决策权。分散决策时，双方的博弈过程如下：首先，TPLSP 会提供单位商品的物流服务价格给网络零售商；然后网络零售商根据自己利益最大化来判断 TPLSP 提供的单位商品的物流服务价格，进而决定是否接受 TPLSP 的报价。若接受，双方达成协议；若拒绝，TPLSP 就要重新报价，直到双方达成协议或者终止合同。

分散决策时，网络零售商的利润函数为

$$\pi_c(p) = (p - p_1 - c_p)Q - C_{CF} \tag{3.10}$$

其中，$Q = a - bp$。对式（3.10）求 p 的一阶偏导有 $\partial\pi_c(p)/\partial p = a - kp - (p - p_1 - c_p)$，再对式（3.10）求 p 的二阶偏导得 $\partial^2\pi_c(p)/\partial p^2 = -2p$。因为 $\partial^2\pi_c(p)/\partial p^2 < 0$，所以 $\pi_c(p)$ 是关于价格 p 的凹函数。当 $\partial\pi_c(p)/\partial p = 0$ 时，存在唯一最优价格水平 p 使得网络零售商获得最大利润。则有 $a - kp - (p - p_1 - c_p) = 0$，解得

$$p = \frac{1}{2}\left(\frac{a}{k} + p_1 + c_p\right) \tag{3.11}$$

分散决策时，TPLSP 的利润函数为

$$\pi_1(p_1) = (p_1 - c_1)Q + C_{CF} - C_{LF} \tag{3.12}$$

其中，$Q=a-bp$。对式（3.12）求 p_1 的一阶偏导有 $\partial\pi_1(p_1)/\partial p_1 = \frac{1}{2}[a - k(2p_1 + c_p - c_1)]$，再对式（3.12）求 p_1 的二阶偏导得 $\partial^2\pi_1(p_1)/\partial p_1^2 = -b < 0$，所以当 $\partial\pi_1(p_1)/\partial p_1 = 0$，即 $\frac{1}{2}\left[a - k(2p_1 + c_p - c_1)\right] = 0$ 时，存在唯一最优单位商品服务价格水平 $p_{1_1} = \frac{1}{2}\left(\frac{a}{k} - c_p + c_1\right)$，将 p_{1_1} 代入式（3.12）中解得

$$p_1 = \frac{1}{4}\left(\frac{3a}{k} + c_p + c_1\right)$$

所以，分散化决策模式中网络零售商的最大利润为

$$\pi_c(p)_1 = \frac{k}{16}\left(\frac{a}{k} - c_p - c_1\right)^2 - C_{CF}$$

TPLSP 的利润为

$$\pi_1(p_1)_1=\frac{k}{8}\left(\frac{a}{k}-c_p-c_1\right)^2+C_{CF}-C_{LF}$$

系统整体利润为

$$\pi_T(p)_1=\pi_c(p)_1+\pi_1(p_1)_1=\frac{3k}{16}\left(\frac{a}{k}-c_p-c_1\right)^2-C_{LF}$$

3. 整合决策模式

把网络零售商和 TPLSP 看成一个整体，从整体利益最大化角度进行决策，这种决策模式称为整合决策模式。

整合优化下系统的整体利润函数为

$$\pi_T(p)=(p-c_p-c_1)Q-C_{LF} \tag{3.13}$$

其中，$Q=a-kp$。对式（3.13）求 p 的一阶导数有 $\mathrm{d}\pi_T(p)/\mathrm{d}p=a-kp-(p-c_p-c_1)$，再求 p 的二阶导数有 $\mathrm{d}^2\pi_T(p)/Dp^2=-2b$。因为 $\mathrm{d}^2\pi_T(p)/Dp^2<0$，所以函数 $\pi_T(p)$ 为价格 p 的凹函数，当 $\mathrm{d}\pi_T(p)/\mathrm{d}p=0$ 时，存在唯一最优价格水平 p_T，此时，$a-kp-(p-c_p-c_1)=0$，解得

$$p_2=\frac{1}{2}\left(\frac{a}{k}+c_p+c_1\right)$$

此时，系统的整体最大化利润为

$$\pi_T(p)_2=\frac{k}{4}\left(\frac{a}{k}-c_p-c_1\right)^2-C_{LF}$$

将 $p_2=\frac{1}{2}\left(\frac{a}{k}+c_p+c_1\right)$ 代入式（3.11）中，解得 $p_{l_2}=c_1$。

此时，网络零售商的利润为

$$\pi_c(p)_2=\frac{k}{4}\left(\frac{a}{k}-c_p-c_1\right)^2-C_{CF}$$

TPLSP 的利润为

$$\pi_1(p_1)_2=C_{CF}-C_{LF}$$

根据以上计算，在传统物流外包合同中，分散化决策模式下网络零售商、TPLSP、系统整体的利润分别为

$$\pi_c(p)_1=\frac{k}{16}\left(\frac{a}{k}-c_p-c_1\right)^2-C_{CF}$$

$$\pi_1(p_1)_1=\frac{k}{8}\left(\frac{a}{k}-c_p-c_1\right)^2+C_{CF}-C_{LF}$$

$$\pi_{\mathrm{T}}(p)_1=\frac{3k}{16}\left(\frac{a}{k}-c_{\mathrm{p}}-c_1\right)^2-C_{\mathrm{LF}}$$

整合决策模式下网络零售商、TPLSP、系统整体的利润为

$$\pi_{\mathrm{c}}(p)_2=\frac{k}{4}\left(\frac{a}{k}-c_{\mathrm{p}}-c_1\right)^2-C_{\mathrm{CF}}$$

$$\pi_1(p_1)_2=C_{\mathrm{CF}}-C_{\mathrm{LF}}$$

$$\pi_{\mathrm{T}}(p)_2=\frac{k}{4}\left(\frac{a}{k}-c_{\mathrm{p}}-c_1\right)^2-C_{\mathrm{LF}}$$

从上述公式可知，传统物流外包合同中整合决策模式下网络零售商的利润$\pi_{\mathrm{c}}(p)_2$与分散化决策模式下网络零售商的利润$\pi_{\mathrm{c}}(p)_1$相比，$\pi_{\mathrm{c}}(p)_2$大；整合决策模式下系统整体的利润$\pi_{\mathrm{T}}(p)_2$与分散化决策模式下系统整体的利润$\pi_{\mathrm{T}}(p)_1$相比，$\pi_{\mathrm{T}}(p)_2$大，而整合决策模式下 TPLSP 的利润$\pi_1(p_1)_2$却比分散化决策模式下 TPLSP 的利润$\pi_1(p_1)_1$小，说明整合决策模式和分散化决策模式对比，网络零售商的利润和系统整体利润都得到巨大提高，但 TPLSP 的利润却受到损失，使得 TPLSP 与网络零售商关系不稳定。因此，TPLSP 主动采用整合优化决策，对系统利润进行合理分配，使合作双方利润增加，共享节约合同成为协调双方利润分配的有效工具。

3.2.3 共享节约模型

1. 共享节约合同

因为 TPLSP 收入与网络零售商物流服务费用呈正相关，即网络零售商提供给 TPLSP 的物流服务费用增加，TPLSP 的收入也会随之增加，所以 TPLSP 仅追求利润最大化，而忽略系统总物流服务费用的降低。在传统物流外包合同下，TPLSP 与网络零售商是完全的买卖关系，该合同并不能有效激励双方共同协作节约物流成本。

为了激励 TPLSP 和网络零售商共同努力节约物流成本，网络零售商将因节约物流成本所增加收益的（$1-\theta$）倍部分与 TPLSP 分享，即 TPLSP 分享节约物流费用比例为$1-\theta$。若$\theta=1$，表明网络零售商会独自拥有全部节约的物流费用，那么 TPLSP 就不想付出努力，也就不能达到节约物流成本的目的；反之，若$\theta=0$，则表示 TPLSP 会独占节约的物流费用，此时，网络零售商没有做出任何努力，就不可以降低物流成本。所以θ应满足$0<\theta<1$。

2. 共享节约合同中的博弈分析

网络零售商具有对价格的决策权，双方的博弈过程如下：首先，网络零售商

和 TPLSP 协定确定固定部分的物流费用和各自分享节约的物流费用比例；其次，TPLSP 选择向网络零售商提供单位商品的物流服务价格和物流运输努力水平；最后，网络零售商追求自己利益最大化，对 TPLSP 提供的单位商品的物流服务价格和物流运输努力水平进行分析，并判断该报价是否合理，进而决定是否接受 TPLSP 的报价。若接受，就表示双方的协议达成；若拒绝，TPLSP 就要重新报价，直至双方达成协议或者终止合同。

共享节约合同中网络零售商的利润函数为

$$\pi_{\mathrm{C}}(p,e_{\mathrm{c}},e_{\mathrm{l}})=\left[p-c_{\mathrm{p}}-p_{\mathrm{l}}+\theta\Delta C_{\mathrm{L}}(e_{\mathrm{c}},e_{\mathrm{l}})\right]Q-C_{\mathrm{C}}(e_{\mathrm{c}})-C_{\mathrm{CF}} \tag{3.14}$$

对式（3.14）求 p 的一阶偏导，得 $\partial\pi_{\mathrm{C}}(p,e_{\mathrm{c}},e_{\mathrm{l}})/\partial p=a-kp-k[p-c_{\mathrm{p}}-p_{\mathrm{l}}+\theta\Delta C_{\mathrm{L}}(e_{\mathrm{c}},e_{\mathrm{l}})]$，再对式（3.14）求 p 的二阶偏导，得 $\partial^2\pi_{\mathrm{C}}(p,e_{\mathrm{c}},e_{\mathrm{l}})/\partial p^2=-2k<0$。所以 $\pi_{\mathrm{C}}(p,e_{\mathrm{c}},e_{\mathrm{l}})$ 为价格 p 的凹函数，当 $\partial\pi_{\mathrm{C}}(p,e_{\mathrm{c}},e_{\mathrm{l}})/\partial p=0$ 即 $a-kp-k[p-c_{\mathrm{p}}-p_{\mathrm{l}}+\theta\Delta C_{\mathrm{L}}(e_{\mathrm{c}},e_{\mathrm{l}})]=0$ 时，存在唯一最优价格 p^*，解得

$$p^*=\frac{1}{2}\left[\frac{a}{k}+c_{\mathrm{p}}+p_{\mathrm{l}}-\theta\Delta C_{\mathrm{L}}(e_{\mathrm{c}},e_{\mathrm{l}})\right] \tag{3.15}$$

共享节约合同中 TPLSP 的利润函数为

$$\pi_{\mathrm{L}}(p_{\mathrm{l}},e_{\mathrm{c}},e_{\mathrm{l}})=[p_{\mathrm{l}}-c_{\mathrm{l}}+(1-\theta)\Delta C_{\mathrm{L}}(e_{\mathrm{c}},e_{\mathrm{l}})]Q-C_{\mathrm{L}}(e_{\mathrm{l}})+C_{\mathrm{CF}}-C_{\mathrm{LF}} \tag{3.16}$$

对式（3.16）求 p_{l} 的一阶偏导，得 $\partial\pi_{\mathrm{L}}(p_{\mathrm{l}},e_{\mathrm{c}},e_{\mathrm{l}})/\partial p_{\mathrm{l}}=\dfrac{a}{2}-\dfrac{k}{2}[c_{\mathrm{p}}-c_{\mathrm{l}}+2p_{\mathrm{l}}+(1-2\theta)\Delta C_{\mathrm{L}}(e_{\mathrm{c}},e_{\mathrm{l}})]$，再对式（3.16）求 p_{l} 的二阶偏导，得 $\partial^2\pi_{\mathrm{L}}(p_{\mathrm{l}},e_{\mathrm{c}},e_{\mathrm{l}})/\partial p_{\mathrm{l}}^2=-k<0$。所以 $\pi_{\mathrm{L}}(p_{\mathrm{l}},e_{\mathrm{c}},e_{\mathrm{l}})$ 为价格 p_{l} 的凹函数，当 $\partial\pi_{\mathrm{L}}(p_{\mathrm{l}},e_{\mathrm{c}},e_{\mathrm{l}})/\partial p_{\mathrm{l}}=0$ 即 $\dfrac{a}{2}-\dfrac{k}{2}[c_{\mathrm{p}}-c_{\mathrm{l}}+2p_{\mathrm{l}}+(1-2\theta)\Delta C_{\mathrm{L}}(e_{\mathrm{c}},e_{\mathrm{l}})]=0$ 时，存在唯一最优价格 p_{l}^*，解得

$$p_{\mathrm{l}}^*=\frac{1}{2}\left[\frac{a}{k}-c_{\mathrm{p}}+c_{\mathrm{l}}-(1-2\theta)\Delta C_{\mathrm{L}}(e_{\mathrm{c}},e_{\mathrm{l}})\right] \tag{3.17}$$

式（3.15）和式（3.17）分别对 θ 求偏导，可得

$$\partial p^*/\partial\theta=-\frac{\Delta C_{\mathrm{L}}(e_{\mathrm{c}},e_{\mathrm{l}})}{2}<0 \tag{3.18}$$

$$\partial p_{\mathrm{l}}^*/\partial\theta=\Delta C_{\mathrm{L}}(e_{\mathrm{c}},e_{\mathrm{l}})>0 \tag{3.19}$$

由式（3.18）可知，当网络零售商分享的节约物流费用比例越高时，越有降低单位商品价格的内在动力；由式（3.19）可知，当 TPLSP 分享的节约物流费用比例越高时，越有降低单位商品物流服务价格的意愿。

3. 共享节约合同中分散化决策模式

在非合作博弈中，网络零售商和 TPLSP 都是从自身的利益最大化角度出发做出决策。

当给定 p, p_1 不变时，即 $p = p^*, p_1 = p_1^*$。网络零售商为了获得最大利润必须求出 $e_c \in [0,1]$ 上的最优解，所以对网络零售商的利润函数式（3.14）求 e_c 的一阶偏导有 $\partial \pi_C(e_c, e_1)/\partial e_c = \theta Q(\partial \Delta C_L(e_c, e_1)/\partial e_c) - dC_C(e_c)/de_c$，再对 e_c 求二阶偏导有 $\partial^2 \pi_C(e_c, e_1)/\partial e_c^2 = \theta Q(\partial^2 \Delta C_L(e_c, e_1)/\partial e_c^2) - d^2 C_C(e_c)/de_c^2$。为使网络零售商利润最大化，由 3.2.1 节假设 4 可知应满足 $\partial^2 \Delta C_L(e_c, e_1)/\partial e_c^2 < 0$，由假设 5 可知应满足 $d^2 C_C(e_c)/de_c^2 > 0$，所以 $\partial^2 \pi_C(e_c, e_1)/\partial e_c^2 < 0$。所以当 $\partial \pi_C(e_c, e_1)/\partial e_c = 0$ 时，在 $e_c \in [0,1]$ 上有唯一最优解 $e_{c_1} = \arg\max \pi_C(e_c, e_1)$。

同理，当给定 p, p_1 不变时，即 $p = p^*, p_1 = p_1^*$。TPLSP 为了获得最大利润必须求出 $e_1 \in [0,1]$ 上的最优解，所以对 TPLSP 的利润函数式（3.16）求 e_1 的一阶偏导有 $\partial \pi_L(e_c, e_1)/\partial e_1 = (1-\theta) Q(\partial \Delta C_L(e_c, e_1) / \partial e_1) - dC_L(e_1)/de_1$，再对 e_1 求二阶偏导有 $\partial^2 \pi_L(e_c, e_1)/\partial e_1^2 = (1-\theta) Q(\partial^2 \Delta C_L(e_c, e_1) / \partial e_1^2) - d^2 C_L(e_1)/de_1^2$。为使 TPLSP 利润最大化，由 3.2.1 节假设 4 可知应满足 $\partial^2 \Delta C_L(e_c, e_1)/\partial e_1^2 < 0$，由假设 5 可知应满足 $d^2 C_L(e_1)/de_1^2 > 0$，所以 $\partial^2 \pi_L(e_c, e_1)/\partial e_1^2 < 0$。所以当 $\partial \pi_L(e_c, e_1)/\partial e_1 = 0$ 时，在 $e_1 \in [0,1]$ 上有唯一最优解 $e_{l_1} = \arg\max \pi_L(e_c, e_1)$。

由上可知，网络零售商和 TPLSP 基于努力水平的博弈纳什均衡为 (e_{c_1}, e_{l_1})，即在基于共享节约合同分散决策模式下，网络零售商和 TPLSP 均不愿意偏离其最优的努力水平。此时，网络零售商的最大利润为 $\pi_C(p^*, e_{c_1}, e_{l_1})$，TPLSP 的最大利润为 $\pi_L(p_1^*, e_{c_1}, e_{l_1})$。

4. 共享节约合同中整合决策模式

在整合决策模式中，网络零售商和 TPLSP 看成是一个整体系统，该系统整体的利润函数为

$$\pi_T(p, e_c, e_1) = \left[p - c_p - c_1 + \Delta C_L(e_c, e_1)\right] Q - C_C(e_c) - C_L(e_1) - C_{LF} \quad (3.20)$$

为使得系统整体利润最大化，网络零售商和 TPLSP 均需选择自己的最优努力程度，且满足 $e_c \in [0,1]$，$e_1 \in [0,1]$。

给定 p 不变，即 $p = p^*$。对系统整体的利润函数式（3.20）求 e_c 的一阶偏导有 $\partial \pi_T(e_c, e_1)/\partial e_c = Q(\partial \Delta C_L(e_c, e_1)/\partial e_c) - dC_C(e_c)/de_c$，再对 e_c 求二阶偏导有 $\partial^2 \pi_T(e_c, e_1)/\partial e_c^2 = Q(\partial^2 \Delta C_L(e_c, e_1)/\partial e_c^2) - d^2 C_C(e_c)/de_c^2$。为使系统整体利润最大化，由 3.2.1 节假设 4 可知应满足 $\partial^2 \Delta C_L(e_c, e_1)/\partial e_c^2 < 0$，由假设 5 可知应满足 $d^2 C_C(e_c)/de_c^2 > 0$，所以

$\partial^2\pi_{\rm T}\left(e_{\rm c},e_l\right)/\partial e_{\rm c}^2<0$。所以当$\partial\pi_{\rm T}(e_{\rm c},e_l)/\partial e_{\rm c}=0$时，在$e_{\rm c}\in[0,1]$上存在唯一最优解$e_{{\rm c}_2}=\arg\max\pi_{\rm T}(e_{\rm c},e_l)$。

同理，当p固定时，即$p=p^*$。对系统整体的利润函数式（3.20）求e_l的一阶偏导有$\partial\pi_{\rm T}(e_{\rm c},e_l)/\partial e_l=Q(\partial\Delta C_{\rm L}(e_{\rm c},e_l)/\partial e_l)-{\rm d}C_{\rm L}(e_l)/{\rm d}e_l$，再对$e_l$求二阶偏导有$\partial^2\pi_{\rm T}(e_{\rm c},e_l)/\partial e_l^2=Q(\partial^2\Delta C_{\rm L}(e_{\rm c},e_l)/\partial e_l^2)-{\rm d}^2C_{\rm L}(e_l)/{\rm d}e_l^2$。为使系统整体利润最大化，由 3.2.1 节假设 4 可知应满足$\partial^2\Delta C_{\rm L}(e_{\rm c},e_l)/\partial e_l^2<0$，由假设 5 可知应满足${\rm d}^2C_{\rm L}(e_l)/{\rm d}e_l^2>0$，所以$\partial^2\pi_{\rm T}(e_{\rm c},e_l)/\partial e_l^2<0$。所以当$\partial\pi_{\rm T}(e_{\rm c},e_l)/\partial e_l=0$时，在$e_l\in[0,1]$上有唯一最优解$e_{l_2}=\arg\max\pi_{\rm T}(e_{\rm c},e_l)$。

所以，此时系统整体的最大利润为$\pi_{\rm T}(p^*,e_{{\rm c}_2},e_{l_2})$，网络零售商的利润为$\pi_{\rm C}(p^*,e_{{\rm c}_2},e_{l_2})$，TPLSP 的利润为$\pi_{\rm L}(p_l^*,e_{{\rm c}_2},e_{l_2})$。

综上所述，共享节约合同中，分散化决策模式下网店零售商、TPLSP、系统整体的利润分别为

$$\pi_{\rm C}(p^*,e_{{\rm c}_1},e_{l_1})=\left[p^*-p_l^*-c_{\rm p}+\theta\Delta C_{\rm L}(e_{{\rm c}_1},e_{l_1})\right]Q-C_{\rm C}(e_{{\rm c}_1})-C_{\rm CF}$$

$$\pi_{\rm L}(p_l^*,e_{{\rm c}_1},e_{l_1})=\left[p_l^*-c_l+(1-\theta)\Delta C_{\rm L}(e_{{\rm c}_1},e_{l_1})\right]Q-C_{\rm L}(e_{l_1})+C_{\rm CF}-C_{\rm LF}$$

$$\pi_{\rm T}(p^*,e_{{\rm c}_1},e_{l_1})=\left[p^*-c_{\rm p}-c_l+\Delta C_{\rm L}(e_{{\rm c}_1},e_{l_1})\right]Q-C_{\rm C}(e_{{\rm c}_1})-C_{\rm L}(e_{l_1})-C_{\rm LF}$$

整合决策模式下网络零售商、TPLSP、系统整体的利润分别为

$$\pi_{\rm C}(p^*,e_{{\rm c}_2},e_{l_2})=\left[p^*-p_l^*-c_{\rm p}+\theta\Delta C_{\rm L}(e_{{\rm c}_2},e_{l_2})\right]Q-C_{\rm C}(e_{{\rm c}_2})-C_{\rm CF}$$

$$\pi_{\rm L}(p_l^*,e_{{\rm c}_2},e_{l_2})=\left[p_l^*-c_l+(1-\theta)\Delta C_{\rm L}(e_{{\rm c}_2},e_{l_2})\right]Q-C_{\rm L}(e_{l_2})+C_{\rm CF}-C_{\rm LF}$$

$$\pi_{\rm T}(p^*,e_{{\rm c}_2},e_{l_2})=\left[p^*-c_{\rm p}-c_l+\Delta C_{\rm L}(e_{{\rm c}_2},e_{l_2})\right]Q-C_{\rm C}(e_{{\rm c}_2})-C_{\rm L}(e_{l_2})-C_{\rm LF}$$

由上可知，为了使网络零售商和 TPLSP 的利润都有所改善，主动配合基于共享节约合同的整合优化决策，双方利润函数应满足以下条件：

$$\begin{cases}\pi_{\rm C}(p^*,e_{{\rm c}_2},e_{l_2})>\pi_{\rm C}(p^*,e_{{\rm c}_1},e_{l_1})\\ \pi_{\rm L}(p_l^*,e_{{\rm c}_2},e_{l_2})>\pi_{\rm L}(p_l^*,e_{{\rm c}_1},e_{l_1})\end{cases}$$

即

$$\begin{cases}\left[p^*-c_{\rm p}-p_l^*+\theta\Delta C_{\rm L}(e_{{\rm c}_2},e_{l_2})\right](a-bp^*)-C_{\rm C}(e_{{\rm c}_2})-C_{\rm CF}>\left[p^*-p_l^*-c_{\rm p}+\theta\Delta C_{\rm L}(e_{{\rm c}_1},e_{l_1})\right](a-bp^*)-C_{\rm CF}-C_{\rm C}(e_{{\rm c}_1})\\ \left[p_l^*-c_l+(1-\theta)\Delta C_{\rm L}(e_{{\rm c}_2},e_{l_2})\right](a-bp_l^*)-C_{\rm L}(e_{l_2})-C_{\rm LF}+C_{\rm CF}>\left[p_l^*-c_l+(1-\theta)\Delta C_{\rm L}(e_{{\rm c}_1},e_{l_1})\right](a-bp_l^*)-C_{\rm L}(e_{l_1})+C_{\rm CF}-C_{\rm LF}\end{cases}$$

解得

$$\frac{C_{\rm C}(e_{{\rm c}_2})-C_{\rm C}(e_{{\rm c}_1})}{\left[\Delta C_{\rm L}(e_{{\rm c}_2},e_{l_2})-\Delta C_{\rm L}(e_{{\rm c}_1},e_{l_1})\right](a-bp^*)}<\theta<1-\frac{C_{\rm L}(e_{l_2})-C_{\rm L}(e_{l_1})}{\left[\Delta C_{\rm L}(e_{{\rm c}_2},e_{l_2})-\Delta C_{\rm L}(e_{{\rm c}_1},e_{l_1})\right](a-bp_l^*)}$$

因此，在考虑共享节约合同的网购供应链中，当网络零售商分享节约物流费

用比例θ在以上范围内取值时，合作双方愿意共同努力节约物流成本，并且合作双方的利润都优于常见的物流外包合同中的利润，合作关系是稳定且可持续的。

3.2.4 算例

假设某商品的市场需求和价格之间的关系表达式为$Q=1000-4p$，网络零售商的单位商品成本$c_{\mathrm{p}}=50$，TPLSP 提供单位商品的物流服务成本$c_{\mathrm{l}}=4$，网络零售商支付给 TPLSP 的固定的物流费用$C_{\mathrm{CF}}=300$，TPLSP 为获得该部分固定收益C_{CF}而付出的成本$C_{\mathrm{LF}}=200$，网络零售商和 TPLSP 共同努力节约的单位商品物流费用函数为$\Delta C_{\mathrm{L}}(e_{\mathrm{c}},e_{\mathrm{l}})=5(-e_{\mathrm{c}}^2+5e_{\mathrm{c}})(-e_{\mathrm{l}}^2+e_{\mathrm{l}})$，网络零售商为节约物流费用所付出的努力成本$C_{\mathrm{C}}(e_{\mathrm{c}})=5\left[(1-e_{\mathrm{c}})^{-1}-e_{\mathrm{c}}-1\right]$，TPLSP 为节约物流费用所付出的努力成本$C_{\mathrm{L}}(e_{\mathrm{l}})=5\left[(1-e_{\mathrm{l}})^{-1}-e_{\mathrm{l}}-1\right]$。则在常见的物流外包合同中，分散化决策模式中市场需求量$Q=196$，网络零售商销售商品的市场价格$p_1=201$，TPLSP 的单位商品服务报价$p_{\mathrm{l}_1}=102$。网络零售商的利润$\pi_{\mathrm{C}}(p)_1=9304$，TPLSP 的利润$\pi_{\mathrm{L}}(p_{\mathrm{l}})_1=19308$，系统整体利润$\pi_{\mathrm{T}}(p)_1=28612$；在整合优化决策模式下，市场的需求量$Q=392$，网络零售商销售商品的市场价格$p_2=152$，TPLSP 的单位商品服务报价$p_{\mathrm{l}_2}=4$。网络零售商的利润$\pi_{\mathrm{C}}(p)_2=38116$，TPLSP 的利润$\pi_{\mathrm{L}}(p_{\mathrm{l}})_2=100$，系统整体利润$\pi_{\mathrm{T}}(p)_2=38216$。通过对比分析可见，在整合优化决策模式中，网络零售商的利润和系统整体利润分别增加了 28812、9604，而 TPLSP 却损失了 19208，导致 TPLSP 的利润大大降低了，必定会影响到双方之间的合作。

通过设定共享节约契约，设定网络零售商分享节约单位物流费用的比例为$\theta=0.6080$，可以得出在分散化决策模式下，网络零售商和 TPLSP 付出的努力程度分别为$e_{\mathrm{c}_1}=0.6794, e_{\mathrm{l}_1}=0.4404$。单位物流节约费用$\Delta C_{\mathrm{L}}(e_{\mathrm{c}_1},e_{\mathrm{l}_1})=3.62$，网络零售商付出的努力成本$C_{\mathrm{C}}(e_{\mathrm{c}_1})=7.20$，TPLSP 付出的努力成本$C_{\mathrm{L}}(e_{\mathrm{l}_1})=1.73$。市场需求量$Q=196.608$，网络零售商销售商品的市场价格$p^*=200.848$，TPLSP 的单位商品服务报价$p_{\mathrm{l}}^*=102.39096$。网络零售商的利润$\pi_{\mathrm{C}}(p^*,e_{\mathrm{c}_1},e_{\mathrm{l}_1})=9652.56806$，TPLSP 的利润$\pi_{\mathrm{L}}(p_{\mathrm{l}}^*,e_{\mathrm{c}_1},e_{\mathrm{l}_1})=19721.71448$，系统整体利润$\pi_{\mathrm{T}}(p^*,e_{\mathrm{c}_1},e_{\mathrm{l}_1})=29374.28254$。而在整合优化决策模式下，网络零售商和 TPLSP 付出的努力程度分别为$e_{\mathrm{c}_2}=0.4835$, $e_{\mathrm{l}_2}=0.7886$。单位物流节约费用$\Delta C_{\mathrm{L}}(e_{\mathrm{c}_2},e_{\mathrm{l}_2})=4.12$，网络零售商付出的努力成本$C_{\mathrm{C}}(e_{\mathrm{c}_2})=14.70$，TPLSP 付出的努力成本$C_{\mathrm{L}}(e_{\mathrm{l}_2})=2.26$，网络零售商的利润$\pi_{\mathrm{C}}(p^*,e_{\mathrm{c}_2},e_{\mathrm{l}_2})=9704.8369$，TPLSP 的利润$\pi_{\mathrm{L}}(p_{\mathrm{l}}^*,e_{\mathrm{c}_2},e_{\mathrm{l}_2})=19759.71965$，系统整体利润$\pi_{\mathrm{T}}(p^*,e_{\mathrm{c}_2},e_{\mathrm{l}_2})=29464.55654$。由此可见，共享节约合同中整合优化决策模式

下网络零售商、TPLSP 和系统整体的利润分别比分散化决策模式下的利润增加了 52.26884、38.00517、90.274。这表明网络零售商、TPLSP 和系统整体的利润都获得了帕累托优化，与传统物流外包合同对比，引入共享节约合同后合作双方的利润分配更能促进双方长期合作。

3.3　基于价格决策权的网购供应链 ITIO 共享节约研究

网购快递物流是连接买方与卖方的重要桥梁。目前大陆快递业有 1/3 的业务量是通过网购交易获得的，网上交易促进快递产业以年均 20%高速增长。快递物流的服务能力、服务质量、快递送达时间都是消费者购物体验的重要影响因素，其中快递送达时间是影响顾客购物选择的最重要的因素之一。例如，经常能够在淘宝上看到顾客因快递延误而对店铺打中差评。另外，快递公司也开始承担一些过去由传统零售商承担的责任和功能，如现金收款、退换货等。因此，网购经济无法离开快递物流而独立。近些年来春节期间快递业因服务能力不足而拒绝接单，导致许多网上店铺无法经营只能停业，由此充分表明了快递物流已经成为网购经济中至关重要的环节。

随着企业业务的全球化和竞争的不断加剧以及环境的不断变化，物流外包已经成为许多企业成功的重要战略。将物流业务外包给 TPLSP 主要可以获得两个方面的优势：降低和节约物流成本；提高物流服务水平。从这两个方面出发，本节主要研究了如何设计有效的合同协调 TPLSP 和客户企业之间的利益冲突问题。

3.3.1　模型假设与条件

一个 TPLSP 为一个客户企业提供物流服务；同时，客户企业向顾客销售其产品，产品的市场需求与价格之间存在一定的线性函数关系。双方共同努力可以达到节约物流费用的目的。根据达成的物流合同，客户企业对 TPLSP 进行转移支付。

模型的符号表示：

D——客户企业产品的市场需求；

Q——客户企业产品的存货量；

p——客户企业销售产品的价格；

c_c——客户企业的产品成本；

p_1——TPLSP 提供的产品物流服务的价格；

c_1——TPLSP 提供产品的物流服务成本；

C_{CF}——客户企业支付给 TPLSP 的固定部分的物流费用；

C_{LF}——TPLSP 获得固定收益 C_{CF} 而付出的成本；

T——客户企业对 TPLSP 的转移支付；

e_1——为节约物流费用，TPLSP 付出的努力程度；

e_2——为节约物流费用，客户企业付出的努力程度；

$\Delta c_1(e_1,e_2)$——TPLSP 和客户企业共同努力节约的物流费用；

θ——客户企业分享节约物流收益的比例；

$c_1(e_1)$——TPLSP 努力节约物流费用所付出的成本；

$c_2(e_2)$——客户企业努力节约物流费用所付出的成本。

模型的假设如下。

假设 1：TPLSP 和客户企业具有相同的有限理性，且风险偏好都是中性的。

假设 2：市场对客户企业产品的需求 D 和价格 p 之间存在函数关系，即 $D=a-bp$，其中，a 表示市场规模（即市场的最大需求），满足 $a>0$；b 为价格需求敏感系数，满足 $b>0$。

假设 3：客户企业具有根据市场需求及时提供产品的能力，这意味着客户企业供应的产品存货量与市场需求相一致。

假设 4：客户企业的产品成本、TPLSP 的产品物流服务成本都是私人信息。但是，TPLSP 知道客户企业产品的单位成本 c_c 服从概率密度为 $g(x)(g(x)>0)$ 的函数分布，且 $g(x)$ 在区间 $x\in[c_c^l, c_c^u](c_c^l, c_c^u>0)$ 上是连续可微的；客户企业也知道 TPLSP 的产品物流服务成本 c_1 服从概率密度为 $h(x)(h(x)>0)$ 的函数分布，且 $h(x)$ 在区间 $x\in[c_c^l, c_c^u](c_c^l, c_c^u>0)$ 上是连续可微的。其他信息都是共同知识。

根据客户企业是否具有产品价格决策权可分为两种情况：①客户企业具有产品价格的决策权，这种情况常见于客户企业在市场上处于完全垄断地位或客户企业在寡头垄断市场处于价格领导者的角色；②客户企业不具有产品价格的决策权，这种情况常见于产品的价格由系统外因素决定，客户企业是价格的接受者。例如，在完全市场竞争下，产品的价格由市场的供求关系决定；另外，产品的价格也可以由政府、行业协会、价格领导者等机构决定。

TPLSP 具有提供产品物流服务价格的决策权。TPLSP 为客户企业提供产品物流服务的成本为 c_1，其向客户企业的报价为 p_1，且 $p_1\geqslant c_1>0$。在物流外包协议中，针对各种不同的情况，客户企业经常会要求 TPLSP 提供一个比较详细的报价清单，清单一般会具体到产品的物流价格，这样有利于客户企业核算产品的总成本。

假设 5：为了减少物流的费用，TPLSP 和客户企业的努力程度分别为 e_1、e_2，其中，双方的努力程度介于 0 和 1 之间，即 e_1，$e_2\in[0,1]$。这是一种常见的衡量努力程度的方法，例如，Corbett 等（2001）和 Yadav 等（2003）的研究都采用了这种假设方法。

双方共同努力节约的物流费用为 $\Delta c_1(e_1,e_2)$，$\Delta c_1(e_1,e_2)$ 在[0,1]×[0,1]上是连续、二阶可微的，并且满足以下条件：

（1）$c_1(0,e_2)=\Delta c_1(e_1,0)=0$，这表示只要任何一方不付出努力，另一方绝对不能降低物流的费用，即只有双方共同协作努力才能节约物流成本；

（2）$\partial\Delta c_1(e_1,e_2)/\partial e_1>0$，$\partial\Delta c_1(e_1,e_2)>0$，这表示随着 TPLSP、客户企业努力程度的增加，节约的物流费用会逐渐增加；

（3）$\partial^2\Delta c_1(e_1,e_2)/\partial e_1^2<0$，$\partial^2\Delta c_1(e_1,e_2)/\partial e_2^2<0$，这表示物流的费用的节约速度会随着努力程度 e_1、e_2 的递增而递减；

（4）$\Delta c_1(e_1,e_2)\in[0,c_1)$，这表示双方共同努力节约的物流费用的上限是 TPLSP 的单位物流服务成本。

假设 6：由于努力，TPLSP 和客户企业需要付出的成本分别为 $c_1(e_1)$、$c_2(e_2)$，其中，$c_1(e_1)$，$c_2(e_2)\in[0,+\infty)$。并且，$c_1(e_1)$、$c_2(e_2)$ 满足以下条件：

（1）$c_1(e_1=0)=0$，$c_2(e_2=0)=0$，这表示 TPLSP、客户企业不努力时不会带来任何成本；

（2）$\lim\limits_{e_1\to1}c_1(e_1)=\lim\limits_{e_2\to1}c_2(e_2)=+\infty$，这表示任何一方付出的努力程度接近 1 时，其付出的成本是巨大的；

（3）$\mathrm{d}c_1/\mathrm{d}e_1>0$，$\mathrm{d}c_2/\mathrm{d}e_2>0$，这表示随着自身努力程度的增加，TPLSP、客户企业付出的努力成本会越来越大；

（4）$\mathrm{d}^2c_1/\mathrm{d}e_1^2>0$，$\mathrm{d}^2c_2/\mathrm{d}e_2^2\gg0$，这表示随着努力程度的递增，TPLSP、客户企业付出的代价会加速递增。

同时，$\Delta c_1(e_1,e_2)$、$c_1(e_1)$、$c_2(e_2)$ 是双方的共同知识。

3.3.2　基本模型

1. 常见的物流外包合同

在现实中，常见的物流外包合同可以表示为客户企业对 TPLSP 的转移支付：

$$T_u(C_{CF},p_1,Q)=C_{CF}+p_1Q$$

其中，C_{CF} 表示客户企业支付给 TPLSP 的固定部分的物流费用，不会随着产品数量的变动而发生变动，且 $C_{CF}\geqslant0$。

当 $C_{CF}=0$，$p_1>0$ 时，这一合同的含义：TPLSP 根据客户企业的产品数目来收取物流服务的费用。这种情况一般适用于客户企业的产品是实物，且易于计量，如常见的运输合同。

当 $C_{CF}>0$，$p_1=0$ 时，这一合同表示：客户企业将其在一定时期内的物流业务以某一固定的费用形式外包出去。这种情况适用于在某一时期内，客户企业的物流业务量比较稳定，客户企业可以将其物流业务一次性以招标或其他形式外包给 TPLSP；这种情况也适用于 TPLSP 为客户企业提供的是不易计量的物流服务，例如，TPLSP 为客户企业提供的物流管理服务和物流信息服务。在这里，假设 C_{LF} 表示 TPLSP 获得固定收益 C_{CF} 而付出的成本，即不会随着产品数量的变动而改变，且满足 $C_{CF} \geqslant C_{LF} \geqslant 0$。

当 $C_{CF} > 0$，$p_1 > 0$ 时，这一合同表示：客户企业将其物流业务一部分以固定费用的形式外包出去，另一部分以变动费用的形式外包出去。例如，客户企业将以固定费用的形式外包物流业务量比较稳定、不易计量的部分；以变动费用的形式外包业务量不稳定、易于计量的部分。

2. 客户企业具有价格决策权时的博弈分析

在客户企业具有产品价格决策权时，双方的博弈过程为：首先，TPLSP 与客户企业协商其中的固定部分的物流费用；然后，TPLSP 根据自己掌握的关于客户企业成本的信息来追求最优化利润，从而确定其最优的产品物流服务报价；最后，根据自己掌握的 TPLSP 单位物流服务成本的信息，客户企业判断 TPLSP 的报价是否合理，继而决定是否接受其报价。如果接受，双方达成协议，客户企业确定最优产品价格；如果拒绝，TPLSP 需重新调整其报价，直至双方达成新的协议或取消合作。

求解采用逆向归纳法，过程如下。

给定 p_1，由于客户企业是理性的，其目标是利润最大化：

$$\max_{p \geqslant 0} \pi_c(p) = \max_{p \geqslant 0}[(p - c_2 - p_1)Q - C_{CF}]$$

在保证客户企业保留利润的条件下，易知客户企业的最优产品价格为

$$p_{cl}^* = [a + b(c_c + p_1)] / 2b$$

根据自己掌握的关于客户企业成本的信息，TPLSP 会推测客户企业的最优期望利润，从而确定最优期望：

$$E(p_{cl}^*) = \left[a + b\left(\int_{c_c^l}^{c_c^u} xg(x)\mathrm{d}x + p_1 \right) \right] / 2b$$

给定 $E(p_{cl}^*)$ 不变，TPLSP 最优化其期望利润：

$$\max_{p_1 \geqslant 0} E(\pi_1(p_1)) = \max_{p_1 \geqslant 0}[(p_1 - c_1)Q + C_{CF} - C_{LF}]$$

S_L ($S_L \geqslant 0$)表示 TPLSP 的保留利润。

在保证 TPLSP 保留利润的条件下，易知 TPLSP 提供的产品最优物流服务的价格为

$$p_{l1}^* = \left[a + b \left(c_1 \int_{c_c^l}^{c_c^u} xg(x)\mathrm{d}x \right) \right] / 2k$$

在 TPLSP 给出物流服务报价以后，根据自己掌握的关于 TPLSP 物流服务成本的信息，客户企业会推测 TPLSP 的最优期望利润：

$$E(p_{l1}^*) = \left[a + b \left(c_1 - \int_{c_l^l}^{c_l^u} xh(x)\mathrm{d}x - c_c \right) \right] / 2k$$

根据这些信息，客户企业判断 TPLSP 的报价是否合理，从而选择是否接受其报价。

从以上分析可以看出，如果能达成协议，对客户企业的成本信息掌握得越准确，越有利于 TPLSP 确定物流服务报价，从而有利于其获得较多的系统利润；对 TPLSP 的物流服务成本掌握得越准确，客户企业越能增强讨价还价的能力，从而使自己获得更多的系统利润。总之，对对方成本信息掌握的程度是影响双方分享系统利润的一个重要因素。

下面分析 TPLSP 与客户企业的博弈对系统整体利润的影响。

系统整体的优化目标为

$$\max_{p\geqslant 0} \pi_{\mathrm{T}}(p) = \max_{p\geqslant 0}[(p - c_c - c_1)Q - C_{\mathrm{LF}}]$$

求解易知，系统整体的最优产品价格为

$$p^* = [a + b(c_c + c_1)] / 2b$$

当 TPLSP 的产品物流服务报价等于其成本时，系统整体的最优利润没有亏损。然而，由于 TPLSP 是理性的，为了获取满意的利润，其物流服务的报价必然会高于其成本，即 $p_1 > c_1$。因此，$p_{c1}^* > p^*$，这会导致系统整体的最优利润出现损失。

3. 客户企业不具有价格决策权时的博弈分析

在这种情况下，系统整体的优化目标为

$$\max_{p'\geqslant 0} \pi_C(p') = \max_{p'\geqslant 0}[(p' - c_c - p)Q - C_{\mathrm{CF}}]$$

此时，产品的价格由外生因素决定，即 p' 在一定时期内，系统整体的利润保持不变。转移支付 $T_u(C_{\mathrm{CF}}, p_1, Q)$ 对产品的价格没有影响，参数 C_{CF}，p_1 的变化只会影响到 TPLSP 与客户企业之间的利润分配。

双方能达成协议，求解的结果为（p_{c2}^*，p_{l2}^*），其中，$p_{c2}^* = p'$，$p_{l2}^* \in [c_1, p' - c_c]$。此时，产品物流服务价格的确定在很大程度上取决于双方对对方成本信息的掌握程度和双方的谈判能力。在这种条件下，双方的博弈只影响到双方的利润分配，对系统整体的利润不产生任何影响。

3.3.3 共享节约模型

1. 共享节约合同

由于 TPLSP 收入的增长与客户企业物流的费用呈正相关，在没有任何激励的情况下，TPLSP 不愿意减少这部分物流的费用。在传统物流合同下，TPLSP 和客户企业是完全的买卖关系，这一合同不能有效地激励双方共同努力节约物流成本。

为了激励 TPLSP 共同努力节约物流成本，客户企业表示愿意与 TPLSP 分享节约带来的收益。TPLSP 分享节约物流费用的比例为 $1-\theta$。在共享节约合同下，客户企业对 TPLSP 的转移支付为

$$T_{ss}(C_{CF},p_1,Q)=C_{CF}+[p_1+(1-\theta\ )\Delta c_1(e_1,e_2)]Q$$

如果 $\theta=0$，则表示 TPLSP 会独占节约的物流费用，显然，客户企业将不会付出任何努力，那么将不能达到降低物流费用的目的；反之，如果 $\theta=1$，则表示客户企业会独占全部节约的物流费用，那么 TPLSP 将不会付出任何努力，也会造成不能达到节约物流成本的目的。所以，θ 满足 $0<\theta<1$。

那么，TPLSP、客户企业和系统整体的利润函数分别为

$$\pi_1(p_1,e_1,e_2)=(p_1-c_1+(1-\theta)\Delta c_1(e_1,e_2)]Q-c_1(e_1)+C_{CF}-C_{LF} \tag{3.21}$$

$$\pi_c(p_1,e_1,e_2)=(p-c_c-p_1+\theta\Delta c_1(e_1,e_2))Q-c_2(e_2)-C_{CF} \tag{3.22}$$

$$\pi_T(p_1,e_1,e_2)=(p-c_c-c_1+\Delta c_1(e_1,e_2))Q-c_2(e_2)-c_1(e_1)-C_{LF} \tag{3.23}$$

式（3.21）和式（3.22）表示共享节约合同。当任何一方不付出努力时，共享节约合同会退化为常见的物流合同。

2. 客户企业具有价格决策权时的博弈分析

在这种情况下，双方的博弈过程如下：首先，双方共同协商确定固定部分的物流费用和分别分享节约物流费用的比例，双方会选择各自的努力程度，从而确定节约的物流费用；其次，TPLSP 报价产品物流服务；最后，客户企业决定是否接受 TPLSP 的报价。如果接受，客户企业就可以确定产品的最优价格；如果拒绝，双方需重新协商分享节约物流费用的比例，TPLSP 需重新调整物流服务的报价，直至达成新的协议或取消合作。

求解采用逆向归纳法，过程如下。

给定 p_1,e_1,e_2 不变：

$$p^*_{cssl}=[a+k(c_c+p_1-\theta\Delta c_1(e_1,e_2))]/2k$$

$$p_{\text{lssl}}^{*}=[a+k(c_1-(1-2\theta)\Delta c_1(e_1,e_2)-\int_{c_1^{\text{l}}}^{c_1^{\text{u}}}xg(x)\text{d}x/2k$$

在 TPLSP 给出物流服务报价以后，根据自己掌握的关于 TPLSP 物流服务成本的信息，客户企业会推测 TPLSP 的最优期望利润：

$$\max_{p_1\geqslant 0}E(\pi_1(p_1,e_1,e_2)=\max_{p_1\geqslant 0}[p_1-E(c_1)+(1-\theta)\Delta c_1(e_1,e_2))Q+C_{\text{CF}}-C_{\text{LF}}]$$

从而，客户企业可以推测出 TPLSP 的最优期望单位物流服务价格：

$$E(p_{\text{lssl}}^{*})=\left[a+k\left(\int_{c_1^{\text{l}}}^{c_1^{\text{u}}}xh(x)\text{d}x-(1-2\theta)\Delta c_1(e_1,2)-c_{\text{c}}\right)\right]/2k$$

根据这些信息，客户企业判断 TPLSP 的报价是否合理，从而选择是否接受其报价。

3. 客户企业不具有价格决策权时的博弈分析

在客户企业不具有产品价格决策权的情况下，双方的博弈过程为：首先，双方共同协商确定固定部分的物流费用和各自分享节约物流费用的比例，再根据这一比例，双方决定努力程度，从而确定节约的物流费用；其次，根据自己掌握的关于客户企业成本的信息，TPLSP 最优化其期望利润，从而决定其最优的产品物流服务报价；最后，根据自己掌握的 TPLSP 单位物流服务成本的信息，客户企业根据 TPLSP 报价的合理性来选择是否接受报价。如果接受，双方达成协议，客户企业作为价格的接受方，需要根据产品价格来销售其产品；如果拒绝，TPLSP 需要重新报价，直至双方达成新的协议或取消合作。

给定 p_1,e_1,e_2 不变，由于客户企业是理性的，其目标是最大化其利润：

$$\max_{p'\geqslant 0}\pi_{\text{c}}(p',e_1,e_2)=\max_{p'\geqslant 0}[(p'-c_{\text{c}}-p_1+\theta\Delta c_1(e_1,e_2))Q-c_2(e_2)-C_{\text{CF}}]$$

由于客户企业是产品价格的接受者，在其他条件不变的情况下，其利润保持一定。

给定 p',e_1,e_2 不变，TPLSP 最优化其期望利润：

$$\max_{p_1\geqslant 0}\pi_1(p_1,e_1,e_2)=\max_{p_1\geqslant 0}[(p_1-c_1+(1-\theta)\Delta c_1(e_1,e_2))Q-C_{\text{CF}}-C_{\text{LF}}]$$

在其他条件不变的情况下，TPLSP 的利润函数是关于产品物流服务价格的正比例函数。为了获得更多的利润，TPLSP 会努力提高产品的物流服务价格。

4. 共享节约合同的性质

在非合作博弈中，TPLSP 和客户企业都是从各自的利益角度出发进行决策，这种决策模式称为分散式决策模式；如果将 TPLSP 和客户企业看成一个系统，从系统的角度进行决策，这种决策模式称为集中式决策模式。

命题 3.1 $\pi_{\mathrm{T}}(p_{\mathrm{sst1}}^{*},e_{\mathrm{lt1}}^{*},e_{\mathrm{ct1}}^{*})>\pi_{\mathrm{T}}(p^{*},e_{1}=0,e_{2}=0),\pi_{\mathrm{T}}(p',e_{\mathrm{lt2}}^{*},e_{\mathrm{ct2}}^{*})>\pi_{\mathrm{T}}(p',e_{1}=0,e_{2}=0)$。

证明 由于$\pi_{\mathrm{T}}(p,e_1,e_2)$在 $p\in[p_{\mathrm{sst1}}^{*},+\infty]$上是递减的凸函数，可以获得$\pi_{\mathrm{T}}(p_{\mathrm{sst1}}^{*},e_{\mathrm{lt1}}^{*},e_{\mathrm{ct1}}^{*})>\pi_{\mathrm{T}}(p^{*},e_{\mathrm{lt1}}^{*},e_{\mathrm{ct1}}^{*})$，$\pi_{\mathrm{T}}(p^{*},e_{\mathrm{lt1}}^{*},e_{\mathrm{ct1}}^{*})>\pi_{\mathrm{T}}(p^{*},e_{\mathrm{l1}}^{*},e_{\mathrm{c1}}^{*})$，$\pi_{\mathrm{T}}(p^{*},e_{\mathrm{l1}}^{*},e_{\mathrm{c1}}^{*})>\pi_{\mathrm{T}}(p^{*},0,0)$，可以推导出$\pi_{\mathrm{T}}(p^{*},e_{\mathrm{lt1}}^{*},e_{\mathrm{ct1}}^{*})>\pi_{\mathrm{T}}(p^{*},0,0)$。所以，$\pi_{\mathrm{T}}(p_{\mathrm{sst1}}^{*},e_{\mathrm{lt1}}^{*},e_{\mathrm{ct1}}^{*})>\pi_{\mathrm{T}}(p^{*},e_1=0,e_2=0)$，$\pi_{\mathrm{T}}(p',e_{\mathrm{lt2}}^{*},e_{\mathrm{ct2}}^{*})>\pi_{\mathrm{T}}(p',e_{\mathrm{l2}}^{*},e_{\mathrm{c2}}^{*})$，$\pi_{\mathrm{T}}(p',e_{\mathrm{l2}}^{*},e_{\mathrm{c2}}^{*})>\pi_{\mathrm{T}}(p',0,0)$，可以推导出$\pi_{\mathrm{T}}(p',e_{\mathrm{lt2}}^{*},e_{\mathrm{ct2}}^{*})>\pi_{\mathrm{T}}(p',0,0)$。

命题 3.1 表示在集中式决策模式下，系统在共享节约合同下获得的最优利润会优于其在常见物流合同下获得的最优利润。

命题 3.2 $\pi_{\mathrm{T}}(p_{\mathrm{css1}}^{*},e_{\mathrm{l1}}^{*},e_{\mathrm{c1}}^{*})>\pi_{\mathrm{T}}(p_{\mathrm{c1}}^{*},e_1=0,e_2=0)$，$\pi_{\mathrm{T}}(p',e_{\mathrm{l2}}^{*},e_{\mathrm{c2}}^{*})>\pi_{\mathrm{T}}(p',e_1=0,e_2=0)$。可以获得

$$p_{\mathrm{c1}}^{*}=\left[3a+k\left(2c_{\mathrm{c}}+c_{\mathrm{l}}-\int_{c_{\mathrm{c}}^{\mathrm{l}}}^{c_{\mathrm{l}}^{\mathrm{u}}}xg(x)\mathrm{d}x\right)\right]/4k$$

$$p_{\mathrm{css1}}^{*}=\left[3a+k\left(2c_{\mathrm{c}}+c_{\mathrm{l}}-\Delta c_{\mathrm{l}}(e_{\mathrm{l1}}^{*},e_{\mathrm{c1}}^{*})-\int_{c_{\mathrm{c}}^{\mathrm{l}}}^{c_{\mathrm{l}}^{\mathrm{u}}}xg(x)\mathrm{d}x\right)\right]/4k$$

易知$p_{\mathrm{css1}}^{*}<p_{\mathrm{c1}}^{*}$，$p_{\mathrm{css1}}^{*}>p_{\mathrm{sst1}}^{*}$，$\pi_{\mathrm{T}}(p,e_1,e_2)$在$p\in[p_{\mathrm{sst1}}^{*},+\infty)$上是递减的凸函数。由于$p_{\mathrm{sst1}}^{*}<p_{\mathrm{css1}}^{*}<p_{\mathrm{c1}}^{*}$，可得$\pi_{\mathrm{T}}(p_{\mathrm{css1}}^{*},e_{\mathrm{l1}}^{*},e_{\mathrm{c1}}^{*})>\pi_{\mathrm{T}}(p_{\mathrm{c1}}^{*},e_{\mathrm{l1}}^{*},e_{\mathrm{c1}}^{*})$。给定$\forall p$不变，$\pi_{\mathrm{T}}(p_{\mathrm{c1}}^{*},e_{\mathrm{l1}}^{*},e_{\mathrm{c1}}^{*})>\pi_{\mathrm{T}}(p_{\mathrm{c1}}^{*},e_1^{*}=0,e_2=0)$。所以，$\pi_{\mathrm{T}}(p_{\mathrm{c1}}^{*},e_{\mathrm{l1}}^{*},e_{\mathrm{c1}}^{*})$，$\pi_{\mathrm{T}}(p',e_{\mathrm{l2}}^{*},e_{\mathrm{c2}}^{*})>\pi_{\mathrm{T}}(p',e_1^{*}=0,e_2=0)$。

命题 3.2 表示在分散式决策模式下，系统在共享节约合同下获得的最优利润会优于其在常见物流合同下获得的最优利润。

3.3.4 算例

假设某种产品的需求与价格存在函数关系：$D=19360-313p$。客户企业的产品成本$c_{\mathrm{c}}=40$；TPLSP 提供的产品物流服务成本$c_{\mathrm{l}}=10$。TPLSP 知道客户企业的产品成本c_{c}在区间[36, 54]上服从均匀分布；客户企业知道 TPLSP 的产品物流服务成本c_{l}在区间[8, 16]上服从均匀分布。另外，客户企业支付给 TPLSP 的固定部分的物流费用为$C_{\mathrm{CF}}=10$；TPLSP 获得这部分固定收益而付出的成本$C_{\mathrm{LF}}=8$。双方共同努力节约的单位物流成本的函数形式为$\Delta c_{\mathrm{l}}(e_1,e_2)=5(-e_1^2+e_1)(-e_2^2+e_2)$。为了节约物流成本，TPLSP 付出的努力成本$c_1(e_1)=5[(1-e_1)^{-1}-e_1-1]$；客户企业付出的努力成本$c_2(e_2)=5[(1-e_2)^{-1}-e_2-1]$。与客户企业不具有产品价格决策权的情形相比较，客户企业具有价格决策权的问题较复杂。下面，只考虑客户企业具有产品价格决策权的情形。

在常见物流合同下，分散式决策时 TPLSP 的最优单位物流服务报价 $p_{l1}^*=13.43$，客户企业接受这一报价后，其产品的最优价格 $p_{c1}^*=57.64$，产品的产量 $Q=1319$，TPLSP 的利润 $\pi_l=47.24$；客户企业的利润 $\pi_c=45.53$。此时，分散式决策下的系统利润 $\pi_T=92.77$。在集中式决策下，系统的产品最优价格 $p^*=55.93$，产品的产量 $Q=18.54$，系统利润 $\pi_T=101.94$，分散式决策导致系统利润出现了 9.17 个单位的损失。

在共享节约合同下，当客户企业分享单位节约物流费用的比例 $\theta=0.6080$ 时，双方付出的努力程度（$e_{l1}^*=0.4404$，$e_{c1}^*=0.6794$）。此时，节约的单位物流费用 $\Delta c_1(e_{l1}^*,e_{c1}^*)=3.62$，TPLSP 付出的努力成本 $c_1(e_{l1}^*)=1.73$，客户企业付出的努力成本 $c_2(e_{c1}^*)=7.20$。TPLSP 的最优单位物流服务报价 $p_{lss1}^*=13.82$；客户企业的产品最优价格 $p_{css1}^*=56.74$，产品的产量为 $q=1600$，TPLSP 的利润 $\pi_l=84.09$，客户企业的利润 $\pi_c=64.74$，系统利润 $\pi_T=148.83$。与常见物流合同相比，TPLSP 的利润增加了 36.85 个单位，客户企业的利润增加了 19.21 个单位，系统的利润增加了 56.06 个单位，系统的效率提高了 60.43%。显然，集中式决策时的系统利润增加了 46.89 个单位。这说明，在某种条件下共享节约合同具有良好的效率。在集中式决策下，双方付出的努力程度 $e_{lt1}^*=0.4835, e_{ct1}^*=0.7886$，节约的单位物流费用 $\Delta c_1(e_{lt1}^*,e_{ct1}^*)=4.12$，TPLSP 付出的努力成本 $c_1(e_{lt1}^*)=226$，客户企业付出的努力成本 $c_2(e_{ct1}^*)=14.70$。系统的产品最优价格为 $p_{sst1}^*=53.87$，产品的产量 $q=24.99$，系统利润 $\pi_T=174.71$，分散式决策导致系统利润出现了 25.88 个单位的损失，与常见物流合同相比，系统利润增加了 72.77 个单位，系统的效率增加了 71.39%。

3.4　改进共享节约契约下的网购供应链库存与运输整合优化研究

3.4.1　问题描述和模型假设

在网购供应链配送系统中，制造商和网络零售商会发生冲突：制造商运输费用的节约会导致网络零售商库存费用的增加，反之亦然。一般供需合同难以协调制造商和网络零售商的这种利益冲突，因此，需要修改合同条框，使得制造商和网络零售商都能共享网购供应链费用节约所带来的收益，供需双方才能达成更好的合作联盟，以达到提高网购供应链的运作效率和竞争力的目的，在网购供应链与网购供应链之间的竞争中处于不败之地。

近些年来收益共享契约机制研究广受学术界的关注，在供应链协调优化中也得到应用。在供应链收益共享契约机制下，供应商给零售商提供价格折扣，以获得零售商一定比例的销售收入，从而实现供应链成员间的协调。现有成果研究了收益共享契约在供应链协调、期货销售、农产品物流、突发事件及其演化机制等方面的应用。但是已有的收益共享契约研究没有有机结合网购供应链库存和运输费用优化，同时研究的都是传统的收益共享契约，没有研究基于库存和运输费用节约的改进收益共享契约。因此，本节在改进收益共享契约的基础上，建立基于努力水平的网购供应链改进收益共享模型，并分析模型的性质。

假设制造商向网络零售商销售产品的单位批发价格为 p_{M}，制造商生产的产品可以满足市场需求。制造商的单位产品生产成本为 c_{p}，配送单位产品的可变成本为 c_{d}，制造商给网络零售商配送的批量为 Q，配送量和网络零售商的需求量 D 相同。为了防止网络零售商要求进行小批量和多批次配送，在现实配送中制造商还会向网络零售商收取一个固定配送费用 F，制造商获得这部分固定收益所付出的成本为 f，表示制造商每次派车和配送发生的一些固定成本，如发车成本等。因此，制造商向网络零售商收取费用 T（由固定部分和可变部分构成），$T(F,p_{\mathrm{M}},Q)=F+p_{\mathrm{M}}Q$。制造商具有根据产品的市场需求制定生产计划和进行配送的能力。市场对网络零售商产品的需求 D 与产品零售商价格 p 之间存在单调递减的函数关系：$p=a-bD$，其中系数 $a,b>0,D\geqslant 0$。假设不考虑制造商的库存，只考虑网络零售商的库存，网络零售商的单位库存持有成本为 h。制造商和网络零售商风险偏好都是中性的。

为了能够节约整个网购供应链系统的库存费用和运输配送费用，制造商和网络零售商通过付出一定的努力才能节约库存费用和运输费用。假设制造商的努力程度为 e_{m}，网络零售商的努力程度为 e_{r}，努力程度满足 $e_{\mathrm{m}},e_{\mathrm{r}}\in[0,1]$，网购供应链优化所能够带来的单位运输费用节约为 $\Delta c_{\mathrm{T}}(e_{\mathrm{m}},e_{\mathrm{r}})$；网购供应链优化所能够带来的单位库存费用节约为 $\Delta c_{\mathrm{L}}(e_{\mathrm{m}},e_{\mathrm{r}})$。对网购供应链优化费用节约所带来的收益增加，制造商和网络零售商按照一定的比例进行分配，假设制造商分得的运输费用节约比例为 λ，网络零售商分得的运输费用节约比例为 $1-\alpha$，制造商分得的库存费用节约比例为 ρ，网络零售商分得的库存费用节约比例为 $1-\beta$。α 和 β 满足 $0<\alpha$，$\beta<1$，因为当制造商分得的费用节约带来的收益比例为 0 时，由理性人假设，制造商没有任何动机做出费用节约的努力；而制造商分得的费用节约带来的收益比例为 1 时，由理性人假设，虽然制造商有意愿进行费用节约，但是网络零售商没有任何动机做出费用节约的努力，因此，库存运输费用节约同样无法实现。

$C_{\mathrm{m}}(e_{\mathrm{m}})$ 表示制造商努力程度为 e_{m} 时的成本，$C_{\mathrm{r}}(e_{\mathrm{r}})$ 表示网络零售商努力程度为 e_{r} 时的成本。双方共同努力节约的运输配送费用为 $\Delta c_{\mathrm{d}}(e_{\mathrm{m}},e_{\mathrm{r}})$，节约的库存费用为 $\Delta c_{\mathrm{h}}(e_{\mathrm{m}},e_{\mathrm{r}})$，$\Delta c_{\mathrm{d}}(e_{\mathrm{m}},e_{\mathrm{r}})$、$\Delta c_{\mathrm{h}}(e_{\mathrm{m}},e_{\mathrm{r}})$ 在 $[0,1]\times[0,1]$ 上是连续、二阶可微的，其中 $\Delta c_{\mathrm{d}}(e_{\mathrm{m}},e_{\mathrm{r}})\in[0,c_{\mathrm{d}}]$，$\Delta c_{\mathrm{h}}(e_{\mathrm{m}},e_{\mathrm{r}})\in[0,h]$。

$\Delta c_{\mathrm{h}}(e_{\mathrm{m}},e_{\mathrm{r}})$、$\Delta c_{\mathrm{d}}(e_{\mathrm{m}},e_{\mathrm{r}})$ 满足 $\Delta c_{\mathrm{h}}(0,e_{\mathrm{r}})=0$、$\Delta c_{\mathrm{d}}(e_{\mathrm{m}},0)=0$，这说明如果制造商不合作，网络零售商无法降低库存成本；如果网络零售商不合作，那么制造商就无法降低运输配送成本，即网络零售商和制造商只要一方不努力进行节约费用，另一方肯定不能降低运输配送费用或库存费用，所以只有双方共同努力才能节约配送费用和库存费用；$\Delta c_{\mathrm{h}}(e_{\mathrm{m}},e_{\mathrm{r}})$、$\Delta c_{\mathrm{d}}(e_{\mathrm{m}},e_{\mathrm{r}})$ 满足 $\dfrac{\partial \Delta c_{\mathrm{h}}(e_{\mathrm{m}},e_{\mathrm{r}})}{\partial e_{\mathrm{m}}}>0$、$\dfrac{\partial \Delta c_{\mathrm{h}}(e_{\mathrm{m}},e_{\mathrm{r}})}{\partial e_{\mathrm{r}}}>0$、$\dfrac{\partial \Delta c_{\mathrm{d}}(e_{\mathrm{m}},e_{\mathrm{r}})}{\partial e_{\mathrm{m}}}>0$、$\dfrac{\partial \Delta c_{\mathrm{d}}(e_{\mathrm{m}},e_{\mathrm{r}})}{\partial e_{\mathrm{r}}}>0$，这表明只要制造商和网络零售商为网购供应链优化付出更多的努力，就能降低更多库存或者运输配送费用、节约运营成本；$\dfrac{\partial^2 \Delta c_{\mathrm{h}}(e_{\mathrm{m}},e_{\mathrm{r}})}{\partial e_{\mathrm{m}}^2}<0$，$\dfrac{\partial^2 \Delta c_{\mathrm{h}}(e_{\mathrm{m}},e_{\mathrm{r}})}{\partial e_{\mathrm{r}}^2}<0$，$\dfrac{\partial^2 \Delta c_{\mathrm{d}}(e_{\mathrm{m}},e_{\mathrm{r}})}{\partial e_{\mathrm{m}}^2}<0$，$\dfrac{\partial^2 \Delta c_{\mathrm{d}}(e_{\mathrm{m}},e_{\mathrm{r}})}{\partial e_{\mathrm{r}}^2}<0$，这表明物流费用的节约速度会随着制造商和网络零售商努力程度的递增而递减。

制造商的努力成本 $C_{\mathrm{m}}(e_{\mathrm{m}})$ 和网络零售商努力节约成本 $C_{\mathrm{r}}(e_{\mathrm{r}})$ 满足以下性质：$C_{\mathrm{m}}(e_{\mathrm{m}}),C_{\mathrm{r}}(e_{\mathrm{r}})\in[0,+\infty)$，$C_{\mathrm{m}}(0)=C_{\mathrm{r}}(0)=0$。这表明如果制造商和网络零售商不付出任何努力进行整合优化，就不会产生任何关于努力的成本；$\lim\limits_{e_{\mathrm{m}}\to 1}C_{\mathrm{m}}(e_{\mathrm{m}})=+\infty$，$\lim\limits_{e_{\mathrm{r}}\to 1}C_{\mathrm{r}}(e_{\mathrm{r}})=+\infty$，说明当制造商和网络零售商的努力程度无限大时，其努力成本也趋于无限大，即越努力成本越大；$\dfrac{\mathrm{d}C_{\mathrm{m}}(e_{\mathrm{m}})}{\mathrm{d}e_{\mathrm{m}}}>0$，$\dfrac{\mathrm{d}C_{\mathrm{r}}(e_{\mathrm{r}})}{\mathrm{d}e_{\mathrm{r}}}>0$，表明制造商和网络零售商整合优化努力程度越高，努力成本越大。$\dfrac{\mathrm{d}^2C_{\mathrm{m}}(e_{\mathrm{m}})}{\mathrm{d}e_{\mathrm{m}}^2}>0$，$\dfrac{\mathrm{d}^2C_{\mathrm{r}}(e_{\mathrm{r}})}{\mathrm{d}e_{\mathrm{r}}^2}>0$，即随着制造商和网络零售商网购供应链优化努力程度的增加，努力所产生的成本会加速递增。

由利润函数，结合库存运输费用节约和努力成本分析可以得到，考虑库存运输费用整合节约情况下的利润函数为：制造商的利润函数 = 原来的利润函数 + 费用节约带来的收益 − 费用节约付出的努力成本，即

$$\pi_{\mathrm{ms}}=(p_{\mathrm{M}}+\alpha\Delta c_{\mathrm{d}}(e_{\mathrm{m}},e_{\mathrm{r}})+\beta\Delta c_{\mathrm{h}}(e_{\mathrm{m}},e_{\mathrm{r}})-c_{\mathrm{p}}-c_{\mathrm{d}})Q+F-f-C_{\mathrm{m}}(e_{\mathrm{m}}) \tag{3.24}$$

同样地，网络零售商的利润函数 = 原来的利润函数 + 费用节约带来的收益 − 费用节约付出的努力成本，即

$$\begin{aligned}\pi_{\mathrm{rs}}=\Bigg[&(1-\alpha)\Delta c_{\mathrm{d}}(e_{\mathrm{m}},e_{\mathrm{r}})+(1-\beta)\Delta c_{\mathrm{h}}(e_{\mathrm{m}},e_{\mathrm{r}})\\&-p_{\mathrm{M}}-\frac{h}{2}+p\Bigg]Q-F-C_{\mathrm{r}}(e_{\mathrm{r}})\end{aligned} \tag{3.25}$$

3.4.2 基于努力水平的改进共享节约契约分析

1. 网络零售商具有价格决策权时的决策分析

当网络零售商具有价格决策权时，制造商和网络零售商的定价过程如下：第一步，制造商和网络零售商通过谈判、协调分别达成双方对运输费用和库存费用节约的分配比例，双方再根据分到的费用节约确定各自的库存运输费用节约努力程度，而双方的努力程度决定了最终能够节约的库存和运输费用大小；第二步，制造商根据自身的经营状况和了解到的网络零售商成本信息，确定产品批发价格。第三步，网络零售商根据掌握的信息和自己所能获得的收益情况，决定是否接受制造商的批发报价，如果接受，双方达成交易，网络零售商就确定自己的最优销售价格，如果拒绝，双方需要重新协商对库存和运输费用节约的分享比例，制造商需要重新对产品的配送批发价进行报价，网络零售商需要重新决定是否接受报价和制定最优的销售价格。重复这一定价过程，直到达成协议或者合作终止。

采用逆序法求解这一定价过程，先求解第三阶段网络零售商的最优销售价。如果制造商和网络零售商能够达成最终协议，网络零售商的最优零售价求解如下，给定 $e_{\mathrm{m}},e_{\mathrm{r}}\in[0,1]$，最大化网络零售商的利润函数：

$$\max\pi_{\mathrm{rs}}=\left[(1-\alpha)\Delta c_{\mathrm{d}}(e_{\mathrm{m}},e_{\mathrm{r}})+(1-\beta)\Delta c_{\mathrm{h}}(e_{\mathrm{m}},e_{\mathrm{r}})-p_{\mathrm{M}}-\frac{h}{2}+p\right]Q-F-C_{\mathrm{r}}(e_{\mathrm{r}})$$

$$\text{s.t.}\quad \pi_{\mathrm{rs}}\geqslant\pi_{\mathrm{rr}} \tag{3.26}$$

采用与前面相似的求解方法，得最优解为

$$p_{\mathrm{rs}}^{*}=\frac{a-(1-\alpha)\Delta c_{\mathrm{d}}(e_{\mathrm{m}},e_{\mathrm{r}})-(1-\beta)\Delta c_{\mathrm{h}}(e_{\mathrm{m}},e_{\mathrm{r}})+p_{\mathrm{M}}+h/2}{2} \tag{3.27}$$

了解到网络零售商的最优零售价后，制造商据此决定自己的报价以最大化收益。将 p_{rs}^{*} 代入 $Q=\dfrac{a-p}{b}$，可以把 Q 化为

$$Q=\frac{a+(1-\alpha)\Delta c_{\mathrm{d}}(e_{\mathrm{m}},e_{\mathrm{r}})+(1-\beta)\Delta c_{\mathrm{h}}(e_{\mathrm{m}},e_{\mathrm{r}})-p_{\mathrm{M}}-h/2}{2b} \tag{3.28}$$

再把 Q 代入共享节约契约下制造商的利润函数 π_{ms}，制造商的决策问题变为

$$\max\pi_{\mathrm{ms}}=(p_{\mathrm{M}}+\alpha\Delta c_{\mathrm{d}}(e_{\mathrm{m}},e_{\mathrm{r}})+\beta\Delta c_{\mathrm{h}}(e_{\mathrm{m}},e_{\mathrm{r}})-c_{\mathrm{p}}-c_{\mathrm{d}})$$

$$\cdot\frac{a+(1-\alpha)\Delta c_{\mathrm{d}}(e_{\mathrm{m}},e_{\mathrm{r}})+(1-\beta)\Delta c_{\mathrm{h}}(e_{\mathrm{m}},e_{\mathrm{r}})-p_{\mathrm{M}}-h/2}{2b}+F-f-C_{\mathrm{m}}(e_{\mathrm{m}})$$

$$\text{s.t.}\quad \pi_{\mathrm{ms}}\geqslant\pi_{\mathrm{mr}}$$

求解这一最优化问题，容易得到制造商批发价最优解为

$$p_{\mathrm{ms}}^{*}=\frac{a+(1-2\alpha)\Delta c_{\mathrm{d}}(e_{\mathrm{m}},e_{\mathrm{r}})+(1-2\beta)\Delta c_{\mathrm{h}}(e_{\mathrm{m}},e_{\mathrm{r}})-h/2+c_{\mathrm{p}}+c_{\mathrm{d}}}{2} \tag{3.29}$$

现在可以分析制造商和网络零售商分享成本节约比例的影响，把 p_{rs}^{*} 和 p_{ms}^{*} 对 α 和 β 求导，可以求出分享成本节约比例对最优定价的影响如下：

$$\frac{\partial p_{\mathrm{rs}}^{*}}{\partial \alpha}=\frac{\Delta c_{\mathrm{d}}(e_{\mathrm{m}},e_{\mathrm{r}})}{2}\geqslant 0 \tag{3.30}$$

$$\frac{\partial p_{\mathrm{rs}}^{*}}{\partial \beta}=\frac{\Delta c_{\mathrm{h}}(e_{\mathrm{m}},e_{\mathrm{r}})}{2}\geqslant 0 \tag{3.31}$$

$$\frac{\partial p_{\mathrm{ms}}^{*}}{\partial \alpha}=-\Delta c_{\mathrm{d}}(e_{\mathrm{m}},e_{\mathrm{r}})\leqslant 0 \tag{3.32}$$

$$\frac{\partial p_{\mathrm{ms}}^{*}}{\partial \beta}=-\Delta c_{\mathrm{h}}(e_{\mathrm{m}},e_{\mathrm{r}})\leqslant 0 \tag{3.33}$$

由上面四式可得命题 3.3。

命题 3.3　当分享到的库存费用节约比例和运输费用节约比例越高时，制造商就会越有动力降低单位产品批发价格；当分得的库存费用节约比例和运输费用节约比例越高时，网络零售商就会降低产品销售价格。

接下来分析制造商和网络零售商的最优努力水平，求解过程如下。给定 p_{ms} 和 p_{rs}，制造商选择最优的努力水平来最大化其利润函数，即求解如下最优化问题

$$\begin{aligned}\max_{e_{\mathrm{m}},e_{\mathrm{r}}\in[0,1]}\pi_{\mathrm{ms}}(e_{\mathrm{m}},e_{\mathrm{r}})&=(p_{\mathrm{M}}+\alpha\Delta c_{\mathrm{d}}(e_{\mathrm{m}},e_{\mathrm{r}})+\beta\Delta c_{\mathrm{h}}(e_{\mathrm{m}},e_{\mathrm{r}})-c_{\mathrm{p}}-c_{\mathrm{d}})Q\\&\quad+F-f-C_{\mathrm{m}}(e_{\mathrm{m}})\\ \text{s.t.}\quad &\pi_{\mathrm{m}}\geqslant\pi_{\mathrm{mr}}\end{aligned} \tag{3.34}$$

由函数性质，可知最优解满足

$$\frac{\partial \pi_{\mathrm{ms}}(e_{\mathrm{m}},e_{\mathrm{r}})}{\partial e_{\mathrm{m}}}=\left(\alpha\frac{\partial \Delta c_{\mathrm{d}}(e_{\mathrm{m}},e_{\mathrm{r}})}{\partial e_{\mathrm{m}}}+\beta\frac{\partial \Delta c_{\mathrm{h}}(e_{\mathrm{m}},e_{\mathrm{r}})}{\partial e_{\mathrm{m}}}\right)Q-\frac{\mathrm{d}C_{\mathrm{m}}(e_{\mathrm{m}})}{\mathrm{d}e_{\mathrm{m}}}=0 \tag{3.35}$$

即

$$\frac{\mathrm{d}C_{\mathrm{m}}(e_{\mathrm{m}})}{\mathrm{d}e_{\mathrm{m}}}=\left(\alpha\frac{\partial \Delta c_{\mathrm{d}}(e_{\mathrm{m}},e_{\mathrm{r}})}{\partial e_{\mathrm{m}}}+\beta\frac{\partial \Delta c_{\mathrm{h}}(e_{\mathrm{m}},e_{\mathrm{r}})}{\partial e_{\mathrm{m}}}\right)Q \tag{3.36}$$

式（3.36）左边表示制造商努力的边际成本；右边表示制造商努力获得的边际收益，它受到库存费用和运输费用节约额的影响，还受到分享比例的影响。

为了进一步分析制造商努力水平的性质，求其二阶导数：

$$\frac{\partial^2 \pi_{\mathrm{ms}}(e_{\mathrm{m}},e_{\mathrm{r}})}{\partial e_{\mathrm{m}}^2}=\left(\alpha\frac{\partial^2 \Delta c_{\mathrm{d}}(e_{\mathrm{m}},e_{\mathrm{r}})}{\partial e_{\mathrm{m}}^2}+\beta\frac{\partial^2 \Delta c_{\mathrm{h}}(e_{\mathrm{m}},e_{\mathrm{r}})}{\partial e_{\mathrm{m}}^2}\right)Q-\frac{\mathrm{d}^2C_{\mathrm{m}}(e_{\mathrm{m}})}{\mathrm{d}e_{\mathrm{m}}^2} \tag{3.37}$$

由假设可知，$\frac{\partial^2 \Delta c_{\mathrm{h}}(e_{\mathrm{m}},e_{\mathrm{r}})}{\partial e_{\mathrm{m}}^2}<0$，$\frac{\partial^2 \Delta c_{\mathrm{d}}(e_{\mathrm{m}},e_{\mathrm{r}})}{\partial e_{\mathrm{m}}^2}<0$，$\frac{\mathrm{d}^2C_{\mathrm{m}}(e_{\mathrm{m}})}{\mathrm{d}e_{\mathrm{m}}^2}>0$，因此

$\dfrac{\partial^2 \pi_{\mathrm{ms}}(e_{\mathrm{m}},e_{\mathrm{r}})}{\partial e_{\mathrm{m}}^2}<0$，存在$e_{\mathrm{m}}\in[0,1]$，使得$\pi_{\mathrm{ms}}(e_{\mathrm{m}},e_{\mathrm{r}})$取得最大值，最优的努力水平为$e_{\mathrm{ms}}^*=\arg\max \pi_{\mathrm{ms}}(e_{\mathrm{m}},e_{\mathrm{r}})$。

网络零售商的最优努力水平求解过程与之类似，网络零售商选择最优的努力水平，追求利润函数的最大值：

$$\max_{e_{\mathrm{m}},e_{\mathrm{r}}\in[0,1]} \pi_{\mathrm{rs}}(e_{\mathrm{m}},e_{\mathrm{r}})=\left[(1-\alpha)\Delta c_{\mathrm{d}}(e_{\mathrm{m}},e_{\mathrm{r}})+(1-\beta)\Delta c_{\mathrm{h}}(e_{\mathrm{m}},e_{\mathrm{r}})-p_{\mathrm{M}}-\frac{h}{2}+p\right]Q-F-C_{\mathrm{r}}(e_{\mathrm{r}})$$

$$\text{s.t.}\quad \pi_{\mathrm{r}}\geqslant\pi_{\mathrm{rr}}$$

由函数性质，可知其最优解满足

$$\frac{\partial \pi_{\mathrm{rs}}(e_{\mathrm{m}},e_{\mathrm{r}})}{\partial e_{\mathrm{r}}}=\left[(1-\alpha)\frac{\partial\Delta c_{\mathrm{d}}(e_{\mathrm{m}},e_{\mathrm{r}})}{\partial e_{\mathrm{r}}}+(1-\beta)\frac{\partial\Delta c_{\mathrm{h}}(e_{\mathrm{m}},e_{\mathrm{r}})}{\partial e_{\mathrm{r}}}\right]Q-\frac{\mathrm{d}C_{\mathrm{r}}(e_{\mathrm{r}})}{\mathrm{d}e_{\mathrm{r}}}=0$$

即

$$\frac{\mathrm{d}C_{\mathrm{r}}(e_{\mathrm{r}})}{\mathrm{d}e_{\mathrm{r}}}=\left[(1-\alpha)\frac{\partial\Delta c_{\mathrm{d}}(e_{\mathrm{m}},e_{\mathrm{r}})}{\partial e_{\mathrm{r}}}+(1-\beta)\frac{\partial\Delta c_{\mathrm{h}}(e_{\mathrm{m}},e_{\mathrm{r}})}{\partial e_{\mathrm{r}}}\right]Q \tag{3.38}$$

式（3.38）左边表示网络零售商付出努力的边际成本；右边表示网络零售商付出努力获得的边际收益，它受到库存费用和运输费用节约额的影响，还受到成本节约分享比例的影响。

进一步分析网络零售商努力水平的影响，可得

$$\frac{\partial^2 \pi_{\mathrm{rs}}(e_{\mathrm{m}},e_{\mathrm{r}})}{\partial e_{\mathrm{r}}^2}=\left[(1-\alpha)\frac{\partial^2\Delta c_{\mathrm{d}}(e_{\mathrm{m}},e_{\mathrm{r}})}{\partial e_{\mathrm{r}}^2}+(1-\beta)\frac{\partial^2\Delta c_{\mathrm{h}}(e_{\mathrm{m}},e_{\mathrm{r}})}{\partial e_{\mathrm{r}}^2}\right]Q-\frac{\mathrm{d}^2C_{\mathrm{r}}(e_{\mathrm{r}})}{\mathrm{d}e_{\mathrm{r}}^2}=0 \tag{3.39}$$

由于$\dfrac{\partial^2\Delta c_{\mathrm{h}}(e_{\mathrm{m}},e_{\mathrm{r}})}{\partial e_{\mathrm{r}}^2}<0$，$\dfrac{\partial^2\Delta c_{\mathrm{d}}(e_{\mathrm{m}},e_{\mathrm{r}})}{\partial e_{\mathrm{r}}^2}<0$，$\dfrac{\mathrm{d}^2C_{\mathrm{r}}(e_{\mathrm{r}})}{\mathrm{d}e_{\mathrm{r}}^2}>0$，所以$\dfrac{\partial^2 \pi_{\mathrm{rs}}(e_{\mathrm{m}},e_{\mathrm{r}})}{\partial e_{\mathrm{r}}^2}<0$，因此，存在使得$\pi_{\mathrm{rs}}(e_{\mathrm{m}},e_{\mathrm{r}})$取最大值的网络零售商最优努力水平，$e_{\mathrm{rs}}^*=\arg\max \pi_{\mathrm{rs}}(e_{\mathrm{m}},e_{\mathrm{r}})$。

由以上分析可得命题 3.4。

命题 3.4　在网络零售商具有价格决策权的网购供应链优化中，制造商和网络零售商可以达到努力博弈的纳什均衡$(e_{\mathrm{ms}}^*,e_{\mathrm{rs}}^*)$，在这一均衡点，双方的利润达到最优。

2. 网络零售商不具有价格决策权时的决策分析

当网络零售商不具有价格决策权时，制造商和网络零售商的共享节约决策和前面分析基本相同，只是在博弈的最后阶段，若双方达成协议，产品的零售价格由外生变量决定。如果双方达成交易，其最优解为$(p_{\mathrm{ms2}}^*,p_{\mathrm{rs2}}^*,e_{\mathrm{m2}}^*,e_{\mathrm{r2}}^*)$，其中：

$$p_{\mathrm{rs2}}^{*}=\overline{p}$$

$$p_{\mathrm{ms2}}^{*}\in[c_{\mathrm{p}}+c_{\mathrm{d}}+C_{\mathrm{m}}(e_{\mathrm{m}})-\alpha\Delta c_{\mathrm{d}}(e_{\mathrm{m}},e_{\mathrm{r}})-\beta\Delta c_{\mathrm{h}}(e_{\mathrm{m}},e_{\mathrm{r}}),$$

$$\overline{p}-\frac{h}{2}-C_{\mathrm{r}}(e_{\mathrm{r}})+(1-\alpha)\Delta c_{\mathrm{d}}(e_{\mathrm{m}},e_{\mathrm{r}})+(1-\beta)\Delta c_{\mathrm{h}}(e_{\mathrm{m}},e_{\mathrm{r}})]$$

$$e_{\mathrm{m2}}^{*}=\arg\max\pi_{\mathrm{ms}}(e_{\mathrm{m}},e_{\mathrm{r}},\overline{p}),\quad e_{\mathrm{r2}}^{*}=\arg\max\pi_{\mathrm{rs}}(e_{\mathrm{m}},e_{\mathrm{r}},\overline{p})$$

在这一博弈中，制造商产品的批发价具体取值由双方的市场势力、谈判能力、所掌握的信息以及策略行为能力等因素决定。占优的一方可以取得更有利于自身的批发定价。

3.4.3 模型结果分析

命题 3.5　在基于努力水平的改进共享节约契约中，网络零售商的最优销售价格与节约的库存和运输费用成反比。

命题 3.6　在基于努力水平的共享节约契约中，当制造商和网络零售商的努力水平越高时，网络零售商的最优产品零售价越低；当制造商分享的运输费用节约比例和网络零售商分享的库存费用节约比例都高于 50%时，制造商和网络零售商的努力水平越高，其最优产品批发价越高；而当制造商分享的运输费用节约比例和网络零售商分享的库存费用节约比例少于 50%时，制造商和网络零售商的努力水平越高，其最优产品批发价越低。

证明　这里仅分析制造商努力水平的影响，要分析制造商努力程度对零售价的影响，可以通过求解 p_{rs}^{*} 的导数：

$$\frac{\partial p_{\mathrm{rs}}^{*}}{\partial e_{\mathrm{m}}}=\frac{-\Delta c_{\mathrm{d}}(e_{\mathrm{m}},e_{\mathrm{r}})-\Delta c_{\mathrm{h}}(e_{\mathrm{m}},e_{\mathrm{r}})}{4}=-\frac{1}{4}\left(\frac{\partial\Delta c_{\mathrm{d}}(e_{\mathrm{m}},e_{\mathrm{r}})}{\partial e_{\mathrm{m}}}+\frac{\partial\Delta c_{\mathrm{h}}(e_{\mathrm{m}},e_{\mathrm{r}})}{\partial e_{\mathrm{m}}}\right)$$

因为 $\frac{\partial\Delta c_{\mathrm{h}}(e_{\mathrm{m}},e_{\mathrm{r}})}{\partial e_{\mathrm{m}}}>0$，$\frac{\partial\Delta c_{\mathrm{d}}(e_{\mathrm{m}},e_{\mathrm{r}})}{\partial e_{\mathrm{m}}}>0$，所以 $\frac{\partial p_{\mathrm{rs1}}^{*}}{\partial e_{\mathrm{m}}}<0$。

接着分析制造商努力程度对批发价的影响：

$$\frac{\partial p_{\mathrm{ms}}^{*}}{\partial e_{\mathrm{m}}}=\frac{1}{2}\left[(1-2\alpha)\frac{\partial\Delta c_{\mathrm{d}}(e_{\mathrm{m}},e_{\mathrm{r}})}{\partial e_{\mathrm{m}}}+(1-2\beta)\frac{\partial\Delta c_{\mathrm{h}}(e_{\mathrm{m}},e_{\mathrm{r}})}{\partial e_{\mathrm{m}}}\right]$$

要使上式大于 0，必须满足 $(1-2\alpha)\frac{\partial\Delta c_{\mathrm{d}}(e_{\mathrm{m}},e_{\mathrm{r}})}{\partial e_{\mathrm{m}}}+(1-2\beta)\frac{\partial\Delta c_{\mathrm{h}}(e_{\mathrm{m}},e_{\mathrm{r}})}{\partial e_{\mathrm{m}}}>0$，即 $\frac{\partial\Delta c_{\mathrm{d}}(e_{\mathrm{m}},e_{\mathrm{r}})}{\partial e_{\mathrm{m}}}+\frac{\partial\Delta c_{\mathrm{h}}(e_{\mathrm{m}},e_{\mathrm{r}})}{\partial e_{\mathrm{m}}}>2\alpha\frac{\partial\Delta c_{\mathrm{d}}(e_{\mathrm{m}},e_{\mathrm{r}})}{\partial e_{\mathrm{m}}}+2\beta\frac{\partial\Delta c_{\mathrm{h}}(e_{\mathrm{m}},e_{\mathrm{r}})}{\partial e_{\mathrm{m}}}$，只有在 $1>2\alpha$ 且 $1>2\beta$ 时，前面不等式才能成立，即必须 $\alpha<\frac{1}{2}$，$\beta<\frac{1}{2}$。此时，制造商努力水平越高，产品

的批发价越高。而当$\alpha > \frac{1}{2}$且$\beta > \frac{1}{2}$时，制造商的努力水平越高，产品的批发价越低。

网络零售商的证明类似。

命题 3.7 在努力水平的共享节约合同中，制造商分得的库存和运输费用节约比例越高，制造商的最优批发价格越低；网络零售商分得的库存和运输费用节约比例越高，制造商的最优批发价格越高。

在基于努力水平的共享节约契约中，只要网络零售商分得的库存和运输费用节约比例越高，网络零售商的最优销售价就越低；制造商分得的库存和运输费用节约比例越高，则网络零售商的最优销售价越高。

命题 3.7 说明无论制造商还是网络零售商，只要获得的费用节约比例增加，都会降低自己的最优批发价和零售价。

命题 3.8 在基于努力水平的共享节约合同中，制造商和网络零售商的最优努力水平总是存在的，即$(e_{\rm ms}^*, e_{\rm rs}^*)$总是存在。

命题 3.8 的证明可见 3.4.2 节。

3.5 基于线性需求和共享节约的网购供应链库存与运输整合优化研究

3.5.1 问题描述和模型假设

目前关于共享节约合同方面的研究较少，没有对网购供应链成本的主要构成部分即库存和运输成本的共享节约进行研究，而只考虑单种成本的共享节约，没有把研究扩展到多种成本的共享节约。因此，本节在同时考虑库存和运输成本情况下，建立共享节约合同，并分析合同的性质。

网购供应链中制造商、网络零售商、努力水平、共享节约假设参见 3.4.1 节。

3.5.2 基于共享节约合同的网购供应链协同优化分析

制造商分得的运输费用节约和库存费用节约比例分别为α和β，分享比例满足$0<\alpha,\beta<1$，因为当制造商分得的费用节约带来的收益比例为 0 时，由理性人假设，制造商没有做出费用节约的努力的意愿；而制造商分得的费用节约带来的收益比例为 1 时，由理性人假设，尽管制造商愿意节约费用，但是网络零售商却不愿意节约费用，故库存运输费用节约同样无法实现。

根据 3.4.1 节分析，可得$\pi_{\rm ms}$，$\pi_{\rm rs}$：

$$\pi_{\mathrm{ms}}=(p_{\mathrm{M}}+\alpha\Delta c_{\mathrm{d}}(e_{\mathrm{m}},e_{\mathrm{r}})+\beta\Delta c_{\mathrm{h}}(e_{\mathrm{m}},e_{\mathrm{r}})-c_{\mathrm{p}}-c_{\mathrm{d}})Q+F-f-C_{\mathrm{m}}(e_{\mathrm{m}})$$

$$\pi_{\mathrm{rs}}=\left[(1-\alpha)\Delta c_{\mathrm{d}}(e_{\mathrm{m}},e_{\mathrm{r}})+(1-\beta)\Delta c_{\mathrm{h}}(e_{\mathrm{m}},e_{\mathrm{r}})-p_{\mathrm{M}}-\frac{h}{2}+p\right]Q-F-C_{\mathrm{r}}(e_{\mathrm{r}})$$

库存与运输整合优化时，网购供应链整体利润函数 = 原库存与运输整合优化利润函数 + 费用节约 – 双方费用节约的努力成本，即

$$\pi_{\mathrm{scs}}=\left[p+\Delta c_{\mathrm{d}}(e_{\mathrm{m}},e_{\mathrm{r}})+\Delta c_{\mathrm{h}}(e_{\mathrm{m}},e_{\mathrm{r}})-\frac{h}{2}-c_{\mathrm{p}}-c_{\mathrm{d}}\right]Q-f-C_{\mathrm{m}}(e_{\mathrm{m}})-C_{\mathrm{r}}(e_{\mathrm{r}}) \tag{3.40}$$

决策中心的决策目标是选择最优的产品网络零售商价格以最大化整个系统的利润，即求解下面问题：

$$\max \pi_{\mathrm{scs}}=\left[p+\Delta c_{\mathrm{d}}(e_{\mathrm{m}},e_{\mathrm{r}})+\Delta c_{\mathrm{h}}(e_{\mathrm{m}},e_{\mathrm{r}})-\frac{h}{2}-c_{\mathrm{p}}-c_{\mathrm{d}}\right]Q-f-C_{\mathrm{m}}(e_{\mathrm{m}})-C_{\mathrm{r}}(e_{\mathrm{r}})$$

$$\text{s.t.}\quad \pi_{\mathrm{m}}\geqslant\pi_{\mathrm{mr}}$$

$$\pi_{\mathrm{r}}\geqslant\pi_{\mathrm{rr}}$$

易知，上面规划问题的最优解为

$$p_{\mathrm{scs}}^{*}=\frac{a-\Delta c_{\mathrm{d}}(e_{\mathrm{m}},e_{\mathrm{r}})-\Delta c_{\mathrm{h}}(e_{\mathrm{m}},e_{\mathrm{r}})+h/2+c_{\mathrm{p}}+c_{\mathrm{d}}}{2} \tag{3.41}$$

将共享节约合同下库存与运输整合优化的最优销售价格 p_{scs}^{*} 与分散决策销售价 $p_{\mathrm{rs}}^{*}=\dfrac{a-(1-\alpha)\Delta c_{\mathrm{d}}(e_{\mathrm{m}},e_{\mathrm{r}})-(1-\beta)\Delta c_{\mathrm{h}}(e_{\mathrm{m}},e_{\mathrm{r}})+p_{\mathrm{M}}+h/2}{2}$ 比较，可知只有在 $p_{\mathrm{M}}=c_{\mathrm{p}}+c_{\mathrm{d}}-\alpha\Delta c_{\mathrm{d}}(e_{\mathrm{m}},e_{\mathrm{r}})-\beta\Delta c_{\mathrm{h}}(e_{\mathrm{m}},e_{\mathrm{r}})$ 时，分散优化决策没有效率损失。即只有制造商在分散优化中的报价等于其单位制造成本 + 单位配送成本 – 其共享的单位运输费用节约 – 其共享的单位库存费用节约时，网购供应链系统才能取得最优。然而由于制造商是理性的，为了获得更高的个人利润，必然会报高这取值的批发价格，因此，分散决策会产生效率损失，导致对网购供应链系统最优目标的偏离，无法取得系统最优。

下面说明共享节约合同下库存与运输整合优化中制造商和网络零售商最优努力水平是存在的。π_{scs} 对制造商和网络零售商的努力水平进行求导，可得

$$\frac{\partial\pi_{\mathrm{scs}}}{\partial e_{\mathrm{m}}}=\left[\frac{\partial\Delta c_{\mathrm{d}}(e_{\mathrm{m}},e_{\mathrm{r}})}{\partial e_{\mathrm{m}}}+\frac{\partial\Delta c_{\mathrm{h}}(e_{\mathrm{m}},e_{\mathrm{r}})}{\partial e_{\mathrm{m}}}\right]Q-\frac{\mathrm{d}C_{\mathrm{m}}(e_{\mathrm{m}})}{\mathrm{d}e_{\mathrm{m}}} \tag{3.42}$$

$$\frac{\partial\pi_{\mathrm{scs}}}{\partial e_{\mathrm{r}}}=\left[\frac{\partial\Delta c_{\mathrm{d}}(e_{\mathrm{m}},e_{\mathrm{r}})}{\partial e_{\mathrm{r}}}+\frac{\partial\Delta c_{\mathrm{h}}(e_{\mathrm{m}},e_{\mathrm{r}})}{\partial e_{\mathrm{r}}}\right]Q-\frac{\mathrm{d}C_{\mathrm{r}}(e_{\mathrm{r}})}{\mathrm{d}e_{\mathrm{r}}} \tag{3.43}$$

进一步求解二阶导数：

$$\frac{\partial^{2}\pi_{\mathrm{scs}}}{\partial e_{\mathrm{m}}^{2}}=\left[\frac{\partial^{2}\Delta c_{\mathrm{d}}(e_{\mathrm{m}},e_{\mathrm{r}})}{\partial e_{\mathrm{m}}^{2}}+\frac{\partial^{2}\Delta c_{\mathrm{h}}(e_{\mathrm{m}},e_{\mathrm{r}})}{\partial e_{\mathrm{m}}^{2}}\right]Q-\frac{\mathrm{d}^{2}C_{\mathrm{m}}(e_{\mathrm{m}})}{\mathrm{d}e_{\mathrm{m}}^{2}} \tag{3.44}$$

$$\frac{\partial^2 \pi_{\mathrm{scs}}}{\partial e_{\mathrm{r}}^2}=\left[\frac{\partial^2 \Delta c_{\mathrm{d}}(e_{\mathrm{m}},e_{\mathrm{r}})}{\partial e_{\mathrm{r}}^2}+\frac{\partial^2 \Delta c_{\mathrm{h}}(e_{\mathrm{m}},e_{\mathrm{r}})}{\partial e_{\mathrm{r}}^2}\right]Q-\frac{\mathrm{d}^2 C_{\mathrm{r}}(e_{\mathrm{r}})}{\mathrm{d}e_{\mathrm{r}}^2} \tag{3.45}$$

由假设可知，$\frac{\partial^2 \Delta c_{\mathrm{d}}(e_{\mathrm{m}},e_{\mathrm{r}})}{\partial e_{\mathrm{m}}^2}<0,\frac{\partial^2 \Delta c_{\mathrm{h}}(e_{\mathrm{m}},e_{\mathrm{r}})}{\partial e_{\mathrm{m}}^2}<0$，$\frac{\mathrm{d}^2 C_{\mathrm{m}}(e_{\mathrm{m}})}{\mathrm{d}e_{\mathrm{m}}^2}>0$，所以$\frac{\partial^2 \pi_{\mathrm{scs}}}{\partial e_{\mathrm{m}}^2}<0$，因此，在 $e_{\mathrm{m}}\in[0,1]$ 区间上有最优解 $e_{\mathrm{mscs}}^*=\arg\max \pi_{\mathrm{scs}}(e_{\mathrm{m}},e_{\mathrm{r}})$；同理存在最优解 $e_{\mathrm{rscs}}^*=\arg\max \pi_{\mathrm{scs}}(e_{\mathrm{m}},e_{\mathrm{r}})$。因此，在基于共享节约合同库存与运输整合优化中，关于努力水平博弈的纳什均衡为$(e_{\mathrm{mscs}}^*,e_{\mathrm{rscs}}^*)$，制造商和网络零售商都没有偏离这一均衡的意愿，只要决策中心能够促使双方维持这一努力水平，系统最优就能够实现。

3.5.3 模型性质分析

命题 3.9 在基于共享节约合同的运输库存整合优化中，制造商和网络零售商越努力，产品的零售价越低。

证明 这里仅分析制造商努力水平的影响：

$$\frac{\partial p_{\mathrm{scs}}^*}{\partial e_{\mathrm{m}}}=-\frac{1}{2}\left(\frac{\partial \Delta c_{\mathrm{d}}(e_{\mathrm{m}},e_{\mathrm{r}})}{\partial e_{\mathrm{m}}}+\frac{\partial \Delta c_{\mathrm{h}}(e_{\mathrm{m}},e_{\mathrm{r}})}{\partial e_{\mathrm{m}}}\right)$$

因为$\frac{\partial \Delta c_{\mathrm{h}}(e_{\mathrm{m}},e_{\mathrm{r}})}{\partial e_{\mathrm{m}}}>0$，$\frac{\partial \Delta c_{\mathrm{d}}(e_{\mathrm{m}},e_{\mathrm{r}})}{\partial e_{\mathrm{m}}}>0$，所以$\frac{\partial p_{\mathrm{scs}}^*}{\partial e_{\mathrm{m}}}<0$，即制造商越努力，产品零售价越低。网络零售商努力水平影响的证明也类似。

因此，在基于共享节约合同的运输库存整合优化中，制造商和网络零售商越努力进行库存与运输整合优化，越有利于降低产品成本和零售价。这有利于产品销售量的增加，整体利润和网购供应链的竞争力会得到提高。

命题 3.10 给定网络零售商的产品销售价格不变，制造商和网络零售商的最优努力水平e_{ms}^*，e_{rs}^*满足$e_{\mathrm{ms}}^*\in[0,e_{\mathrm{mscs}}^*)$，$e_{\mathrm{rs}}^*\in[0,e_{\mathrm{rscs}}^*)$。其中$e_{\mathrm{ms}}^*$，$e_{\mathrm{rs}}^*$表示网络零售商具有市场定价势力时，制造商和网络零售商在基于共享节约合同的分散优化中的最优努力水平。

证明 在网络零售商具有价格决策权时，基于共享节约合同的库存与运输整合优化的系统利润函数为

$$\pi_{\mathrm{scs}}=\left[p+\Delta c_{\mathrm{d}}(e_{\mathrm{m}},e_{\mathrm{r}})+\Delta c_{\mathrm{h}}(e_{\mathrm{m}},e_{\mathrm{r}})-\frac{h}{2}-c_{\mathrm{p}}-c_{\mathrm{d}}\right]Q-f-C_{\mathrm{m}}(e_{\mathrm{m}})-C_{\mathrm{r}}(e_{\mathrm{r}})$$

给定 p 不变，在 $e_{\mathrm{m}}\in[0,1]$ 上有最优解的必要条件为

$$\frac{\mathrm{d}C_{\mathrm{m}}(e_{\mathrm{mscs}}^*)}{\mathrm{d}e_{\mathrm{mscs}}^*}=\left[\frac{\partial \Delta c_{\mathrm{d}}(e_{\mathrm{mscs}}^*,e_{\mathrm{rscs}}^*)}{\partial e_{\mathrm{mscs}}^*}+\frac{\partial \Delta c_{\mathrm{h}}(e_{\mathrm{mscs}}^*,e_{\mathrm{rscs}}^*)}{\partial e_{\mathrm{mscs}}^*}\right]Q \tag{3.46}$$

假设$\frac{\mathrm{d}C_{\mathrm{m}}(e_{\mathrm{mscs}}^*)}{\mathrm{d}e_{\mathrm{mscs}}^*}=\frac{\mathrm{d}C_{\mathrm{m}}(e_{\mathrm{ms}}^*)}{\mathrm{d}e_{\mathrm{ms}}^*}$，由于$C_{\mathrm{m}}(e_{\mathrm{m}})$是在 $e_{\mathrm{m}}\in[0,1]$ 上单调递增的凹函

数，可以推导出$e_{\mathrm{mscs}}^*=e_{\mathrm{ms}}^*$。由于$\Delta c_{\mathrm{d}}(e_{\mathrm{m}},e_{\mathrm{r}})$在$e_{\mathrm{m}}\in[0,1]$上是单调函数，因此有$\frac{\partial\Delta c_{\mathrm{d}}(e_{\mathrm{mscs}}^*,e_{\mathrm{rscs}}^*)}{\partial e_{\mathrm{mscs}}^*}=\frac{\partial\Delta c_{\mathrm{d}}(e_{\mathrm{ms}}^*,e_{\mathrm{rs}}^*)}{\partial e_{\mathrm{ms}}^*}$，$\frac{\partial\Delta c_{\mathrm{h}}(e_{\mathrm{mscs}}^*,e_{\mathrm{rscs}}^*)}{\partial e_{\mathrm{mscs}}^*}=\frac{\partial\Delta c_{\mathrm{h}}(e_{\mathrm{ms}}^*,e_{\mathrm{rs}}^*)}{\partial e_{\mathrm{ms}}^*}$。由上面假设$\frac{\mathrm{d}C_{\mathrm{m}}(e_{\mathrm{mscs}}^*)}{\mathrm{d}e_{\mathrm{mscs}}^*}=\frac{\mathrm{d}C_{\mathrm{m}}(e_{\mathrm{ms}}^*)}{\mathrm{d}e_{\mathrm{ms}}^*}$，以及$Q$的单调性，可知

$$\frac{\partial\Delta c_{\mathrm{d}}(e_{\mathrm{mscs}}^*,e_{\mathrm{rscs}}^*)}{\partial e_{\mathrm{mscs}}^*}+\frac{\partial\Delta c_{\mathrm{h}}(e_{\mathrm{mscs}}^*,e_{\mathrm{rscs}}^*)}{\partial e_{\mathrm{mscs}}^*}=\alpha\frac{\partial\Delta c_{\mathrm{d}}(e_{\mathrm{ms}}^*,e_{\mathrm{rs}}^*)}{\partial e_{\mathrm{ms}}^*}+\beta\frac{\partial\Delta c_{\mathrm{h}}(e_{\mathrm{ms}}^*,e_{\mathrm{rs}}^*)}{\partial e_{\mathrm{ms}}^*}$$

由上式可以得出$\alpha=1,\beta=1$，这与$0<\alpha,\beta<1$相矛盾。所以$e_{\mathrm{mscs}}^*\neq e_{\mathrm{ms}}^*$。

已知制造商利润函数在$e_{\mathrm{m}}\in[0,1]$上是凸函数，在$e_{\mathrm{m}}=e_{\mathrm{mscs}}^*$处有最大值。由制造商利润函数在$e_{\mathrm{m}}\in[0,1]$上的性质可知，存在$e_{\mathrm{m}}^1\in[0,e_{\mathrm{mscs}}^*]$，$e_{\mathrm{m}}^2\in[e_{\mathrm{mscs}}^*,1]$使得$\pi_{\mathrm{scs}}(e_{\mathrm{m}}^1)=\pi_{\mathrm{scs}}(e_{\mathrm{m}}^2)$。由于制造商是理性的，其努力的程度必然会落在$[0,e_{\mathrm{mscs}}^*]$上，又由于$e_{\mathrm{mscs}}^*\neq e_{\mathrm{ms}}^*$，因此$e_{\mathrm{ms}}^*\in[0,e_{\mathrm{mscs}}^*)$。

同理可证，$e_{\mathrm{rs}}^*\in[0,e_{\mathrm{rscs}}^*)$。命题3.10表示在共享节约合同的定价博弈中，给定网络零售商的产品销售价格不变，制造商和网络零售商在运输库存整合优化集中决策模式下的最优努力程度会优于其在分散优化决策模式下的最优努力程度。

命题3.11　给定零售价p不变，$\pi_{\mathrm{scs}}(e_{\mathrm{mscs}}^*,e_{\mathrm{rscs}}^*)>\pi_{\mathrm{scs}}(e_{\mathrm{ms}}^*,e_{\mathrm{rs}}^*)$。

证明　由前面命题知，π_{scs}在$e_{\mathrm{ms}}\in[0,1]$上有最大值$\pi_{\mathrm{scs}}(e_{\mathrm{mscs}}^*,e_{\mathrm{rs}})$。因此，$\forall e_{\mathrm{ms}}^*\in[0,e_{\mathrm{mscs}}^*)$，$\forall e_{\mathrm{rs}}\in[0,1]$，使得$\pi_{\mathrm{scs}}(e_{\mathrm{mscs}}^*,e_{\mathrm{rs}})>\pi_{\mathrm{scs}}(e_{\mathrm{ms}}^*,e_{\mathrm{rs}})$，用$e_{\mathrm{rscs}}^*$代替前式的$e_{\mathrm{rs}}$，容易推导出$\pi_{\mathrm{scs}}(e_{\mathrm{mscs}}^*,e_{\mathrm{rscs}}^*)>\pi_{\mathrm{scs}}(e_{\mathrm{ms}}^*,e_{\mathrm{rscs}}^*)$。同理，可以推导出$\pi_{\mathrm{scs}}(e_{\mathrm{ms}}^*,e_{\mathrm{rscs}}^*)>\pi_{\mathrm{scs}}(e_{\mathrm{ms}}^*,e_{\mathrm{rs}}^*)$，所以有$\pi_{\mathrm{scs}}(e_{\mathrm{mscs}}^*,e_{\mathrm{rscs}}^*)>\pi_{\mathrm{scs}}(e_{\mathrm{ms}}^*,e_{\mathrm{rs}}^*)$。

命题3.11意味着在共享节约合同约束下，给定网络零售商的产品价格不变，网购供应链系统在库存与运输整合优化集中决策模式下的最优利润（关于努力程度函数）会优于其在分散决策模式下的最优利润。

命题3.12　当p不变，$\pi_{\mathrm{scs}}(e_{\mathrm{ms}}^*,e_{\mathrm{rs}}^*)>\pi_{\mathrm{scs}}(0,0)$。

证明　由假设可知$\Delta c_{\mathrm{h}}(0,e_{\mathrm{r}})=0$，$\Delta c_{\mathrm{d}}(e_{\mathrm{m}},0)=0$，根据理性人的假设，当制造商选择$e_{\mathrm{m}}=0$时，网络零售商的最优选择是$e_{\mathrm{r}}=0$；反之，当网络零售商选择$e_{\mathrm{r}}=0$时，制造商的最优选择是$e_{\mathrm{m}}=0$。由假设$C_{\mathrm{m}}(0)=C_{\mathrm{r}}(0)=0$，可以得出制造商或网络零售商努力水平为0时运输库存整合优化策略下网购供应链系统的利润为$\pi_{\mathrm{scs}}(0,e_{\mathrm{r}})=\pi_{\mathrm{scs}}(e_{\mathrm{m}},0)=\pi_{\mathrm{scs}}(0,0)=\left(p-\frac{h}{2}-c_{\mathrm{p}}-c_{\mathrm{d}}\right)Q-f$。由命题3.10可知运输库存整合优化时网购供应链利润函数$\pi_{\mathrm{scs}}(e_{\mathrm{m}},e_{\mathrm{r}})$在$e_{\mathrm{m}}\in[0,e_{\mathrm{mscs}}^*]$上递增，因此$\pi_{\mathrm{scs}}(e_{\mathrm{ms}}^*,e_{\mathrm{rs}}^*)>\pi_{\mathrm{scs}}(0,e_{\mathrm{rs}}^*)=\pi_{\mathrm{scs}}(0,0)$。

命题 3.12 说明在共享节约合同约束下的分散优化中，给定网络零售商的产品价格不变，制造商和网络零售商付出努力节约运输和库存费用时的库存与运输整合优化最优利润会优于双方不付出努力时的库存与运输整合优化最优利润。

命题 3.13　$\pi_{\text{scs}}(p_{\text{scs}}^*, e_{\text{mscs}}^*, e_{\text{rscs}}^*) > \pi_{\text{scs}}(p_{\text{rs}}^*, e_{\text{ms}}^*, e_{\text{rs}}^*)$。

证明　由前面部分的论述可知，考虑共享节约合同的库存与运输整合优化中网购供应链系统达到最优状态时，最优销售价格满足：

$$p_{\text{scs}}^* = \frac{a - \Delta c_{\text{d}}(e_{\text{mscs}}^*, e_{\text{rscs}}^*) - \Delta c_{\text{h}}(e_{\text{mscs}}^*, e_{\text{rscs}}^*) + h/2 + c_{\text{p}} + c_{\text{d}}}{2}$$

而在考虑共享节约合同分散优化决策中，当制造商和网络零售商达成协议时，网络零售商的最优销售价格和制造商的最优批发价满足：

$$p_{\text{rs}}^* = \frac{a - (1-\alpha)\Delta c_{\text{d}}(e_{\text{ms}}^*, e_{\text{rs}}^*) - (1-\beta)\Delta c_{\text{h}}(e_{\text{ms}}^*, e_{\text{rs}}^*) + p_{\text{M}} + h/2}{2}$$

$$p_{\text{ms}}^* = \frac{a + (1-2\alpha)\Delta c_{\text{d}}(e_{\text{ms}}^*, e_{\text{rs}}^*) + (1-2\beta)\Delta c_{\text{h}}(e_{\text{ms}}^*, e_{\text{rs}}^*) - h/2 + c_{\text{p}} + c_{\text{d}}}{2}$$

因为制造商是理性的，为了获得更高的利润，其批发报价必然高于成本，即 $p_{\text{M}} > c_{\text{p}} + c_{\text{d}}$；且 $\Delta c_{\text{d}}(e_{\text{ms}}^*, e_{\text{rs}}^*) < \Delta c_{\text{d}}(e_{\text{mscs}}^*, e_{\text{rscs}}^*)$，$\Delta c_{\text{h}}(e_{\text{ms}}^*, e_{\text{rs}}^*) < \Delta c_{\text{h}}(e_{\text{mscs}}^*, e_{\text{rscs}}^*)$，所以有

$$\begin{aligned}&(1-\alpha)\Delta c_{\text{d}}(e_{\text{ms}}^*, e_{\text{rs}}^*) + (1-\beta)\Delta c_{\text{h}}(e_{\text{ms}}^*, e_{\text{rs}}^*) < \Delta c_{\text{d}}(e_{\text{ms}}^*, e_{\text{rs}}^*) + \Delta c_{\text{h}}(e_{\text{ms}}^*, e_{\text{rs}}^*)\\&< \Delta c_{\text{d}}(e_{\text{mscs}}^*, e_{\text{rscs}}^*) + \Delta c_{\text{h}}(e_{\text{mscs}}^*, e_{\text{rscs}}^*)\end{aligned}$$

因此可以推导出 $p_{\text{rs}}^* > p_{\text{scs}}^*$。由 π_{scs} 的性质和命题 3.10 可得 $\pi_{\text{scs}}(p_{\text{scs}}^*, e_{\text{mscs}}^*, e_{\text{rscs}}^*) > \pi_{\text{scs}}(p_{\text{rs}}^*, e_{\text{ms}}^*, e_{\text{rs}}^*)$

命题 3.13 表示在共享节约合同的约束下，在运输库存整合优化集中式决策模式下系统获得的最优利润会优于其在分散式决策模式下所获得的最优利润。

3.6　需求受努力程度影响下的网购供应链 ITIO 共享节约

随着近几年的价格竞争，快递业的利润从 2005 年将近 30%快速下降，许多快递公司的利润下降到不足 5%。这迫切需要网店和物流服务商改变现有运营和竞争方式，寻求运作模式创新，优化各方利润，以更好地服务于网购。在网购过程中，库存与运输成本是总成本的主要组成部分，构建基于共享节约契约的网购供应链库存与运输整合优化模型，在 ITIO 的基础上，网店和物流服务商达成共享节约契约，网店将自身收益的一部分转让给物流服务商，使网店和物流服务商在 ITIO 后所实现的利润高于单独决策时的利润，从而实现网店和物流服务商的共赢。

3.6.1 基本描述

假设在网购供应链中，网店和物流供应商都是风险中立和完全理性的。网店在供应链中占主导地位，网店面临的市场需求为 D，且供应商总是能够以不变的价格提供给网店所需的商品数量，即不存在缺货的情况，D 为价格 P 和物流服务商努力程度 $x(0<x<1)$的函数，P、x 是决策变量，且网店和物流服务商对需求信息是完全已知的。网店的单位进货成本、单位服务成本和单位库存成本分别为 C_1、C_2 和 C_3，网店提供给物流服务商的单位商品配送价格以及物流服务商的单位商品配送成本分别为 p_1、p_2 ($p_1>p_2$)，努力成本函数为 $G(x)$，其中 C_1、C_2、C_3、p_1 和 p_2 均为常数。

网店和物流服务商单独决策时，他们能够实现各自的利润最大化；整合优化时，整条供应链可以实现利润最大化，若要促成网店和物流供应商的合作，利润增加的一方须将自身收益的 θ 倍转让给利润减少的一方，只留存其收益的（$1-\theta$）倍，使他们在合作之后的利润都高于单独决策时各自的利润。在这里，θ 是要求解的一个变量，它关系着网店和物流服务商合作的顺利进行和他们最关心的利益分配问题。

3.6.2 基于共享节约契约的网购供应链库存与运输整合优化模型研究

1. 单独决策时各决策主体的收益模型

计算单独决策时网店和物流服务商的收益函数主要是为了将网店和物流服务商在 ITIO 时供应链整体利润和双方的利润进行比较，分析网店和物流服务商在单独决策时和整合优化时的利润变化情况。假定网店面临的市场需求函数如下：

$$D(P,x)=a-kP+Lx \tag{3.47}$$

其中，a、k 和 L 为大于零的常量。a 为销售价格 P 决定的最大市场需求量；k 为市场需求量对销售价格 P 的灵敏度系数；L 为市场需求量对物流服务商努力程度 x 的灵敏度系数。

物流服务商的努力成本函数为

$$G(x)=\xi x^2 \tag{3.48}$$

其中，$\xi>0$ 且为常量。ξ 为物流服务商的努力成本对其努力程度的灵敏度系数。

网店和物流服务商的利润函数 $R_1(P,x)$ 和 $R_2(P,x)$ 分别为

$$R_1(P,x)=PD(P,x)-(C_1+C_2+p_1)D(P,x)-C_3\frac{D(P,x)}{2} \tag{3.49}$$

$$R_2(P,x) = (P_1 - P_2)D(P,x) - G(x) \tag{3.50}$$

其中，$\dfrac{D(P,x)}{2}$为平均库存量。令$\gamma_1 = C_1 + C_2 + \dfrac{C_3}{2} + p_1$，把式（3.47）和式（3.48）代入式（3.49）和式（3.50），化简得

$$R_1(P,x) = [P - \gamma_1](a - kP + Lx) \tag{3.51}$$

$$R_2(P,x) = (P_1 - P_2)(a - kP + Lx) - \xi x^2 \tag{3.52}$$

假定网店是销售价格的制定者，物流服务商是追随者，在网店和物流服务商单独决策的情况下，根据Stackelberg动态博弈思想，物流服务商根据网店提供的既定的价格，来决定自己的努力程度，以实现利润最大化，网店根据物流服务商的努力程度来决定其销售价格从而实现利润最大化。

在网店的销售价格P既定条件下，物流服务商要实现其自身利润最大化，需对式（3.52）求最大值，则式（3.52）要满足决策变量x的二阶导数$\mathrm{d}^2R_2(P,x)/\mathrm{d}x^2 < 0$且一阶导数$\mathrm{d}R_2(P,x)/\mathrm{d}x = 0$，从而决定其努力程度$x$，网店再根据得出的努力程度$x$，使自身利润最大化，即对式（3.51）求最大值，则式（3.51）要满足决策变量P的二阶导数$\mathrm{d}^2R_1(P,x)/\mathrm{d}P^2 < 0$和一阶导数$\mathrm{d}R_1(P,x)/\mathrm{d}P = 0$，从而决定销售价格$P$。对式（3.52）求$x$的一阶导数和对式（3.51）求$P$的一阶导数并解得

$$x_1 = \frac{L(P_1 - P_2)}{2\xi} \tag{3.53}$$

$$P_1 = \frac{1}{2}\left(\frac{a}{k} - \gamma_1\right) + \frac{L^2(P_1 - P_2)}{4k\xi} \tag{3.54}$$

易知$\mathrm{d}^2R_2(P,x)/\mathrm{d}x^2 = -2\xi < 0$和$\mathrm{d}^2R_1(P,x)/\mathrm{d}P^2 = -2k < 0$，即$x = x_1$和$P = P_1$时，物流服务商和网店实现了最大利润。把式（3.53）和式（3.54）代入式（3.51）和式（3.52）得到网店和物流服务商的利润R_1^*、R_2^*分别为

$$R_1^* = \frac{1}{8\xi}\left(\frac{a}{k} - \gamma_1\right) + \frac{L^2(P_1 - P_2)}{16k\xi^2} \tag{3.55}$$

$$R_2^* = \frac{(P_1 - P_2)(a - k\gamma_1)}{2} \tag{3.56}$$

在网店和物流服务商单独决策时，网店和物流服务商的利润为R_1^*和R_2^*，令R^*为单独决策时的总利润，则有$R^* = R_1^* + R_2^*$。

2. 库存与运输整合优化时各决策主体收益模型

库存与运输整合优化是指网店和物流服务商从网购供应链整体出发，将库存成本和运输成本整合考虑实现整体的利润最大化。

设$R(P,x)$为总利润函数，则有

$$R(P,x)=PD(P,x)-(C_1+C_2+p_2)D(P,x)-C_3\frac{D(P,x)}{2}-G(x) \tag{3.57}$$

把式（3.47）和式（3.48）代入，整理得

$$R(P,x)=[P-\gamma_2](a-kP+Lx)-\xi x^2 \tag{3.58}$$

其中，$\gamma_2=C_1+C_2+\frac{C_3}{2}+p_2$，$\gamma_2<\gamma_1$。为使 ITIO 整体利润最大，需对式（3.58）中的 P、x 分别求一阶偏导、二价偏导和混合偏导，且满足 $\partial R(P,x)/\partial P=0$，$\partial R(P,x)/\partial x=0$，$AC-B^2>0$，$A<0$，其中 $A=\frac{\partial^2 R(P,x)}{\partial P^2}$，$C=\frac{\partial^2 R(P,x)}{\partial x^2}$，$B=\frac{\partial^2 R(P,x)}{\partial P\partial x}$。对式（3.58）中的 P、x 分别求一阶偏导并解得

$$P_2=2\xi\frac{a-k\gamma_2}{4k\xi-L^2}+\gamma_2 \tag{3.59}$$

$$x_2=L\frac{a-k\gamma_2}{4k\xi-L^2} \tag{3.60}$$

其中，$a-k\gamma_2>0$，$A=-2k<0$，$C=-2\xi<0$，$B=L>0$ 即 $AC-B^2=4\xi k-L^2>0$，故 $x_2>0$，最优解有意义且供应链取得最大利润的条件满足，记此时的最大利润为 R_{ITIO}，因为单独决策时的总利润 R^* 是式（3.58）中 x 取 x_1 且 P 取 P_1 时的值，故 $R_{\mathrm{ITIO}}>R^*$。

记 R_{ITIO1}、R_{ITIO2} 分别是 $P=P_2$ 和 $x=x_2$ 时网店和物流服务商的利润：

$$R_{\mathrm{ITIO1}}=(P_2-\gamma_1)(a-kP_2+Lx_2) \tag{3.61}$$

$$R_{\mathrm{ITIO2}}=(P_1-P_2)(a-kP_2+Lx_2)-\xi x_2^2 \tag{3.62}$$

从整体供应链角度出发，网店和物流服务商 ITIO 时总体利润大于各自单独决策时的总体利润，假定情形一为占主导地位的网店利润会增加，而物流服务商的利润会减少，即 $R_{\mathrm{ITIO1}}>R_1^*$ 且 $R_{\mathrm{ITIO2}}<R_2^*$，此时，网店可以通过提供给物流服务商共享节约契约，使库存与运输整合优化后物流服务商的利润大于单独决策时的利润 R_2^*，这样，共享节约契约便保证了 ITIO 合作的顺利进行；情形二为两者利润都增加了，一般不会发生，并且在这种情形下网店和物流服务商会选择合作。因此，本书仅研究情形一发生时的情况。

3. 共享节约时各决策主体收益分配模型

假定只有情形一发生，网店提供给物流服务商共享节约契约，将库存与运输整合优化时自身所实现利润 R_{ITIO1} 的 θ 倍转移给物流服务商，记此时网店和物流服务商的利润分别为 R^*_{ITIO1}、R^*_{ITIO2}。由以上假设可知：

$$R^*_{\mathrm{ITIO1}}=(1-\theta)R_{\mathrm{ITIO1}} \tag{3.63}$$

$$R^*_{\text{ITIO2}} = \theta R_{\text{ITIO1}} + R_{\text{ITIO2}} \tag{3.64}$$

$$R^*_{\text{ITIO1}} > R^*_1 \tag{3.65}$$

$$R^*_{\text{ITIO2}} > R^*_2 \tag{3.66}$$

由式（3.63）～式（3.66）可知：

$$\frac{R^*_2 - R_{\text{ITIO2}}}{R_{\text{ITIO1}}} < \theta < 1 - \frac{R^*_1}{R_{\text{ITIO1}}} \tag{3.67}$$

将式（3.55）、式（3.56）、式（3.61）、式（3.62）代入式（3.67）得

$$\frac{(P_1 - P_2)\left[L(x_1 - x_2) + b(P_2 - P_1)\right]}{(P_2 - \gamma_1)\left[a - bP_2 - +Lx_2\right]} < \theta < 1 - \frac{(P_1 - \gamma_1)\left[a - bP_1 - +Lx_1\right]}{(P_2 - \gamma_1)\left[a - bP_2 - +Lx_2\right]} \tag{3.68}$$

只要θ满足式（3.68）的范围，网店和物流供应商的合作就能进行下去，即能够在共享节约的条件下实现库存与运输整合优化机制。

3.6.3　算例分析

为了验证共享节约契约条件下网购供应链整体利润及各决策主体利润变化情况，本书将给出具体的算例数值运算。令$a=1100$，$b=12$，$L=15$和$\xi=100$，那么网店需求函数和物流服务商的努力成本函数分别为$D(P,x)=1100-12P+15x$和$G(x)=100x^2$，令$C_1=40$，$C_2=20$，$C_3=20$，$P_1=10$和$P_2=6$，则$\gamma_1=75$，$\gamma_2=71$和$\phi=0.0542$，将这些数值代入上述各式，得到：$x_1=0.3$，$P_1=79.35$，$D_1=152.3$，$R^*_1=662.5$，$R^*_2=600$，$R^*=1262.7$和$x_2=0.813$，$P_2=81.84$，$D_2=130.12$，$R_{\text{ITIO1}}=900.0$，$R_{\text{ITIO2}}=453.9$，$R_{\text{ITIO}}=1353.9$，再将得到的数值代入式（3.68），得到$0.163<\theta<0.264$。

由算例分析可知，网店和物流服务商在单独决策时，物流服务商的努力程度为 0.3，网店和物流服务商及供应链整体所实现的最大利润分别为 662.5、600.2 和 1262.7；而在 ITIO 时，物流服务商的努力程度为 0.813，网店和物流服务商及供应链整体所实现的利润分别为 900.0、453.9 和 1353.9；对比可知，为了实现供应链整体的最大利润，物流服务商必须要比以前更加努力，此时，供应链整体利润和网店的利润虽然增加了，但是物流服务商的利润却减少了。因此，网店需将自身收益的θ倍转让给物流服务商，激励其为实现整体利益而合作，而网店只保留 ITIO 后自身收益的$(1-\theta)$倍，据算例分析得出$0.163<\theta<0.264$，在契约参数范围内，参数取不同值时，网店和物流服务商的收益也会随之发生变化，网店和物流服务商在契约参数取不同数值时的收益如图 3.1 和图 3.2 所示。

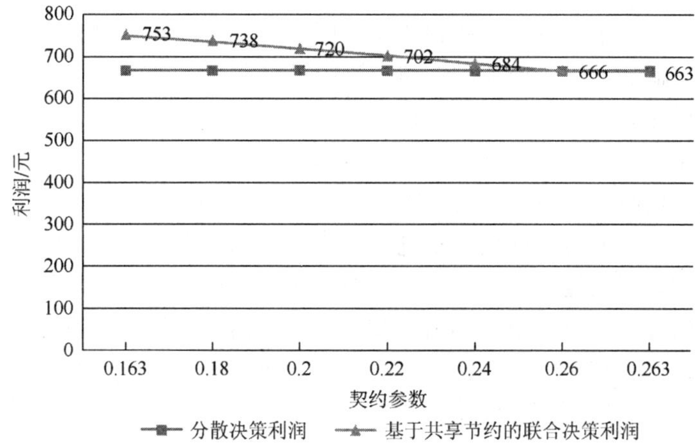

图 3.1　网店的利润对比图

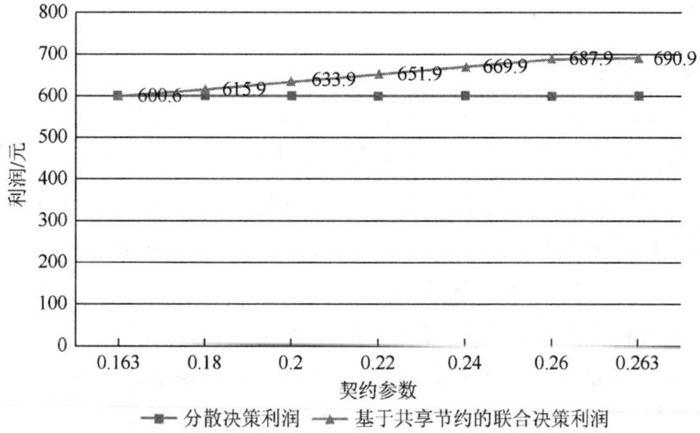

图 3.2　物流服务商的利润对比图

3.7　网店运营商价格决策权对网购供应链 ITIO 共享节约的影响

网购供应链参与方包括制造商、网店运营商、快递服务商、顾客。流程活动包括商品从制造商供货、顾客网上订购、电子支付、快递物流运输、签收直到确认收货、支付以及评价反馈等。为聚集主要问题，本节主要研究制造商和网店运营商。在网购供应链配送系统中，网店运营商和制造商之间发生冲突，网店运营商库存费用的节约会导致制造商运输费用的增加，反之亦然。一方面，当批发价格固定，运输费用节约会增加制造商的收益，因此，制造商倾向于把网店运营商的需求累加，进行大批量运输，这会增加网店运营商缺货风险；而网店运营商则需要增加自身库存以缓冲缺货风险，这会导致网店运营商的库存成本增加。另一方面，为提高服务水平和降低库存成本，网店运营商倾向于要求制造商进行高频次和小批量的配货，这会增加制造商配送的难度和成本。

现有成果对库存或运输问题都进行了研究，但是将库存和运输问题结合起来进行整合优化研究的文献非常少。ITIO 将库存优化和运输管理看成一个大问题，去找出整合优化问题的最优解决方案。

首先对网购供应链的假设和条件进行设定，构建出制造商和网店运营商的利润函数。其次在网店运营商具有和不具有价格决策权条件下，对制造商和网店运营商进行分散优化分析，得出制造商和网店运营商的个体最优策略，然后求出网购供应链系统库存与运输整合优化策略。最后对分散优化和库存与运输整合优化进行比较研究，分析相应策略的性质和绩效差异。

3.7.1 问题描述和模型假设

假设网购供应链包括一个制造商和一个网店运营商，制造商和网店运营商风险偏好都是中性的。根据产品的市场需求，制造商可制定生产计划和进行配送，制造商的单位产品生产成本为 c_{p}、单位批发价格为 p_{w}，制造商给网店运营商配送的批量为 Q，配送量和网店运营商的需求量 D 相同，配送单位产品的可变成本为 c_{k}，制造商具有有限的生产能力，因此没有库存。为了减少网店运营商过度要求进行多批次和小批量的配送，制造商在每次配送中向网店运营商收取固定配送费用 F，制造商为获得固定收益所付出的成本为 f，包括制造商每次配送中发生的固定成本，如发车成本等。因此，制造商向网店运营商收取费用 T 由固定配送费用和批发货款收入构成，$T(F,p_{\mathrm{w}},Q)=F+p_{\mathrm{w}}Q$。网店运营商的单位库存持有成本为 h，市场对网店运营商产品的需求 D 和网店运营商零售价 p 之间存在函数关系：$p=a-bD$，其中 $a,b>0,D\geqslant 0$。

根据以上分析，可得制造商的利润 = 向网店运营商销售和配送的收益 − 生产成本 − 获取固定配送收益的成本 − 可变配送成本，即

$$\pi_{\mathrm{m}}=p_{\mathrm{w}}Q+F-f-c_{\mathrm{p}}Q-c_{\mathrm{k}}Q \tag{3.69}$$

网店运营商的利润由产品销售收入减去库存费用，再减去支付给制造商的费用组成，可以表示为

$$\pi_{\mathrm{r}}=pQ-\frac{hQ}{2}-F-p_{\mathrm{w}}Q \tag{3.70}$$

综合式（3.69）和式（3.70）的分析，可以得到网购供应链的利润为

$$\pi_{\mathrm{sc}}=pQ-c_{\mathrm{p}}Q-f-c_{\mathrm{k}}Q-\frac{hQ}{2} \tag{3.71}$$

制造商和网店运营商之间存在“效益背反”现象，造成个体利益和网购供

应链整体利益冲突，因此很难达到网购供应链系统整体最优。为了能够节约网购供应链系统的库存和运输配送总费用，需要制造商和网店运营商双方进行协作，从整个网购供应链的角度出发，共同节约库存和运输费用，进行库存与运输整合优化。

3.7.2　基于一般合同的库存与运输优化分析

在非合作博弈过程中，制造商和网店运营商从自身利益出发，最大化各自利润，制造商会尽可能降低自身的运输费用，网店运营商会尽可能降低自身的库存费用。为实现这一目的，双方会不惜牺牲合作方的利益，一方面，网店运营商为降低库存费用，会要求制造商进行小批量多批次的配送，这会导致制造商运输配送费用增加。另一方面，制造商为了节约运输配送费用，倾向于采取大批量配送，这必将会增加网店运营商的库存成本。把这种只考虑个体利益最大化，而忽略网购供应链整体利益最大化的决策模式称为运输与库存分散优化。

如果把制造商和网店运营商看成一个整体，对制造商的运输配送费用和网店运营商的库存费用进行整合优化，从网购供应链系统整体的利益角度出发来进行决策，可以降低整个网购供应链配送系统的总费用，实现整体最优。把这种决策模式称为 ITIO。

1. 网店运营商具有价格决策权时的决策分析

此时双方的决策过程如下：首先，制造商与网店运营商谈判决定固定配送费用；然后，制造商根据掌握的网店运营商成本信息，确定最优的单位产品批发价，以最大化其期望利润；最后，网店运营商根据自己掌握的制造商成本信息，判断制造商报价是否合理，进而选择是否接受其报价。若网店运营商接受制造商的报价，那么双方达成协议，网店运营商确定最优产品销售价；若网店运营商拒绝制造商的报价，那么制造商需重新进行报价，直至双方达成新的合作协议或取消合作。

接着分析这一定价决策过程，采用逆向归纳法来求解该动态博弈过程。

给定制造商的产品批发报价，网店运营商决定最优的产品零售价，以最大化其收益。网店运营商的利润函数为 $\pi_r = pQ - F - p_w Q - \frac{hQ}{2}$，化简为

$$\pi_r = Q\left(p - \frac{h}{2} - p_w\right) - F \tag{3.72}$$

制造商根据网店运营商的需求量进行配送，配送量 $Q = \frac{a-p}{b}$，将 Q 代入网店

运营商利润函数，可得到网店运营商的决策问题：

$$\max \pi_{\mathrm{r}} = \frac{a-p}{b}\left(p - \frac{h}{2} - p_{\mathrm{w}}\right) - F \tag{3.73}$$

$$\text{s.t.}\quad \pi_{\mathrm{r}} \geqslant \pi_{\mathrm{rr}}$$

其中，$\pi_{\mathrm{rr}}(\pi_{\mathrm{rr}} \geqslant 0)$表示网店运营商的保留利润。

采用 K-T 条件对该规划问题进行求解，其 K-T 条件为

$$\begin{cases} \left[\dfrac{a-p}{b} - \dfrac{1}{b}\left(p - p_{\mathrm{w}} - \dfrac{h}{2}\right)\right] - \gamma\left[\dfrac{a-p}{b} - \dfrac{1}{b}\left(p - p_{\mathrm{w}} - \dfrac{h}{2}\right)\right] = 0 \\ \gamma\left[\dfrac{a-p}{b}\left(p - p_{\mathrm{w}} - \dfrac{h}{2}\right) - \pi_{\mathrm{rr}} - F\right] = 0 \\ \gamma \geqslant 0 \end{cases}$$

上述方程组求解可分为以下几种情形：

（1）令$\gamma \neq 0$，$\gamma \neq 1$，那么须满足$\dfrac{a-p}{b} - \dfrac{1}{b}\left(p - p_{\mathrm{w}} - \dfrac{h}{2}\right) = 0$且$\dfrac{a-p}{b}\left(p - p_{\mathrm{w}} - \dfrac{h}{2}\right) - F - \pi_{\mathrm{rr}} = 0$，即同时满足$\dfrac{h}{4} + \dfrac{a+p_{\mathrm{w}}}{2} = p$和$\dfrac{a-p}{b}\left(p - p_{\mathrm{w}} - \dfrac{h}{2}\right) - F - \pi_{\mathrm{rr}} = 0$，因此无解。

（2）令$\gamma \neq 0$，$\gamma = 1$，无解。

（3）$\gamma = 0$时，解为

$$p^* = \frac{h}{4} + \frac{a+p_{\mathrm{w}}}{2} \tag{3.74}$$

经验证，p^*就是网店运营商的最优零售价。

将p^*和$Q = \dfrac{2(a-p_{\mathrm{w}})-h}{4b}$代入$\pi_{\mathrm{r}}$，可以得到网店运营商的最优利润：

$$\pi_{\mathrm{r}} = \frac{[2(a-p_{\mathrm{w}})-h]^2}{16b} - F \tag{3.75}$$

接着求解制造商的最优批发价。制造商根据自己掌握的关于网店运营商成本的信息，对网店运营商的最优收益准确预测，进而得到最优销售价。制造商了解到网店运营商的零售价p^*之后，据此做出自己的收益最大化决策。制造商利润函数可变形为

$$\pi_{\mathrm{m}} = F + (p_{\mathrm{w}} - c_{\mathrm{p}} - c_{\mathrm{k}})Q - f \tag{3.76}$$

把Q代入制造商利润函数，可以得到：$\pi_{\mathrm{m}} = F - f + (p_{\mathrm{w}} - c_{\mathrm{p}} - c_{\mathrm{k}})\dfrac{2(a-p_{\mathrm{w}})-h}{4b}$。

制造商的决策问题变为

$$\max \pi_{\mathrm{m}} = F - f + (p_{\mathrm{w}} - c_{\mathrm{p}} - c_{\mathrm{k}})\frac{2(a - p_{\mathrm{w}}) - h}{4b} \tag{3.77}$$

$$\text{s.t.} \quad \pi_{\mathrm{m}} \geqslant \pi_{\mathrm{mr}}$$

其中，π_{mr} 为制造商的保留收入。根据 K-T 条件，可以解出制造商的最优批发价：

$$p_{\mathrm{w}}^{*} = \frac{2(a + c_{\mathrm{p}} + c_{\mathrm{k}}) - h}{4} \tag{3.78}$$

代入制造商利润函数 π_{m}，可得

$$\pi_{\mathrm{m}} = F - f + \frac{[2(a - c_{\mathrm{p}} - c_{\mathrm{k}}) - h]^2}{32b} \tag{3.79}$$

制造商报出批发价格后，网店运营商根据自己掌握的制造商信息，判断制造商的批发价格是否合理，并根据自己的情况选择接受或拒绝报价。若接受报价，制造商和网店运营商双方达成交易，网店运营商确定最优的产品零售价；若拒绝报价，制造商重新调整批发价格，直到双方达成协议或终止合作。

2. 网店运营商不具有价格决策权时的决策分析

当网店运营商没有价格决策权时，其定价博弈过程与网店运营商具有价格决策权时类似，只是在定价博弈的最后阶段，若双方达成协议，产品的零售价由系统外生因素确定，即市场确定。如果双方达成协议，求得的最优解为 $(p_2^*, p_{\mathrm{w}2}^*)$，其中 $p_2^* = \bar{p}$，$\bar{p}$ 表示外生的产品零售价（市场决定）；$p_{\mathrm{w}2}^*$ 为产品批发价，满足 $c_{\mathrm{p}} + c_{\mathrm{k}} \leqslant p_{\mathrm{w}2}^* \leqslant \bar{p} - \dfrac{h}{2}$。产品批发价 $p_{\mathrm{w}2}^*$ 的具体值取决于制造商和网店运营商所掌握的信息、双方市场势力、战略行为能力和谈判能力。如果制造商掌握了网店运营商的成本信息，制定出更有利于自身的谈判策略，并采取可信的策略行为，那么 $p_{\mathrm{w}2}^*$ 可能会增高，更有利于制造商。反之，$p_{\mathrm{w}2}^*$ 可能较低，更有利于网店运营商。

3. 库存与运输整合优化模型

1）网店运营商具有价格决策权时的库存与运输整合优化模型

假设在网购供应链中存在一个决策中心，负责整个系统的运营。决策中心从整个网购供应链角度出发，做出对整个网购供应链最优的决策。通过决策中心把制造商和网店运营商看做一个整体进行优化，可以有效地避免传统网购供应链中库存和运输费用之间的“效益背反”现象，得到对网购供应链整体最优的决策。

网购供应链的优化决策为

$$\max_{p \geqslant 0} \pi_{\mathrm{sc}} = \max_{p \geqslant 0}\left(pQ - c_{\mathrm{p}}Q - f - c_{\mathrm{k}}Q - \frac{hQ}{2}\right) \tag{3.80}$$

$$\text{s.t.}\quad \pi_{\mathrm{m}} \geqslant \pi_{\mathrm{mr}}$$
$$\pi_{\mathrm{r}} \geqslant \pi_{\mathrm{rr}}$$

由最优化条件，可以得到上面问题最优解为

$$p_{\mathrm{sc}}^{*} = \frac{a + c_{\mathrm{p}} + c_{\mathrm{k}} + h/2}{2} \tag{3.81}$$

通过对比 p_{sc}^{*} 和 $p^{*} = \dfrac{a + p_{\mathrm{w}} + h/2}{2}$，可以发现在没有引入决策中心的分散优化决策中，只有当 $p_{\mathrm{w}} = c_{\mathrm{p}} + c_{\mathrm{k}}$ 时，即制造商的批发价等于产品的制造成本与可变送货成本之和，才能实现网购供应链整体最优。然而在现实生活中，制造商只可能在短期内维持该定价水平，因为获得的收益无法弥补运输固定成本，会造成亏损。因此，理性的制造商必然选择偏离这一库存运输最优定价，报高可变成本的价格，以获得更大的个体收益，即 $p_{\mathrm{w}} > c_{\mathrm{p}} + c_{\mathrm{k}}$，就会出现网购供应链系统效率损失和福利损失。

2）网店运营商不具有价格决策权时的库存与运输整合优化模型

当网店运营商没有价格决策权时，如果双方均采取库存与运输整合优化策略，则决策中心的最优化问题为

$$\max_{p\geqslant 0} \pi_{\mathrm{sc}} = \max_{p\geqslant 0}\left[\left(\bar{p} - c_{\mathrm{p}} - c_{\mathrm{k}} - \frac{h}{2}\right)\frac{a-\bar{p}}{b} - f\right] \tag{3.82}$$
$$\text{s.t.}\quad \pi_{\mathrm{m}} \geqslant \pi_{\mathrm{mr}}$$
$$\pi_{\mathrm{r}} \geqslant \pi_{\mathrm{rr}}$$

此时，产品的零售价由系统外生因素决定，因此在短期内，库存与运输整合优化最优利润能够保持恒定。除非影响外生零售价格的因素发生改变，否则网购供应链系统的最优利润不会发生变化。网店运营商支付给制造商的固定支付 F 和可变支付 $p_{\mathrm{w}}Q$ 并不会改变网购供应链库存与运输整合优化的最优利润，只会改变最优利润在制造商和网店运营商之间的分配。

3.7.3　模型性质分析

命题 3.14　在分散优化中，网店运营商的最优零售价 p^{*} 会随着单位库存成本和制造商批发价的增加而增加；制造商最优批发价 p_{w}^{*} 会随着单位制造成本和单位运输配送成本的增加而增加，会随着网店运营商的单位库存成本的增加而减少。

命题 3.14 可以很容易地从 3.7.2 节的分析中得到。

命题 3.15　在库存与运输整合优化模型中，网店运营商的销售价会随着单位生产成本、单位运输成本和单位库存成本的增加而增加。

命题 3.15 的结论也可以很容易地从 3.7.2 节的分析中得到。

命题 3.16　当网店运营商具有价格决策权时，其利润函数为 $\pi_{\mathrm{r}}=\dfrac{[2(a-p_{\mathrm{w}})-h]^2}{16b}-F$；制造商的利润函数为 $\pi_{\mathrm{m}}=F-f+\dfrac{[2(a-c_{\mathrm{p}}-c_{\mathrm{k}})-h]^2}{32b}$；整个网购供应链的总利润为 $\pi_{\mathrm{T}}=\dfrac{3[2(a-c_{\mathrm{p}}-c_{\mathrm{k}})-h]^2}{64b}-f$。

证明　将 $p_{\mathrm{w}}^*=\dfrac{2(a+c_{\mathrm{p}}+c_{\mathrm{k}})-h}{4}$ 代入 $\pi_{\mathrm{r}}=\dfrac{[2(a-p_{\mathrm{w}})-h]^2}{16b}-F$，可得

$$\pi_{\mathrm{r}}=\left(a-c_{\mathrm{p}}-c_{\mathrm{k}}-\frac{h}{2}\right)^2/16b-F$$

网购供应链总利润为

$$\begin{aligned}\pi_{\mathrm{r}}+\pi_{\mathrm{m}}&=\left(a-c_{\mathrm{p}}-c_{\mathrm{k}}-\frac{h}{2}\right)^2/16b-F+F-f+\frac{[2(a-c_{\mathrm{p}}-c_{\mathrm{k}})-h]^2}{32b}\\&=\left(a-c_{\mathrm{p}}-c_{\mathrm{k}}-\frac{h}{2}\right)^2/16b+\frac{[2(a-c_{\mathrm{p}}-c_{\mathrm{k}})-h]^2}{32b}-f\\&=\frac{3[2(a-c_{\mathrm{p}}-c_{\mathrm{k}})-h]^2}{64b}-f\end{aligned}$$

命题 3.17　在网店运营商具有价格决策权的分散优化中，网店运营商的利润函数与单位生产成本、单位库存成本、单位配送可变成本和固定配送费用成反比。制造商的利润函数与单位生产成本、单位库存成本、单位配送可变成本和取得固定收益的成本成反比，与固定配送费用成正比。

命题 3.18　当网店运营商具有价格决策权时，网购供应链系统采用库存与运输整合优化策略的总利润大于分散优化时的总利润。

证明　网购供应链系统总利润函数 $\pi_{\mathrm{T}}=pQ-c_{\mathrm{p}}Q-f-c_{\mathrm{k}}Q-\dfrac{hQ}{2}$ 可化为

$$\pi_{\mathrm{T}}=\frac{a-p}{b}\left(p-c_{\mathrm{p}}-c_{\mathrm{k}}-\frac{h}{2}\right)-f$$

将库存与运输整合优化和分散优化的零售价 p_{sc}^* 和 p^* 代入 π_{T}，则库存与运输整合优化总利润 $\pi_{\mathrm{T}}^{\mathrm{sc}}$ 大于分散优化总利润 $\pi_{\mathrm{T}}^{\mathrm{n}}$，等价于：

$$\begin{aligned}&-\left(\frac{a+c_{\mathrm{p}}+c_{\mathrm{k}}+h/2}{2}\right)^2+\left(a+c_{\mathrm{p}}+c_{\mathrm{k}}+\frac{h}{2}\right)\frac{a+c_{\mathrm{p}}+c_{\mathrm{k}}+h/2}{2}>-\left(\frac{a+p_{\mathrm{w}}+h/2}{2}\right)^2\\&+\left(a+c_{\mathrm{p}}+c_{\mathrm{k}}+\frac{h}{2}\right)\frac{a+p_{\mathrm{w}}+h/2}{2}\end{aligned}$$

只有满足 $p_{\mathrm{w}}=c_{\mathrm{p}}+c_{\mathrm{k}}$ 时，上式左右两边才能相等。又因为 $p_{\mathrm{w}}>c_{\mathrm{p}}+c_{\mathrm{k}}$，所以上式成立。

3.8 本章小结

3.1 节首先构建了线上零售商与快递库存与运输整合优化的收益模型，求出整合优化时供应链系统的最大总利润；接着建立了基于共享节约合同的库存与运输整合优化模型，激励双方共同努力节约物流成本，使得线上零售商和快递的利润都有所增加，分析了共享节约合同的性质，发现共享节约合同在允许线上零售商和快递分享节约运输成本所产生的收益增量的情况下，各参与方的利润有所增加。表明共享节约合同使各参与方都能从节约的运输成本中获益，能有效地提高整个供应链系统的库存与运输整合优化的绩效，有效地解决了库存与运输整合优化中的“效益背反”问题，使得线上零售商配合快递减少运输成本、快递配合线上零售商降低库存成本，故双方都愿意采用库存与运输整合优化策略。因此，在基于共享节约合同的基础上，通过库存与运输整合优化，能够使供应链各方充分有效协作，从而达到共赢。

3.2 节研究发现：在采用传统合同网购供应链中，网络零售商和 TPLSP 都是仅考虑自身利益而进行决策，难以有效地激励 TPLSP 与网络零售商共同节约物流成本，虽然在整合优化决策模式中网络零售商和系统整体利润有所增加，但 TPLSP 的利润会遭受损失，不利于双方合作关系的保持。为激励 TPLSP 与网络零售商共同努力协作节约物流成本，通过共享节约合同，网络零售商将因节约物流成本产生的系统收益增量按共享节约合同中规定的参数比例转移给 TPLSP。研究结果表明，在基于共享节约合同的整合优化决策模式下，合作双方及系统整体利润都优于分散化决策模式中的利润，并且无论是在分散化决策模式还是整合优化决策模式下，基于共享节约合同的网购供应链优化都比传统物流外包合同更有利于双方的合作。赚取利润是网络零售商及物流服务商等企业运营的最终目的，分散决策无疑会增加产品运转过程中产生的费用。在企业运营管理过程中，如果合作双方能够转变传统合作模式，引入共享节约合同或收益共享契约对库存和运输加以优化，便能大大地降低企业商品的运营成本，增加系统利润和整体竞争力，实现合作双方互利共赢。

3.3 节针对常见的物流合同不能有效地鼓励 TPLSP 与客户企业共同努力节约物流成本，设计了一种共享节约合同。博弈模型表示这一合同可以形成一种有效的内在鼓励机制，在共享节约的鼓励下，TPLSP 愿意与客户企业共同努力节约物流成本，进而，运用数学模型论证了共享节约合同的一些主要性质，并给出了相应的算例。在共享节约合同时，分散式决策会导致体系的效率出现损失，但是不论是在集中式决策模式下还是在分散式决策模式下，体系在共享节约合同时获得的最大利润都会优于其在常见物流合同下获得的最大利润，算例也说明了共享节约合同具有很好的性质和效率。

3.4 节研究发现，共享节约契约使参与成本节约的各方都能够分到成本节约所带来的收益，改善了各个参与方的利润函数，使得各方都从成本节约中获利，是一种有效提高网购供应链运行效率的手段。研究发现，在基于努力水平的共享节约契约中，网络零售商的最优销售价格与节约的单位库存和运输费用成反比；当制造商和网络零售商的努力水平越高时，网络零售商的产品零售价越低；当制造商分享的运输费用节约比例和网络零售商分享的库存费用节约比例超过 50%时，制造商和网络零售商的努力水平越高，其产品批发价越高；当制造商分享的运输费用节约比例和网络零售商分享的库存费用节约比例少于 50%时，制造商和网络零售商的努力水平越高，其产品批发价越低；制造商分得的库存和运输费用节约比例越高，制造商的最优批发价格越低；网络零售商分得的库存和运输费用节约比例越高，制造商的最优批发价格越高。为了分析方便，模型进行了一定的简化，在更为复杂条件下分析共享节约契约条件下的网购供应链优化是一个值得探讨的方向。

3.5 节研究发现，共享节约合同使参与成本节约的各方都能够分到成本节约所带来的收益，改善了各个参与方的利润函数，使得各方都从成本节约中获利，是一种有效提高库存与运输整合优化运行效率的手段。共享节约合同不仅使得网购供应链系统整体的利润提高，而且可以通过对节约产生的收益进行分配上的适当设置，有效克服制造商和网络零售商之间的“效益背反”现象，使得制造商愿意配合网络零售商节约库存费用，网络零售商愿意配合制造商节约运输费用，调和制造商和网络零售商经营目的的不一致，使得双方都主动采用和库存与运输整合优化一致的策略。在共享节约合同的分散决策中，给定网络零售商的产品价格不变，制造商和网络零售商付出努力节约运输和库存费用时的最优利润会优于双方不付出努力时的最优利润。在基于共享节约合同的运输库存整合优化中，制造商和网络零售商越努力，产品的零售价越低。当产品销售价格不变时，制造商和网络零售商在运输库存整合优化集中决策模式下的最优努力程度会优于分散优化决策模式下的最优努力程度。在共享节约合同约束下，给定网络零售商的产品价格，网购供应链系统在库存与运输整合优化集中决策模式下的最优利润（关于努力程度函数）会优于其在分散决策模式下的最优利润。

3.6 节首先构建了网店和物流服务商单独决策时收益分配模型，根据 Stackelberg 动态博弈思想，求出网店和物流服务商单独决策时所获得的最大利润及总利润；其次，以供应链总体利润最大化为目标，构建 ITIO 时各决策主体的收益分配模型，求出网店和物流服务商的利润以及总体利润；然后，通过对比发现 ITIO 时供应链总体利润和网店的利润有所增加，物流服务商的利润有所下降，合作无法开展，故构建基于共享节约契约的库存与运输整合优化模型，使得网店的利润和物流服务商的利润都有所增加；最后，通过算例计算得出，基于收益共享契约的网购供应链的整体利润、网店和物流服务商的利润都得到了增加，并分析了θ在允许的范围内取不同的值时，网店和物流服务商利润的变化情况。

3.7 节研究发现，制造商和网店运营商通过采用库存与运输整合优化策略，可以使得制造商主动配合网店运营商降低库存费用、网店运营商主动配合制造商降低运输费用，使得双方都主动采用与运输库存整合优化一致的策略，有效克服双方之间的“效益背反”现象，提高网购供应链的整体利润、运行效率和竞争力。首先对模型假设和条件进行设定，得出制造商和网店运营商的利润函数。然后对制造商最优策略、网店运营商最优策略和库存与运输整合优化策略进行分析，得出制造商和网店运营商的分散优化策略和库存与运输整合优化策略。最后对网店运营商分散优化时的最优零售价和库存与运输整合优化的最优零售价进行比较，指出网店运营商分散优化时的最优零售价会产生效率和福利损失。网购供应链分散优化中，网店运营商的最优零售价会随着单位库存成本和制造商的批发价的增加而增加；制造商的最优批发价会随着单位制造成本和单位运输成本的增加而增加、随着网店运营商的单位库存成本的增加而减少；在网购供应链库存与运输整合优化模型中，网店运营商的销售价会随着单位生产成本、单位库存成本和单位运输成本的增加而增加。网店运营商具有价格决策权时，网购供应链系统采用库存与运输整合优化策略的总利润大于网购供应链系统分散优化总利润。

第 4 章　多周期优化

4.1　基于共享节约契约的网购供应链库存与运输动态优化模型研究

4.1.1　理论概述

随着电子商务发展得如火如荼，网购逐渐成为引领人们消费的主模式，网络零售商的数量也因此呈现突增的趋势。提升服务水平和竞争力是符合网络零售商和供应商共同利益的目标，网络零售商和供应商之间保持着良好的合作关系，并在此基础上着重思考如何在收益一定时优化库存和运输成本，或者在库存和运输成本一定时使收益最大化。

目前，众多学者也在深入研究网购供应链领域中这一重点问题。在有效协调网购供应商和零售商合作关系方面，VMI 可以有效地减小“牛鞭效益”，降低供应链的整体库存成本，加强供应商和买方之间的合作伙伴关系。在网购供应链中，参与方包括供应商、物流渠道商、网络零售商（网店）以及消费者，网络零售商的库存交由供应商进行管理，由供应商做出对整体最优的决策；在传统模式中，供应商承担了库存管理以及相关的费用，其收益增加的效果并没有直接享受成本降低的零售商那么明显，这种收益和责任不对应等使得传统合作模式很不稳固，如图 4.1 所示；在共享节约契约条件下，通过对网购供应链中的库存与运输进行整合优化，实现整体绩效最优，网络零售商再把销售利润的一定比例分享给供应商，这种共享节约契约的形式可以有效地协调 VMI 在实施过程中网购供应商和零售商之间的合作关系，如图 4.2 所示。另外，在收益共享契约方面，国外学者做了诸多研究，例如，单个供应商处于 Stackelberg 领导地位的 VMI 模型，零售商按一定比例向供应商提供由收益共享形成的分配利润；在收益共享的二级供应链模型的基础上，分析了供应链上不同成员的收益情况；研究了随机性需求下的单个零售商和单个供应商的库存运输模型。同样，国内学者在收益共享契约方面也做出了诸多贡献，例如，在不考虑订货提前期、允许缺货、需求平稳均匀的假设下，对供应链中单节点企业的简单销售库存模型进行了研究，最终得出最佳订货周期、最优订购批量及每天的最低成本；通过建立一种以订货点和订货批量为参数的数学模型，讨论单节点企业库存管理中安全库存策略在学术和实践应用中的矛盾，并提出了一种安全库存的求解方法，以便在实际运用中采纳，来降低需求的不确定性；为了能够有效地调节合作双方的研发努力水平，指出研发努力弹性高的一方得到的收益也应较高；在研究 ITIO 时，指出其障碍因素并提出了相应解决对策，并强调利润分配问题关系到 ITIO 能否开展以及供应链能否开拓新的利润增长点；运用共享契约模型，对再制造下租赁产品的服务系统进行了研究等。

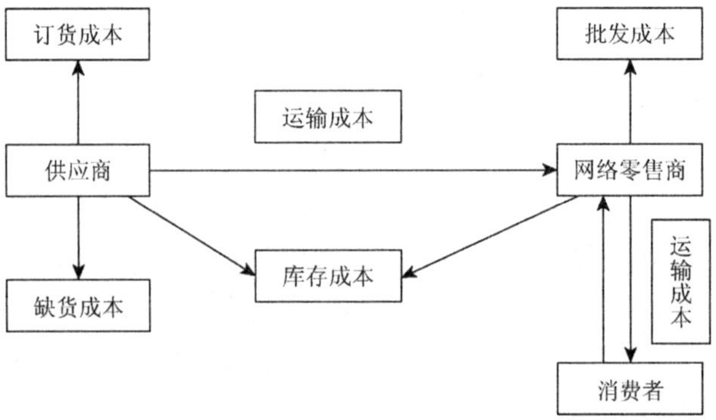

图 4.1　传统供应链中的成本框架图

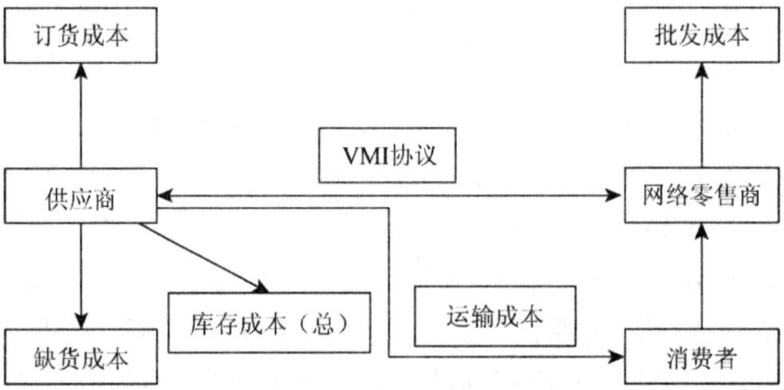

图 4.2　基于 VMI 协议优化后的框架图

以上对收益共享契约和库存与运输整合优化等方面做了梳理，由此可以发现，在这些研究上主要采用的是静态分析方法，且存在着对市场需求的诸多限制，如需求严格服从均匀分布、不考虑时间变化对库存量的影响和缺货情况等，这在一定程度上限制了模型的适用性，而且也未将收益共享契约与网购供应链中的库存与运输优化相结合。因此，本节借鉴 VMI 分析框架，将共享节约契约引入网购供应链库存与运输整合优化研究中，以改善系统绩效和参与方收益，促进供应商与网络零售商之间更好地合作。

4.1.2　问题描述

为提高网购供应链整体竞争力，供应商和网络零售商在基于自身利益的基础上考虑如何降低库存成本和运输成本。本节通过模型假设、模型构建、模型分析来探讨这一问题。以 B 市的某食品供应商与网络零售商为研究对象，利用 VMI 思想，假定网络零售商所需要的产品由供应商来提供，即网络零售商的库存为 0，在这种假定下，网络零售商的库存成本和运输成本都降为 0，相反，供应商的库存成本增加。但其运输次数的减少促使其成本降低，加之网络零售商和供应商对运输费用按一定比例进行分摊，继而达到双方运输成本的最优化。在该模型中，双方可以根据共享节约契约分享成本降低所带来的利润增量。假定供应商的运输成本为一个固定函数，即外包给快递公司，从需求与时间关系的角度考虑，把发展过程按时间顺序划分为若干阶段，利用动态规划模型得出每个阶段的最优决策，达到效益最大化。

在供应商和网络零售商的长期合作中，某食品供应商为 B 市的网络零售商提供某类食品，对这个长期的动态模型做出如下假设：

（1）供应商的一个供货周期为一个月，每个周期又分为三个阶段，分别为上旬、中旬、下旬；

（2）每个阶段的市场需求量在计划期内是已知量；

（3）在某一时段内到货且在同一时段内将该部分到货物资耗完，则该部分物资不计入库存管理费；

（4）采购价格与订货量无关。

一个周期内上、中、下旬三个阶段对该类食品的市场需求量如表 4.1 所示。

表 4.1　某类服装每阶段的需求量　（单位：套）

时间	上旬	中旬	下旬
网络零售商需求量	q_1	q_2	q_3

假定C为传统双渠道供应链中供应商的总订货成本；C^*为供应链优化后供应商的总订货成本；s为供应商单位产品的缺货成本；$h_{\rm i}$为供应商单位产品的库存成本；$k_{\rm i}$为供应商单位产品的运输成本；$p_{\rm d}$为网络零售商单位产品的销售价格；$p_{\rm l}$为网络零售商单位产品的批发价格；$h_{\rm d}$为网络零售商单位产品的库存成本；$k_{\rm d}$为网络零售商单位产品的运输成本；每个阶段内市场需求量为q_t，该服装厂库存增加所产生的费用即订货费用与产品数量的平方成正比，其比例系数为λ，则该

阶段传统供应链中供应商的订货费用为 $C_t = \lambda q_t^2$，其中 $t = 1,2,3$。

4.1.3 基于共享节约契约的网购供应链库存与运输整合优化模型分析

1. 传统供应链中网购供应链的各决策主体收益模型

若按照需求量来组织订货，此时供应商的库存为零，则供应商的订货费用表示如下：

$$C = \lambda q_1^2 + \lambda q_2^2 + \lambda q_3^2 = \lambda \sum_{t=1}^{3} q_t^2$$

此时，网络零售商将持有库存，且其每个阶段的库存量刚好等于该阶段的需求量；另外，网络零售商也可以选择在当月上旬便开始储存整个月的需求量，显然这一做法是不经济的，即明显增加网络零售商的库存成本。因此，网络零售商的库存费用为

$$H_{\mathrm{d}} = h_{\mathrm{d}} q_1 + h_{\mathrm{d}} q_2 + h_{\mathrm{d}} q_3 = h_{\mathrm{d}} \sum_{t=1}^{3} q_t$$

供应商的运输费用：

$$K_{\mathrm{i}} = k_{\mathrm{i}} q_t + k_{\mathrm{i}} q_t + k_{\mathrm{i}} q_t = k_{\mathrm{i}} \sum_{t=1}^{3} q_t$$

网络零售商的运输费用：

$$K_{\mathrm{d}} = k_{\mathrm{d}} q_t + k_{\mathrm{d}} q_t + k_{\mathrm{d}} q_t = k_{\mathrm{d}} \sum_{t=1}^{3} q_t$$

供应链总运输费用：

$$K_{\mathrm{i}} + K_{\mathrm{d}} = (k_{\mathrm{i}} + k_{\mathrm{d}}) \sum_{t=1}^{3} q_t$$

由上可知：整个网购供应链的运输成本等于供应商给网络零售商提供物资的运输成本加上网络零售商销售商品给消费者所产生的运输成本。同时在成本最小化目标下，网购供应链的整体库存成本等于供应商为防止缺货而持有库存的成本加上网络零售商为保证货源而持有库存的成本。

供应商利润：

$$\pi_{\mathrm{i}} = (p_1 - s - h_{\mathrm{i}} - k_{\mathrm{i}}) \sum_{t=1}^{n} q_t - \lambda \sum_{t=1}^{n} q_t^2$$

网络零售商利润：

$$\pi_{\mathrm{d}} = (p_{\mathrm{d}} - p_1 - h_{\mathrm{d}} - k_{\mathrm{d}}) \sum_{t=1}^{n} q_t$$

总利润：

$$\pi = \pi_{\mathrm{d}} + \pi_{\mathrm{i}}$$

2. 基于共享节约契约的多阶段决策动态规划的收益模型

假定在网购供应链中，供应商根据网络零售商提供的订单信息，直接以自有库存向消费者发货，这将有助于降低库存和运输总成本。通过合理设计共享节约契约，合理分配双方对库存成本和运输成本节约产生的收益增量，确保双方利润均大于分散优化时的利润。

供应商的成本为

$$T_{\mathrm{i}} = C^{*} + \left(h_{\mathrm{i}} + s + \gamma k_{\mathrm{i}}\right)\sum_{t=1}^{3} q_t$$

网络零售商的成本为

$$T_{\mathrm{d}} = \left[p_1 + (1-\gamma)k_{\mathrm{i}}\right]\sum_{t=1}^{3} q_t$$

其中，γ 表示供应商分摊运输费用的比例系数，若 $\gamma < 0$，表明网络零售商向供应商提供一定的运费补贴；若 $0 \leqslant \gamma \leqslant 1$，表明两者之间按比例承担一定的运输费用；若 $\gamma > 1$，表明供应商向网络零售商提供一定的运费补贴。

下面将多阶段动态规划分析框架引入库存与运输动态整合优化模型中进行分析。则供应链库存与运输动态整合优化模型构建如下：

$$f_z(x_z) = \min\left\{d_z(x_z, v_z) + f_{z+1}(x_{z+1})\right\}$$

为了达到节约库存与运输总成本的目的，利用该模型对每个周期内的状态进行优化调整。其中，$f_4(x_4) = 0, z = 3,2,1$；x_z 表示第 z 阶段产品库存量；v_z 表示第 z 阶段的状态为 x_z 时需要增加的库存产品数量；$d_z(x_z, v_z)$ 是关于阶段状态 x_z 与阶段决策 v_z 之间的函数关系式，表示该阶段内产品的订货和库存费用；$f_z(x_z)$ 表示从状态 x_z 到合作结束这一期间的产品订货和库存总费用。由状态 x_h 采取决策 v_h 后的状态转移方程为 $x_{z+1} = x_z + v_z - q_z$。

在第 z 阶段供应商因库存量的增加所产生的订购费用和初始存货费用为

$$d(x_z, v_z) = h_{\mathrm{i}} x_z + \lambda v_z^2$$

从状态 x_z 到合作结束这一期间库存量的增加所产生订购和初始库存的总费用为

$$f_z(x_z) = \min_{v_z \geqslant q_t - x_z}\left\{h_{\mathrm{i}} x_z + \lambda v_z^2 + f_{z+1}(x_{z+1})\right\}$$

其中，$f_4(x_4) = 0, z = 1,2,3$。

利用逆推算的方法进行模型的求解。

（1）当 $z=3$ 时，求极限有

$$f_3(x_3)=\min_{v_3\geqslant q_3-x_3}\{h_i x_3+\lambda v_3^2\}$$

显然取 $v_3=q_3-x_3$，有

$$f_3(x_3)=h_i x_3+\lambda(q_3-x_3)^2=\lambda q_3^2+(h_i-2\lambda q_3)x_3+\lambda x_3^2$$

（2）当 $z=2$ 时，求极限有

$$f_2(x_2)=\min_{v_2\geqslant q_2-x_2}\left\{h_i x_2+\lambda v_2^2+\lambda q_3^2+(h_i-2\lambda q_3)x_3+\lambda x_3^2\right\}$$

对 v_2 进行极值点的求解：由于 $2\lambda v_2+h_i-2\lambda(q_2+q_3-v_2-x_2)=0$，故 $v_2=\dfrac{q_2+q_3-x_2}{2}-\dfrac{h_i}{4\lambda}$，将其极值点代入 $f_2(x_2)$ 得

$$f_2(x_2)=\frac{(q_2^2+2q_2q_3-q_3^2)\lambda+(q_3-q_2)h_i}{2}-\frac{h_i^2}{8\lambda}+\left(\frac{3}{2}h_i-\lambda q_2-\lambda q_3\right)x_2+\frac{\lambda}{2}x_2^2$$

（3）当 $z=1$ 时，求极限有

$$f_1(x_1)=\min_{v_1\geqslant q_1-x_1}\left\{\begin{aligned}&h_i x_1+\lambda v_1^2+\frac{(q_2^2+2q_2q_3-q_3^2)\lambda+(q_3-q_2)h_i}{2}\\&-\frac{h_i^2}{8\lambda}+\left(\frac{3}{2}h_i-\lambda q_2-\lambda q_3\right)x_2+\frac{\lambda}{2}x_2^2\end{aligned}\right\}$$

对 v_1 进行极值点的求解，则有 $2\lambda v_1+\left(\dfrac{3}{2}k_1-\lambda q_2-\lambda q_3\right)+\lambda(x_1+v_1-q_1)=0$，解得 $v_1=\dfrac{q_1+q_2+q_3}{3}-\dfrac{h_i}{2\theta}-\dfrac{x_1}{3}$，将该驻点代入 v_1 的取值范围 $v_1\geqslant q_1-x_1$，得出 $x_1\geqslant q_1-\dfrac{q_2+q_3}{2}+\dfrac{3h_i}{4\lambda}$，为使费用 $f_1(x_1)$ 取得最小值，则 x_1 应取 $x_1=q_1-\dfrac{q_2+q_3}{2}+\dfrac{3h_i}{4\lambda}$。因此，一个月周期内包含的三个阶段（上、中、下旬）的初始库存量和该阶段的库存增加量可以分别表示为

$$x_1=q_1-\frac{q_2+q_3}{2}+\frac{3h_i}{4\lambda},\quad x_2=0,\quad x_3=\frac{q_2+q_3}{2}-\frac{h_i}{4\lambda}-q_2$$

$$v_1=\frac{q_2+q_3}{2}-\frac{3h_i}{4\lambda},\quad v_2=\frac{q_2+q_3}{2}-\frac{h_i}{4\lambda},\quad v_3=\frac{q_2+q_3}{2}+\frac{h_i}{4\lambda}$$

在一个周期内的上、中、下旬三个阶段中供应商的库存增加量分别是 v_1、v_2、v_3。则供应商的订购费用为 $C^*=\lambda v_1^2+\lambda v_2^2+\lambda v_3^2=\lambda\sum\limits_{t=1}^{3}v_t^2$，每周期内平均库存量等于市场需求量，总库存费用表示为 $H=h_i\sum\limits_{t=1}^{3}q_t$。

为达成合作，假定供应商和网络零售商对其运输成本按照一定的比例系数 γ

分担，由于总运输费用为$Y=k_{\mathrm{i}}\sum_{t=1}^{3}q_t$，则供应商应分担的运费为$\gamma Y$，网络零售商应承担的运费为$(1-\gamma)Y$。

供应商的总成本：

$$T_{\mathrm{i}}=\lambda\sum_{t=1}^{3}v_t^2+(h_{\mathrm{i}}+s+\gamma k_{\mathrm{i}})\sum_{t=1}^{3}q_t$$

网络零售商的总成本：

$$T_{\mathrm{d}}=\left[p_{\mathrm{l}}+(1-\gamma)k_{\mathrm{i}}\right]\sum_{t=1}^{3}q_t$$

供应商的利润为

$$\pi_{\mathrm{i}}^{*}=(p_{\mathrm{l}}-s-\gamma k_{\mathrm{i}}-h_{\mathrm{i}})\sum_{t=1}^{3}q_t-\theta\sum_{t=1}^{3}v_t^2$$

网络零售商的利润为

$$\pi_{\mathrm{d}}^{*}=\left[p_{\mathrm{d}}-p_{\mathrm{l}}-(1-\gamma)k_{\mathrm{i}}\right]\sum_{t=1}^{3}q_t$$

利用多阶段动态模型，库存与运输整合优化后的策略为

$$\Delta\pi_{\mathrm{i}}=\pi_{\mathrm{i}}^{*}-\pi_{\mathrm{i}}=(1-\gamma)k_{\mathrm{i}}\sum_{t=1}^{3}q_t+\lambda\left(\sum_{t=1}^{3}q_t^2-\sum_{t=1}^{3}v_t^2\right)$$

网络零售商的利润变化量可以表示为

$$\Delta\pi_{\mathrm{d}}=\pi_{\mathrm{d}}^{*}-\pi_{\mathrm{d}}=\left[k_{\mathrm{d}}+h_{\mathrm{d}}-(1-\gamma)k_{\mathrm{i}}\right]\sum_{t=1}^{3}q_t$$

如果双方对整合优化策略持积极态度并主动采取优化策略行为，则需要满足$\Delta\pi_{\mathrm{i}}>0,\Delta\pi_{\mathrm{d}}>0$，即

$$\begin{cases}(1-\gamma)k_{\mathrm{i}}\sum_{t=1}^{3}q_t+\lambda\left(\sum_{t=1}^{3}q_t^2-\sum_{t=1}^{3}v_t^2\right)>0\\ \left[k_{\mathrm{d}}+h_{\mathrm{d}}-(1-\gamma)k_{\mathrm{i}}\right]\sum_{t=1}^{3}q_t>0\end{cases}$$

求解整理得

$$1-\frac{k_{\mathrm{d}}+h_{\mathrm{d}}}{k_{\mathrm{i}}}<\gamma<1+\frac{\lambda\left(\sum_{t=1}^{3}q_t^2-\sum_{t=1}^{3}v_t^2\right)}{k_{\mathrm{i}}\sum_{t=1}^{3}q_t}$$

由以上模型分析可知，如果γ均在以上范围内取值，则网购供应链中库存与运输整合优化可以实现利润的增加，即供应商和网络零售商的利润均比传统供应链中利润得到提升，因此，双方可以达成 ITIO 合作；反之，如果γ的取值不

在上述范围，则表明网购供应链中至少有一方的利润会受损，故双方难以达成 ITIO 合作。

4.1.4 算例分析

本节通过数值运算对模型的相关结论进行验证分析。令 $p_d = 200, p_1 = 100, k_i = 20, k_d = 10, h_i = 10, h_d = 5, s = 5, \lambda = 0.05$。每个周期的上、中、下旬三个阶段对该类食品的市场需求量如表 4.2 所示。

表 4.2　某类食品每阶段的需求量　　（单位：箱）

时间	上旬	中旬	下旬
网络零售商需求量	400	300	500

则供应商每个阶段库存增加所产生的费用即订购成本 $s_t = 0.05v_t^2\ (t = 1,2,3)$，在第 t 阶段供应商的库存量增加所产生的订购费用和初始存货费用为 $d(x_t, v_t) = 10x_t + 0.05v_t^2$。

从状态 x_t 到合作结束的库存增加量所产生的订购费用和初始库存的总费用为 $f_t(x_t) = \min\limits_{v_t \geqslant q_t - x_t} \{10x_t + 0.05v_t^2 + f_{t+1}(x_{t+1})\}$，其中，$f_4(x_4) = 0, t = 1,2,3$，将数值代入上述各式可以得到：

$$x_1 = 150,\quad x_2 = 0,\quad x_3 = 50;\quad v_1 = 250,\quad v_2 = 350,\quad v_3 = 450$$

$$\pi_i = 53000,\quad \pi_d = 102000,\quad \pi_i^* = 82625 - 24000\gamma,\quad \pi_d^* = 96000 + 24000\gamma$$

$$\Delta\pi_i = 24000(1-\gamma) + 5625 > 0,\quad \Delta\pi_d = 1200(20\gamma - 5) > 0$$

解得 $0.25 < \gamma < 1.2344$。

由上述数值验证可知，传统双渠道供应链中供应商和网络零售商的利润分别为 53000 和 102000，通过共享节约契约的整合优化，双方利润分别为 $82625 - 24000\gamma$ 和 $96000 + 24000\gamma$，则供应商和网络零售商在优化前后的利润变化量分别为 $24000(1-\gamma) + 5625$ 和 $1200(20\gamma - 5)$。总运费 K_3 以一定比例 γ 进行分摊，即供应商分摊 γK_3，网络零售商分摊 $(1-\gamma)K_3$。为实现供应链双方能够达成有效合作，则整合优化后的利润必定要大于传统供应链中的利润，即要满足 $\Delta\pi_i > 0$，$\Delta\pi_d > 0$。由数值分析可得 $0.25 < \gamma < 1.2344$。当 $0.25 < \gamma < 1$ 时，供应商和网络零售商按照 $\gamma : (1-\gamma)$ 共同分摊运输费用；当 $\gamma = 1$ 时，供应商独自承担全部的运输费用；当 $1 < \gamma < 1.2344$ 时，供应商还需给网络零售商一定的费用补贴。因此，供应商和网络零售商的收益随着主参数 γ 取不同的值而发生变化，且整合优化后所产生的收

益均优于传统分散优化时的收益。另外，供应商和网络零售商需要通过双方洽谈来决定二者的运费分摊比例，但其可能会受到双方市场势力和谈判能力的影响。供应商和网络零售商利润与契约参数的关系如图 4.3 和图 4.4 所示。

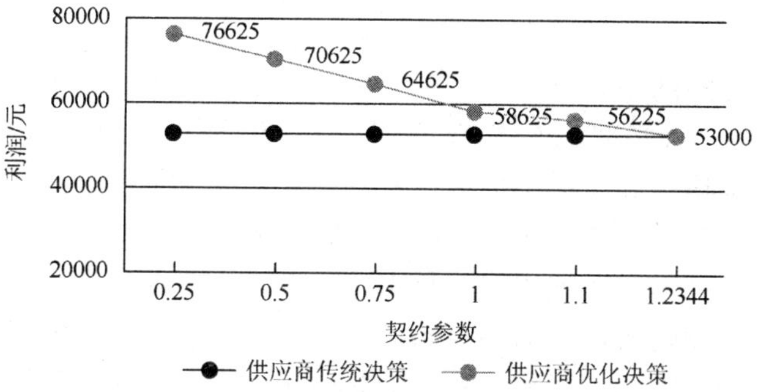

图 4.3　供应商的利润对比图

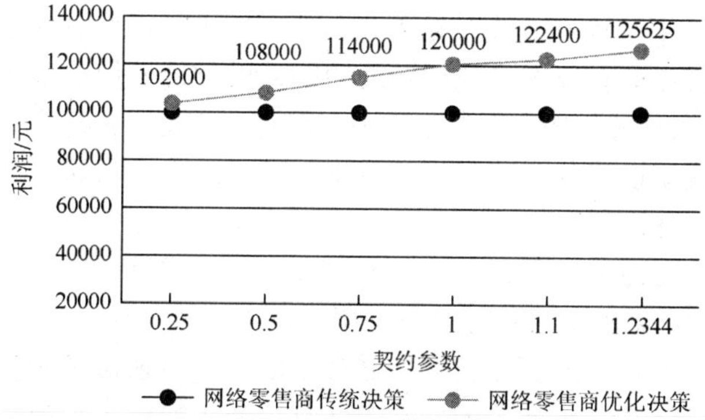

图 4.4　网络零售商的利润对比图

以上研究得出三点结论：第一，整合优化后双方利润均比传统供应链的利润增多；第二，由模型可得出使双方利润均增加的参数取值范围；第三，数值分析验证了供应商和网络零售商优化前后利润的变化量与分享系数 γ 之间的关系，证明了该模型研究的有效性。

4.2　考虑营销成本的网购供应链库存与运输整合优化三阶段决策模型研究

4.2.1　理论概述

从 Harris（1913）关于供应链整合的开创性研究以来，大量关于不同类型供应链的物流成本整合优化的模型得到广泛的研究。其中最为博人眼球的是库存成本与运输成本的整合，二者的融合具有很强的现实意义，因为当降低运输成本时，库存成本就会增加，当降低库存成本时，运输成本就会增加，二者存在此消彼长的关系。在关于库存与运输整合优化的国外研究中，早期只是做了简单的理论综述，之后的发展中相继得出诸多研究成果，如构建了求解库存与运输整合优化问题的两步分解算法，第一步，确定需要访问的客户，第二步，确定供应商给该客户配送的最佳策略。采用随机动态规划方法得出一些库存与运输优化的配送策略；利用成本增量近似估计求解最小年库存配送期望成本；以超市供应链库存与运输整合优化问题为研究对象，利用模型证明了把库存成本和运输成本整合到一个系统中进行最小化，可以让企业取得很大的竞争优势；建立了基于对冲和随机需求的库存与运输整合优化模型，研究了有限运输能力和时间约束下的多产品、多周期补货策略问题。在关于库存与运输整合优化的国内研究中，在 VMI 模式下研究了供应商自身库存补充和配送的整合优化问题，通过构建在（0，Q）库存补充策略下使长期期望平均运作总成本最小的优化模型来确定系统最佳库存补充量和配送周期；采用讨价还价框架研究了零售商和供应商 ITIO 利润分配问题；根据最大最小运送周期定义，建立最大最小运送周期库存与运输模型以降低两级供应链成本；利用改进的云遗传算法对库存与运输整合优化模型进行求解。

在关于库存与运输整合优化的研究发展中，虽然已取得很多成果，但以上并没有研究需求函数的具体形态，只是假设需求函数为确定性需求和随机需求，然后建立模型，设计相应算法对模型进行求解。本节在诸多研究上起初假定需求函数为零售价格和营销成本的函数，并且考虑运输能力柔性对运输成本的影响，建立二级网购供应链系统库存与运输整合优化模型，并对模型进行求解。另外，本节另一个创新之处在于决策变量有多个，一般库存与运输整合优化研究都是研究单决策变量的，而本节选取零售价、订货批量和营销成本三个变量作为决策变量。

4.2.2　模型描述

假设存在一个由供应商和网络零售商组成的网购供应链系统，供应商从事产品生产，决定着网络零售商的配送批量并为其送货，网络零售商在收到供应商配送的商品后，需要花费一定的营销成本用于产品的销售。供应商在正式生产之前，在调整机器、培训员工和整理原材料上需要花费一定的生产准备成本。之后，供应商给网络零售商安排配货时，在固定运输费用和可变运输费用上需要花费一定成本。其中，固定运输费用仅与配送次数有关，与运输数量无关，如车辆启动费用、司机的工资费用等。市场需求是关于商品零售价和营销成本的函数，设 u 和 v 分别为需求价格弹性和需求营销成本弹性，网络零售商可以通过 u 和 v 了解市场需求。假定不允许缺货，则要求生产率必须大于或等于市场需求率，假定生产率和市场需求率的关系由下式线性决定。

$$R = \theta D(P,N) , \quad \theta \geqslant 1 \tag{4.1}$$

其中，R 为生产率；D 为需求率；P 为零售价；N 为市场营销费用；θ 为生产安全系数。

为了使模型分析更为简便，本节假定供应商和网络零售商具有相同的订货批量，即网络零售商接受的订货批量就是供应商提供的订货批量。

Q 为网络零售商的订货批量；P 为网络零售商的零售价格；N 为网络零售商的市场营销成本；p_1 为供应商给网络零售商的批发价格；λ 为需求函数系数（$\lambda > 0$）；φ 为生产函数系数（$\varphi \geqslant 1$）；s_{d} 为网络零售商单位商品的库存成本；s_{i} 为供应商单位商品的库存成本；u 为需求价格弹性，其中 $u > 1$；v 为需求的营销成本弹性，满足 $0 < v < 1, v+1 < u$；B_{d} 为网络零售商的订购成本；B_{i} 为供应商的生产启动成本；C_{i} 为供应商的生产成本，包括材料、零部件等采购成本；R 为供应商的生产率。

$D(P,N)$ 为市场需求率，与 Lee 等（1993）一样，假设

$$D(P,N) = \lambda P^{-u} N^{v} \tag{4.2}$$

其中，P 为网络零售商向顾客销售商品的价格；N 为网络零售商的市场营销成本。K^{C} 为固定的运输成本，$m = a - bQ$ 为可变的运输成本，其中 a 和 b 为大于零的系数，b 越小，表示供应商的运输能力柔性越强。

在 Esmaeili 等（2009）的基础上，构建了以下分析模型。Esmaeili 等在其研究中假定库存持有成本与产品价值之间存在线性函数关系，库存持有成本可以表示为比率 γ ($0 < \gamma < 1$)与产品总价的乘积。其这样假设的原因可能是基于这样一个事实：越贵重的东西，往往越需要慎重保管，因此，库存成本的花费也会越大。为了提高模型的普遍性，模型假定总库存成本是关于产品数量的函数，其中，每单位产品的库存成本设定为一个常量。

此外，学者的研究中也存在忽略运输成本的缺陷，因为在实际情况中，运输成本占据产品总成本的绝大部分，尤其是生鲜果蔬类的产品，其运输成本和库存成本更是在总成本中占有重要地位。产品的运输成本包括固定运输成本和可变运输成本两部分。其中，固定运输成本包括车辆启动费、发车费、维护保养费等，这部分成本与产品的数量无关；可变运输成本主要与产品的运输数量有关。因此，模型分析中假定 K^{C} 为固定运输成本，单位产品的运输可变成本与运输数量的关

系如下：$m=a-bQ$，其中，m 为单位产品的运输可变成本，Q 为运输数量（批量），a、b 为大于零的系数。

由以上假定和分析可知，网络零售商的利润可以表示为：网络零售商的利润函数 = 产品销售收入 – 营销成本 – 订货成本 – 产品购买成本 – 库存成本。用数学符号表示如下：

$$\begin{aligned}\pi_{\mathrm{d}}(P) &= PD-ND-B_{\mathrm{d}}\frac{D}{Q}-p_1D-0.5s_{\mathrm{d}}Q \\ &= \lambda P^{-u+1}N^{v}-\lambda p_1P^{-u}N^{v}-\lambda P^{-u}N^{v+1}-B_{\mathrm{d}}\lambda P^{-u}N^{v}Q^{-1}-0.5s_{\mathrm{d}}Q\end{aligned} \tag{4.3}$$

然后分析供应商的利润函数和最优策略，供应商的利润函数可以表示为：供应商利润 = 销售收入 – 生产准备成本 – 生产成本 – 运输成本（运输成本 = 运输的可变成本 + 运输的固定成本）– 库存成本。用数学符号将供应商的利润函数表示为

$$\begin{aligned}\pi_{\mathrm{i}}(p_1,Q) &= p_1D-B_{\mathrm{i}}\frac{D}{Q}-C_{\mathrm{i}}D-K^{C}\frac{D}{Q}-(a-bQ)D-0.5s_{\mathrm{i}}Q\frac{D}{R} \\ &= \lambda p_1P^{-u}N^{v}-\lambda C_{\mathrm{i}}P^{-u}N^{v}-B_{\mathrm{i}}\lambda P^{-u}N^{v}Q^{-1}-K^{C}\lambda P^{-u}N^{v}Q^{-1} \\ &\quad -(a-bQ)\lambda P^{-u}N^{v}-0.5s_{\mathrm{i}}\frac{Q}{\theta}\end{aligned} \tag{4.4}$$

4.2.3 ITIO 模型

前面建立了供应商和网络零售商的利润函数，基于利润最大化的目标，本节通过各自的利润函数关系得出各自的最优解或最优策略。但是，个体最优与整体最优之间往往是不一致的，二者之间可能会存在偏差，这一偏差即分散优化所引起的效率损失。因此，为避免效率损失和实现整体最优，本节构建了整合供应商和网络零售商的库存与运输整合优化模型。为了达到整体最优，本节视整个网购供应链为一个系统，从整体系统的角度进行决策分析。假定整个网购供应链的运作由一个决策中心负责，那么该决策中心的利润函数可表示为：库存与运输整合优化利润 = 销售收入 – 订购成本 – 营销成本 – 生产成本 – 生产准备成本 – 网络零售商库存成本 – 供应商库存成本 – 运输可变成本 – 运输固定成本。把相应的数字符号代入，可以得到 ITIO 利润函数：

$$\pi_{\mathrm{ITIO}}=(P-N-C_{\mathrm{i}})D-(a-bQ)D-0.5s_{\mathrm{d}}Q-(B_{\mathrm{d}}+B_{\mathrm{i}}+K^{C})\frac{D}{Q}-0.5s_{\mathrm{i}}Q\frac{D}{R}$$

把需求函数 $D(P,N)=\lambda P^{-u}N^{v}$ 代入上式，可化为

$$\pi_{\text{ITIO}}(P,N)=\lambda P^{-u+1}N^{v}-\lambda P^{-u}N^{v+1}-0.5s_{\text{d}}Q-B_{\text{d}}\lambda P^{-u}N^{v}Q^{-1}$$
$$-B_{\text{i}}\lambda P^{-u}N^{v}Q^{-1}-\lambda C_{\text{i}}P^{-u}N^{v}-K^{C}\lambda P^{-u}N^{v}Q^{-1}-(a-bQ)\lambda P^{-u}N^{v}-0.5s_{\text{i}}\frac{Q}{\varphi}$$
（4.5）

由以上分析可知：网购供应链系统利润最大化是中心决策者经营的目标，即 $\pi_{\text{ITIO}}(P,Q)$ 取得最大值。当 Q 固定时，$\pi_{\text{ITIO}}(P,Q)$ 是 P 的凹函数，收益 $\pi_{\text{ITIO}}(P,Q)$ 关于 P 的一阶条件可以唯一决定最优的 $P_{\text{ITIO}}{}^{*}$。$\pi_{\text{ITIO}}(P,Q)$ 关于 P 的一阶条件为

$$\frac{\partial\pi_{\text{ITIO}}(P,N,Q)}{\partial P}=\lambda(-u)P^{-u-1}(PN^{v}-N^{v+1}-B_{\text{d}}N^{v}Q^{-1}-C_{\text{i}}N^{v}-B_{\text{i}}N^{v}Q^{-1}$$
$$-K^{C}N^{v}Q^{-1}-(a-bQ)N^{v})+\lambda P^{-u}N^{v}=0 \quad (4.6)$$

由一阶条件，可以求解出

$$P_{\text{ITIO}}^{*}=\frac{u(N+B_{\text{d}}Q^{-1}+C_{\text{i}}+B_{\text{i}}Q^{-1}+K^{C}Q^{-1}+(a-bQ))}{u-1} \quad (4.7)$$

对式（4.5）进行整理，可变形为

$$\pi_{\text{ITIO}}(P,N,Q)=\lambda P^{-u}N^{v}[P-N-B_{\text{d}}Q^{-1}-C_{\text{i}}-B_{\text{i}}Q^{-1}-K^{C}Q^{-1}-(a-bQ)]$$
$$-0.5s_{\text{d}}Q-0.5s_{\text{i}}\frac{Q}{\theta}$$

注意到最优一项 $0.5s_{\text{i}}Q\dfrac{D}{R}$ 化为 $0.5s_{\text{i}}\dfrac{Q}{\theta}$ 使用到了 $R=\theta D(P,N)$。

将式（4.7）代入式（4.5），可将式（4.5）化为

$$\pi_{\text{ITIO}}(P(Q),Q)=\lambda\left[\frac{u(N+B_{\text{d}}Q^{-1}+C_{\text{i}}+B_{\text{i}}Q^{-1}+K^{C}Q^{-1}+(a-bQ))}{u-1}\right]^{-u}$$
$$N^{v}\left[\frac{u(N+B_{\text{d}}Q^{-1}+C_{\text{i}}+B_{\text{i}}Q^{-1}+K^{C}Q^{-1}+(a-bQ))}{u-1}\right.$$
$$\left.-N-B_{\text{d}}Q^{-1}-C_{\text{i}}-B_{\text{i}}Q^{-1}-K^{C}Q^{-1}-(a-bQ)\right]-0.5s_{\text{d}}Q-0.5s_{\text{i}}\frac{Q}{\theta}$$

化简为

$$\pi_{\text{ITIO}}(P(Q),Q)=\lambda\left[\frac{u(N+B_{\text{d}}Q^{-1}+C_{\text{i}}+B_{\text{i}}Q^{-1}+K^{C}Q^{-1}+(a-bQ))}{u-1}\right]^{-u}N^{v}$$
$$\cdot\left[\frac{(N+B_{\text{d}}Q^{-1}+C_{\text{i}}+B_{\text{i}}Q^{-1}+K^{C}Q^{-1}+(a-bQ))}{u-1}\right]-0.5s_{\text{d}}Q-0.5s_{\text{i}}\frac{Q}{\theta}$$
（4.8）

因为 π_{ITIO} 是 N 的凹函数，所以 π_{ITIO} 存在唯一最大值，这一最大值在 N_{ITIO}^* 处取得，N_{ITIO}^* 由 π_{ITIO} 的一阶条件唯一决定，π_{ITIO} 的一阶条件为

$$\frac{\partial \pi_{\mathrm{ITIO}}(P,N,Q)}{\partial N}=\left(\lambda(-u)P^{-u-1}\frac{u}{u-1}N^{v}+\lambda P^{-u}vN^{v-1}\right)$$
$$\cdot[P-N-B_{\mathrm{d}}Q^{-1}-C_{\mathrm{i}}-B_{\mathrm{i}}Q^{-1}-K^{C}Q^{-1}-(a-bQ)]+\lambda P^{-u}N^{v}\left[\frac{u}{u-1}-1\right]=0 \tag{4.9}$$

将 P^* 代入式（4.9），可以求出：

$$N^*=\frac{v(B_{\mathrm{d}}Q^{-1}+C_{\mathrm{i}}+B_{\mathrm{i}}Q^{-1}+K^{C}Q^{-1}+a-bQ)}{u-v-1} \tag{4.10}$$

将式（4.10）代入式（4.7），可以把 P^* 化简为

$$P^*=\frac{u(B_{\mathrm{d}}Q^{-1}+C_{\mathrm{i}}+B_{\mathrm{i}}Q^{-1}+K^{C}Q^{-1}+a-bQ)}{u-v-1} \tag{4.11}$$

决策中心利润函数可以化为

$$\pi_{\mathrm{ITIO}}(P(Q),Q)=\lambda\left[\frac{u(N+B_{\mathrm{d}}Q^{-1}+C_{\mathrm{i}}+B_{\mathrm{i}}Q^{-1}+K^{C}Q^{-1}+(a-bQ))}{(\alpha-1)}\right]^{-u+1}N^{v}\frac{1}{u}$$
$$-0.5s_{\mathrm{d}}Q-0.5s_{\mathrm{i}}\frac{Q}{\theta}$$

将式（4.10）代入式（4.8），决策中心利润函数变为

$$\pi_{\mathrm{ITIO}}(N(Q),Q)=\lambda\left[\frac{v\left(\frac{v(B_{\mathrm{d}}Q^{-1}+C_{\mathrm{i}}+B_{\mathrm{i}}Q^{-1}+K^{C}Q^{-1}+a-bQ)}{u-v-1}+B_{\mathrm{d}}Q^{-1}+C_{\mathrm{i}}+B_{\mathrm{i}}Q^{-1}+K^{C}Q^{-1}+(a-bQ)\right)}{\mu-1}\right]^{-u+1}$$
$$\cdot\left[\frac{v(B_{\mathrm{d}}Q^{-1}+C_{\mathrm{i}}+B_{\mathrm{i}}Q^{-1}+K^{C}Q^{-1}+a-bQ)}{u-v-1}\right]^{v}\frac{1}{u}-0.5s_{\mathrm{d}}Q-0.5s_{\mathrm{i}}\frac{Q}{\theta}$$

因为 $\pi_{\mathrm{ITIO}}(N(Q),Q)$ 是 Q 的凹函数，所以 $\pi_{\mathrm{ITIO}}(N(Q),Q)$ 的一阶条件可以唯一决定 Q^*，使得 $\pi_{\mathrm{ITIO}}(N(Q),Q)$ 取得最大值。$\pi_{\mathrm{ITIO}}(N(Q),Q)$ 关于 Q 的一阶条件为

$$\frac{\partial \pi_{\mathrm{ITIO}}}{\partial Q}=\frac{\lambda}{u}(-u+1)\left[\frac{u(N+B_{\mathrm{d}}Q^{-1}+C_{\mathrm{i}}+B_{\mathrm{i}}Q^{-1}+K^{C}Q^{-1}+a-bQ)}{u-1}\right]^{-u}$$
$$\cdot\frac{u[N'-b-(B_{\mathrm{d}}+B_{\mathrm{i}}+K^{C})Q^{-2}]}{u-1}N^{v}$$
$$+\frac{\lambda}{u}\left[\frac{u(N+B_{\mathrm{d}}Q^{-1}+C_{\mathrm{i}}+B_{\mathrm{i}}Q^{-1}+K^{C}Q^{-1}+a-bQ)}{u-1}\right]^{-u+1}vN^{v-1}N' \tag{4.12}$$
$$-0.5s_{\mathrm{d}}-0.5s_{\mathrm{i}}\frac{1}{\theta}=0$$

化简为

$$\lambda u^{-u}v^{v}[(B_d+B_i+K^C)Q^{-2}+b]\left[\frac{(B_d+B_i+K^C)Q^{-1}-bQ+C_i+a}{u-v-1}\right]^{-u+v} \\ -0.5s_d-0.5s_i\frac{1}{\theta}=0 \tag{4.13}$$

从式（4.13）可以解出最优的 Q_{ITIO}^*。Q_{ITIO}^*、N_{ITIO}^*、P_{ITIO}^* 就是决策中心的最优决策。

由前面对二级网购供应链系统库存与运输整合优化的分析，可以得出以下结论。

命题 4.1　库存与运输整合优化的产品零售价与需求的营销成本弹性、供应商生产启动成本、供应商生产成本、网络零售商订购成本、可变的运输成本和固定的运输成本呈正相关关系；库存与运输整合优化的产品零售价与需求函数的价格弹性、订货批量呈负相关关系。

证明　命题结论中除了需求函数的价格弹性影响不太明显外，其他结论都较为明显。因此着重对需求价格弹性的影响进行研究。

$$\frac{\partial P^*}{\partial u}=\frac{-(v+1)(B_dQ^{-1}+C_i+B_iQ^{-1}+K^CQ^{-1}+a-bQ)}{(u-v-1)^2}$$

由于 $(B_dQ^{-1}+C_i+B_iQ^{-1}+K^CQ^{-1}+a-bQ)>0$，$(v+1)>0$，所以 $\frac{\partial P^*}{\partial u}<0$，即表明库存与运输整合优化的产品零售价与需求函数的价格弹性呈负相关关系。

命题 4.2　库存与运输整合优化的产品营销成本与需求营销成本弹性、供应商生产启动成本、供应商生产成本、网络零售商订购成本、可变的运输成本和固定的运输成本呈正相关关系；其与需求函数的价格弹性、订货批量呈负相关关系。

证明　由于其他参数的影响较为明显，以下仅分析 v 的影响。

$$N^*=\frac{v(B_dQ^{-1}+C_i+B_iQ^{-1}+K^CQ^{-1}+a-bQ)}{u-v-1}$$

$$\frac{\partial N^*}{\partial v}=\frac{(u-1)(B_dQ^{-1}+C_i+B_iQ^{-1}+K^CQ^{-1}+a-bQ)}{(u-v-1)^2}$$

因为 $u>1$，所以 $\frac{\partial N^*}{\partial v}>0$。

命题 4.3　库存与运输整合优化的最优订货批量与网络零售商的订购成本、供应商的生产启动成本、固定运输成本和需求量呈正相关关系；与供应商单位库存成本、网络零售商单位库存成本和运输能力呈负相关关系。

证明　将决策中心利润函数对 Q 进行求导：

$$\frac{\partial \pi_{\mathrm{ITIO}}(P,N,Q)}{\partial Q}=\lambda P^{-u}N^{v}[-(-1)Q^{-2}(B_{\mathrm{d}}+B_{\mathrm{i}}+K^{C})+b]-0.5s_{\mathrm{d}}-0.5s_{\mathrm{i}}\frac{1}{\theta}=0$$

求解得

$$Q=\sqrt{\frac{(B_{\mathrm{d}}+B_{\mathrm{i}}+K^{C})\lambda p^{-u}N^{v}}{0.5s_{\mathrm{d}}+0.5s_{\mathrm{i}}/\theta-b\lambda p^{-u}N^{v}}}\text{ 或 }Q=\sqrt{\frac{(B_{\mathrm{d}}+B_{\mathrm{i}}+K^{C})D}{0.5s_{\mathrm{d}}+0.5s_{\mathrm{i}}/\theta-bD}}$$

在此主要分析 D 对 Q 产生的影响，故 Q 对需求 D 求导得

$$\frac{\partial Q}{\partial D}=\frac{1}{2}\left(\frac{(B_{\mathrm{d}}+B_{\mathrm{i}}+K^{C})D}{0.5s_{\mathrm{d}}+0.5s_{\mathrm{i}}/\theta-bD}\right)^{-\frac{1}{2}}\frac{(B_{\mathrm{d}}+B_{\mathrm{i}}+K^{C})[0.5s_{\mathrm{d}}+0.5s_{\mathrm{i}}/\theta]}{(0.5s_{\mathrm{d}}+0.5s_{\mathrm{i}}/\theta-bD)^{2}}>0$$

由此得出 Q 与 D 成正相关关系。

命题 4.4　当订购数量相同时，网络零售商单独优化的营销成本大于整合优化的营销成本。换句话说，相比单独优化而言，整合优化可以节约网络零售商的营销成本。

证明　由一阶条件求出网络零售商单独优化的营销成本 N_{R}^{*}，减去式（4.10），可得

$$N_{\mathrm{R}}^{*}-N_{\mathrm{ITIO}}{}^{*}=\frac{v(p_{1}-C_{\mathrm{i}}-B_{\mathrm{i}}Q^{-1}-K^{C}Q^{-1}-(a-bQ))}{u-v-1}$$

因为 $v+1<u$，即 $u-v-1>0$，故只需要判断 $p_{1}-C_{\mathrm{i}}-(a-bQ)-B_{\mathrm{i}}Q^{-1}-K^{C}Q^{-1}$ 的正负，便可以得出 N_{R}^{*} 和 $N_{\mathrm{ITIO}}{}^{*}$ 的相对大小。因为供应商也是经济社会中的理性人，故其批发价必然大于其成本，即 $p_{1}-C_{\mathrm{i}}-(a-bQ)-B_{\mathrm{i}}Q^{-1}-K^{C}Q^{-1}>0$，因此 $N_{\mathrm{R}}^{*}-N_{\mathrm{ITIO}}{}^{*}>0$，即 $N_{\mathrm{R}}^{*}>N_{\mathrm{ITIO}}{}^{*}$，命题得证。

本节基于库存与运输整合优化模型，考虑了由供应商和网络零售商组成的二级网购供应链优化问题。从整体的视角出发，由决策中心整合做出订货量、零售商和营销成本决策，继而给出库存与运输整合优化最优策略的求解方法。

4.3　共享节约契约下的网购供应链库存与运输动态整合优化策略

4.3.1　理论梳理

近几年，随着电子商务发展的日益完善，网购也随之发展成为人们购物消

费的主要方式。数据显示：仅 2013 年 11 月 11 日一天，天猫淘宝商城的交易额突破了 350 亿元，创下了以往未有的销售记录。另外，其他的网购巨头如京东、当当、苏宁易购、易迅、亚马逊等，订单量也呈现剧增，故“双十一”为全球最大的网络购物节也因此得名。在网购迅速发展带来收益的同时，也显露出诸多问题，例如，为商家提供服务的第三方物流企业在网民疯狂“抢购”导致商品“缺货”的状况下已变得不堪重负，“爆仓”、快递变慢递、顾客投诉严重等一系列问题出现。导致这一系列状况出现的原因诸多，例如，在网购供应链中，往往可以看到零售商、供应商、物流企业三者之间缺乏有效协作，订单与需求信息无法及时传递到仓库，库存与运输环节脱节，出库与运输、运输与配送、快递与集散中心之间尚未得到有效衔接，各种不利状况频频发生。但究其原因，是网购供应链各参与方未能建立有效的动态整合优化机制，各参与方之间未能实现协同合作。

网购的主要成本包括库存成本和物流成本，二者占总成本的 80%以上，因此，库存与运输整合优化对提高网购供应链整体效益显得极为重要。网购供应链 ITIO 不仅能够走出二者之间“效益背反”的困境，而且能够实现库存与运输的整体最优，提高网购供应链的整体效益，具有较强的理论价值和现实意义。因此，在我国网购业发展迅速但存在弊端的现实情况下，完善网购供应链各参与方优化机制、促进网购供应链库存与运输动态整合优化是目前我国网购业仍需关注并为之努力的方向。

起初，国内学者对网购供应链做了大量研究，主要有：网购供应链概念和特点的提出；指出由制造商、网店运营商、快递服务商、顾客四者构成的网购供应链中快递服务商所占的重要地位；分析得出在复杂的网络结构中存在的网商和快递商竞争和协调问题等。之后，学者又将视角转到对网购供应链 ITIO 的研究，对于这部分的研究主要有：不同决策模式下网购供应链效益的比较；通过不同决策模式下供应链最优策略和系统绩效的关系，继而分析非对称理性条件下，供应商和零售商库存与运输整合优化的动态演化问题，求出 ESS，最终达到研究基于收益共享和讨价还价理论的库存与运输整合优化利益分配问题的目的；一些学者以报童模型为基础，建立数学模型分析网上零售服务供应链的协同机制，总结出集中控制下的系统最优决策优于分散式系统的最优决策；另外，也有学者研究了双渠道供应链中的两种决策模型，即传统分销渠道与电子直销渠道之间的集中决策模型及分散决策模型，构建了能够实现双渠道供应链协调的收益共享节约模型，给出了实现双渠道供应链协调时，契约参数取值范围的计算公式，并进一步探讨了双渠道供应链完美共赢协调存在的条件。

在研究网购供应链库存与运输整合优化过程中也曾面临着诸多的障碍因素。例如，针对非一体化的供应链，供应商管理库存模式下库存与运输整合优化过程中存在若干问题，包括最优订货问题、运输成本的支付问题、弹性需求情形以及考虑或不考虑供应商库存成本时的库存路径问题等；ITIO 具有缓解“牛鞭效应”、节约运作成本、提高服务水平等优点，但在实施过程中会遇到信息泄露、决策权分配、整合优化利润分配、道德风险等问题；另外，也有学者认为客户服务水平对物流企业的生存和发展具有重要的作用，通过对影响物流企业客户服务满意度因素的分析，提出基于顾客满意的现代物流企业提高客户服务质量的建议和措施。目前，学者对 ITIO 的收益分配问题研究不多，而且叙述较为抽象，没有提出具体的解决方案。但学者认为建立一种有效的分配机制，不仅有利于实现供应链整个资源的有效配置、提高供应链的效率，而且有利于保证供应链的稳定性，强调了各成员企业效益分配对供应链协同的重要性。因此，本节基于共享节约的网购供应链库存与运输动态整合优化策略进行了深入研究。

4.3.2 网购供应链理论概述

1. 网购供应链的结构

网购供应链是由供应商、网店、顾客以及物流服务商构成的产品销售与配送的大型网络架构。其作业流程包括供应商供货、网店售货、顾客网上订购、电子支付、快递物流运输、收货、支付、退货、回收以及评价反馈等一系列活动。在网购供应链中主要涵盖四大参与方：其一是供应商，负责将货物批发给网店；其二是网店，通过网络进行产品的销售；其三是第三方物流企业，负责将货物运送给顾客，如邮政、顺丰、申通等物流企业；其四是顾客，可以是分布在全球各地的拥有网购终端的消费者。从产品的流向考虑，首先是由供应商将产品批发给网店或零售商，然后零售商通过物流服务商将产品输送给顾客；反之是资金的流向，如图 4.5 所示。

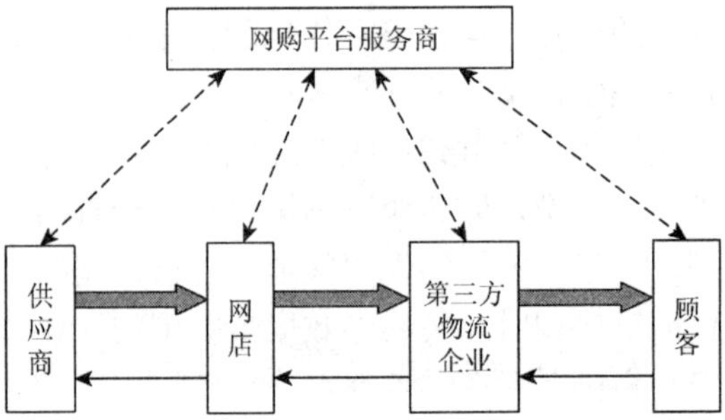

图 4.5 网购供应链的结构

2. 网购供应链的特点

（1）网购省去流通环节，降低了商品价格。在网购供应链中，供应商以网店的形式将产品直销给客户，省去了传统批发商或零售商环节，减少了流通环节，提高了流通效率，降低了商品的流通成本，节省的成本有利于网购供应商以相对较低的产品价格销售商品，即降低了商品的零售价格。因此，这使得网购成为越来越多人们购物的"青睐者"。随着网购业的迅速成长，物流配送在整个网购供应链中呈现出越来越重要的作用，供应商往往采取物流外包给第三方物流服务商的做法。一方面可以降低配送成本，另一方面使得供应商专注于生产，利用规模经济效应达到降低商品生产成本和销售价格的目的。此外，和传统实体店相比，网店不用考虑店面租金，能够降低自身的经营成本，进一步提高了价格优势。

（2）网购供应链各参与方地域分布广。网购供应链的各参与方涉及供应商、网店销售商、第三方物流企业以及顾客，其中，各参与方又由若干具有竞争关系的企业构成。由于网购供应链不受地域限制，上网人群都成为了网购的潜在客户。目前，网购已经日益渗透到社会各个阶层、各个年龄，成为人们主要购物方式之一。2013 年网购趋势报告显示，中国网购人群和网购品类发展呈现出多样化和多元化，网购地域分布开始由一线城市向二、三线城市扩展。由于各企业对生产资源、技术资源、市场需求、人力资源等要求各不相同，其资源禀赋直接决定了其分布区域的广泛性。而且"网上订货、送货上门"的便利性和快捷性通过网购满足了一些偏远地区顾客的产品需求，进一步扩展了网购的地域范围。

（3）需求的不确定性较大。网购地域范围的扩展所带来是消费群体的差异化变大，继而就会增加需求的随机性与不确定性，造成库存与运输难以有效地协调和配合。以上这些问题就突出了网购的最大特点——随机性或不确定性。它易受到各种因素的影响，网购中顾客的购买行为也具有很大随机性，例如，原来购买过的顾客可能因发现其他质量、包装等更好的产品而转向其他网点消费；之前未曾在该网点消费的顾客也可能因为产品的某一亮点或经朋友介绍而到该网店消费。

（4）受第三方物流服务质量影响较大。第三方物流商在网购供应链中占有越来越重要的地位，其发挥着重要的衔接与纽带作用，在整个网购供应链系统中，第三方物流服务商主要负责产品的运输和配送。在产品日益同质化的今天，配送服务成为网购供应链竞争的关键。3PL 服务质量直接影响着顾客需求，在提升顾客满意度和忠诚度，以及在顾客购买决策中发挥着重要作用。因此，督促 3PL 改善配送服务质量、提高顾客需求，是目前增加网购供应链整体效益最为有效的措施。

3. 网购供应链的收益共享节约机制

在网购供应链利润总额既定的情况下，供应商、网店、平台商和物流商分配的利润是此起彼落的，因此，确定合理的收益分配机制对于提高网购供应链整体效益是非常必要的。收益共享节约机制的建立能够有效整合网购供应链的库存与运输、降低总成本，收益共享节约机制设计如下。

第三方物流服务商、平台提供商作为网购供应链重要的参与方，应该作为纳入收益分配机制的对象选择，为了激励仅有固定佣金收益的参与方（第三方物流企业、平台提供商）努力降低成本、提高效率，可以将销售收益按一定的比例作为补偿分享给他们。如以配送速度、顾客满意度与货损率为基础按照一定的比例来进行收益分配。供应商、网店、平台商和物流商应协商建立有效的分配机制，并建立以 ITIO 努力水平和服务水平为基础的激励机制，以此来确定各参与方的利润分享份额。

4.3.3 基于收益共享节约的网购供应链库存与运输动态整合优化的障碍因素

库存成本与运输成本是降低整个网购供应链总成本主要考虑的成本对象。目前，主要通过 ITIO 实现二者成本或整个网购供应链成本的最大程度的降低，继而实现整个网购供应链效益的最大化。但在 ITIO 的过程中，仍然存在着许多障碍因素。

1. ITIO 合作缺乏长期性

依据经济学中理性人的假定，视为经济人的供应商、网点、平台商、第三方物流企业四大网购参与方在库存与运输整合优化的过程中会表现出自身利益最大化。相互之间可能出现利益相悖，会导致各参与方合作关系不稳定，难以建立长期的 ITIO 战略伙伴关系。究其原因，网购供应链缺乏严格的约束监督机制，各参与方之间缺乏促使长期合作的利益分配机制。在目前机制缺失的情况下，一旦有短期利益出现，各参与方都会采取利己的机会主义行为，满足自身利益的最大化，逐渐失去合作信心，最终陷入信任危机。这将会严重威胁到 ITIO 长期合作伙伴关系的建立。例如，零售商为短期利益向供应商提出苛刻的配送和库存要求，使供应商的利润空间不断缩小，这虽然实现了零售商短期利润目标，但是却降低了供应商的利润，导致两者经营目标发生冲突，供应商和零售商之间就难以达成 ITIO 战略合作伙伴关系。

2. 参与方争夺库存与运输动态整合优化的主导权

在库存与运输动态整合优化中，具有主导权的一方基于自身利益最大化可能会做出一些利己的库存与运输决策。网购供应链涉及多方参与企业的利益，加之在运作过程中缺乏严格的约束监督机制，因此，一个能够行使主导权的统筹全局的抉择者对实现网购供应链整合优化是不可或缺的。虽然各参与方在合作过程中存在地位不平等的情况，但利己的理性人都想具有网购供应链动态 ITIO 决策主导权。在主导权不明确的供应链系统中，各参与者就会开始争夺主导权，各行其是，只谋自己的利益，而损害了供应链的整体利益和流通效率。因此，供应商、网店、物流商应该依据各方市场势力的大小，协商决定网购供应链的主导权归属，最终制定出实现 ITIO 动态最优的激励监督机制。各参与方在网购供应链 ITIO 动态合作中可以通过对决策者的约束和协调促使其采取整体最优策略，避免出现“利益相背”，损害供应链的整体利益。

3. 各参与方分配的利益份额无法确定

网购供应链中各参与者的利益分配可谓是网购供应链 ITIO 动态优化管理实施的最大难题。目前，在网购供应链中主要的利润分配发生在供应商和网点两者之间，而第三方物流商与网络平台方很少涉及利润份额的分配，主要按照相应的费率来获取服务费。事实上，各参与方的这种利润分配模式并不利于整个网购供应链效益的提升，因为第三方物流的服务质量影响着顾客对网购平台所销售产品的选择，而物流商获得的利润份额又直接影响其服务质量。因此，如果第三方物流商能够获得除固定服务费外的其他额外利润份额的激励，这将在很大程度上鼓励第三方物流商采取网购供应链 ITIO 动态最优策略，并有效地提高客户的需求量，提高网购供应链的整体利润。但收益分配份额的确定又会受到诸如网购供应链整体利润、风险承担、努力程度以及贡献度等因素的影响，即构建利益分配机制易受到诸多因素的影响，较为困难。一旦有最优的利益分配机制出现，各参与方由于均能得到利润份额的分配，换句话说，各参与方发现 ITIO 合作对自身有利，自然会主动坚持长期合作并提高合作的积极性。倘若缺乏一套完善的利益分配机制，由于自身利益的受损，各参与方可能会选择偏离 ITIO 最优策略。此外，ITIO 参与方也会因得不到合理收益而不愿参与供应链 ITIO 协调，显然，这一行为必然会降低供应链的整体效率，并削弱网购供应链的整体竞争力。目前，迫于收益共享节约机制的缺失，网购供应链各参与方均选择个体最优策略，损害了其他参与方和供应链整体利益。

4. 风险承担和规避机制缺失

网购供应链涉及供货方、网店、第三方物流等多个参与方，其整体风险在多个参与方中应如何分担，这一问题一直阻碍着网购供应链库存与运输动态整合优化的发展。网购供应链库存与运输动态整合优化存在多种风险，如缺货风险、库存风险、配送风险、延期风险、信用风险、网络支付风险、产品信息不对称风险、货物损失风险等。虽然网购供应链上下游企业共同造成了风险损失，但往往仅由当事人一方承担损失，因此，风险分担机制的缺失必然加大了当事人一方的经营风险。例如，在网购供应链库存与运输整合优化过程中，供应商面临的“牛鞭效应”会导致需求变异放大，使供应商陷于较大的供应和库存风险中。假设仅由供应商独自承担这些风险，则无疑会提高供应商的资金风险和经营成本，其他参与方却能因此受益，这种情况会打消供应商参与网购供应链库存与运输动态整合优化的积极性，不利于供应链整体利益的实现。因此，在借鉴有关收益共享节约的成熟经验的基础上，网购供应链应该构建符合自身特点的风险承担和规避机制，克服制约网购供应链 ITIO 发展的不利因素。

5. 各方的短期利润追求破坏了库存与运输动态整合优化安排

库存与运输动态整合优化是降低网购供应链总成本、提高整体效益的一种动态长期合作机制，但是各参与方利己的机会主义行为往往追求的是短期利益，其追求短期利益的行为已经严重危害到供应链各参与方的信任关系，破坏了长期库存与运输动态整合优化安排。另外，在信息不对称条件和自身利益最大化目标下，各参与方倾向于采取逆向选择行为，诱发网购供应链 ITIO 道德风险。因此，网购供应链要想实现库存与运输动态整合优化，需要各参与方共同付出努力，以确保网购供应链 ITIO 长期优化目标的实现。

6. 过于侧重成本压缩，忽视了服务质量提升

网购供应链库存与运输动态整合优化主要通过要求各参与方努力提高库存与运输效率来达到减少网购供应链总成本、提高整体效益的目的。为了节约运输成本，供应商往往会向零售商大批量配送货物，减少供应商运输成本的同时却增加了零售商的库存成本。而中小型网购零售商往往不擅长库存管理，容易导致商品发生破损，这不利于网购供应链服务质量提升和长期利益的实现。加之第三方物流企业在配送过程中，过于注重运输成本节约，而忽视了服务质量提升，这对供应链整体竞争力造成损害。物流企业配送服务质量降低主要表现在商品运输包装粗糙、物流分拣粗放、货物随意堆放、配送延时严重和货物损坏率高，这会导致顾客满意度降低，不利于市场份额提高，进而影响网购供应链长期利益。

7. 信息泄露风险影响了各参与方 ITIO 动态合作的积极性

在网购供应链库存与运输动态整合优化中存在着较大的信息泄露风险，各参

与方可能为了自身短期利益，做出损害合作方利益的行为，如将自己所掌握的合作方信息出售给其竞争对手等，这无疑会降低 ITIO 双方合作的积极性。除此之外，在整个系统优化过程中，在各参与方之间仍潜藏着诸多的信息泄露风险。对于供应商来说，在向网店供货的过程中，供应商有可能会将掌握的网店库存和销售信息泄露给其他网店；对于网店，作为下游企业，存在着将供应商和第三方物流企业的信息泄露给其他竞争企业的风险；对于第三方物流商而言，由于承接供应商和零售商的物流业务，第三方物流企业可能会将掌握的供应商和零售商的生产、产品、客户等信息泄露给其他竞争对手；另外，在网购中，消费者的个人信息泄露也会导致其被推销、骚扰或者受骗。诸多的信息泄露行为都会影响供应链各参与方合作的信任度，打消各参与方 ITIO 合作的积极性。因此，为了保障信息在网购供应链上、中、下游流通的安全性，供应商、网店、平台商和第三方物流企业应协商建立一套有效的信息管控机制。

4.3.4　基于收益共享节约的网购供应链库存与运输动态整合优化对策

1. 建立网购供应链 ITIO 长期战略合作关系

为确保网购供应链 ITIO 的长期合作、提高整体效率和竞争力，各参与方协商签订 ITIO 长期战略协议，制定完备有效的网购供应链 ITIO 合作措施，是稳定供应链长期合作关系的有效方式。首先，各参与方要树立长期共赢的合作理念，共同维护网购供应链 ITIO 的长期利益。其次，各参与方应采取促使合作方相互信任的措施，建立稳定的长期合作关系。最后，一套适用于网购供应链的信用管理体系不仅加大了对失信者的惩罚力度，而且有利于各成员企业之间建立长期信任关系，促进 ITIO 各参与方持久、稳定地合作。

2. 依照市场势力决定主导权

供应商、网店、平台商和第三方物流商各自的资源禀赋不同，如技术、资源、市场和信息等资源储备的不同导致其在网购供应链 ITIO 动态合作中的地位有所差别。基于各参与方市场势力的大小，网购供应链中各方通过协商或谈判形成 ITIO 决策主导方，主导方主要负责制定 ITIO 最优策略，而其他参与方则接受并实施由主导方提出的最优策略。在一些行业中，供应商凭借其创新的生产技术、专利发明和较多的管理经验等资源优势获得网购供应链中的主导权。例如，在网络直销中，戴尔公司生产、技术和管理优势使得其他参与方必须服从其决策。而在有些行业，零售商因掌控较大的市场资源赢得网购供应链的主导地位，像沃尔玛、家乐福等这样的大型零售商，他们在网购业务中，对供应商提供的产品规格、质量和配送时间、配送批量、库存等都有较为严格的标准，因此，供应商反倒服务于零售商并遵循其最优决策。另外，一些实力较强的网店运营商，如淘宝网、京东商城具有绝对的主导权，供应商和物流方也必须服从其 ITIO 最优决策。总之，不同网购供应链应根据各参与方资源禀赋的特点，由市场势力最强的参与方来行使网购供应链的 ITIO 主导权。

3. 建立合理的网购供应链收益共享节约机制

建立合理、有效的收益共享节约机制，确保网购供应链 ITIO 长期合作是实现网购供应链库存与运输动态整合优化的首要任务。合理的收益共享节约机制一方面可以帮助实现整个供应链资源的有效配置、提高网购供应链整体效率、为顾客提供高质量的产品和服务。另一方面使得网购供应链各参与方受益，营造网购供应链 ITIO 合作的公平、公正和多赢环境。因此，收益共享节约机制的构建要坚持互惠共赢原则，实现供应链收益的长期最大化。另外，也要基于贡献率来确定对收益的分配，保证各成员企业的付出与收益相对称。在分配机制设计中，为确保网购供应链 ITIO 利润分配的科学性，还要重点考虑各参与方的投资水平、风险承担以及努力程度。

4. 各方风险分担应与利润分配对等

在 ITIO 动态合作中，网购供应链各参与方风险承担及利润分配比例是由其付出的努力水平决定的，即所付出的努力水平不同，其风险承担及利润分配比例也是不同的。基于风险承担与收益共享节约的对等原则，在确定各参与方风险分担比例时也要考虑到利益的分配情况。在网购供应链库存与运输动态整合优化过程中，承担较大风险的参与方也应得到较大的利润分配比例，反之，则应得到较少的利润分配比例。如此对等的分配机制使得那些承担较大风险的参与方在收到利益分配时可以获得一定的风险补偿，进而调动其参与 ITIO 动态合作的积极性。总之，网购供应链需要制定一套有效的 ITIO 利润风险分担机制，使得权利和义务相对等、风险与收益相均衡。风险分担问题的解决是提高网购供应链 ITIO 动态合作效率的关键一步，是获得超越企业边界的合作收益的最佳方式选择。如果仅考虑风险的转移，则只会增加整个网购供应链系统的经营风险和不确定性。

5. 建立败德行为惩罚机制

网购供应链各参与方可能会因一味追求自身短期利益而做出损害整体供应链利益的行为，对此败德行为，应该建立惩罚机制。例如，情节较轻的败德行为，应给予警告和较少 ITIO 的利润分配；因资历和能力有限而未能采取 ITIO 策略的，应依据退出机制，解除其参与 ITIO 合作的资格；因外界利益的诱惑而发生的投机行为且对 ITIO 效益造成损害的参与方，应对其给予经济惩罚，责令缴纳罚金或减少利益分配比例。这种投机的败德行为最为常见，例如，利用从 ITIO 合作中获得的技术经验、内部信息，同具有竞争关系的企业合谋，削弱网购供应链的整体竞争力，或某些企业企图通过在网购供应链 ITIO 动态协作中逃避责任的败德行为成为最后利益分配的“搭便车”者等。对于以上这些败德行为，必须要在网购供应链中建立一套惩罚机制，才能约束各参与方，维护其他合作伙伴的利益。同时，这一机制的建立也有利于规避网购供应链库存与运输动态整合优化的市场风险，确保各参与方 ITIO 合作的持久稳定。

6. 改进库存与运输服务，提高顾客满意度

在网购供应链库存与运输动态整合优化过程中，要兼顾库存与运输整合优化成本的降低和顾客满意度的提高。四大主要参与方（供应商、网店、平台商和第三方物流企业）应以顾客满意度最大化为目标，不断提升各自的服务水平。具体做法：其一，搭建实时高效的 ITIO 信息系统和信息共享平台。各参与方能够及时共享库存与配送信息，加强与上下游企业的沟通，实现配送业务的高效衔接，提升消费者对网购供应链配送服务的满意度。其二，提升货物的准时到达率。即第三方物流企业需要在规定时间内将货物送达目的地。这一目标的实现可以通过优化库存与配送业务、简化配送流程等提高流通效率，继而提升货物的准时到达率。其三，注重运送货物的完好率。在存储、装卸、搬运、运输过程中，常常因为运达的货物发生破损而引起众多投诉现象，直接降低了顾客满意度。因此，第三方物流商需要对物流作业人员进行培训学习，实现仓储、搬运、运输过程的标准化，提高货物完好率。其四，加强与顾客的交流。在配送过程中，要多与顾客进行沟通，及时了解顾客的利益诉求，并据此改善自身的服务方式和服务质量。

7. 设置信息访问权限，保障共享信息的安全

在网购供应链库存与运输动态整合优化中，各参与方把信息共享到网络平台中的举措容易引起信息安全问题，这必然成为各参与方关注的焦点。一旦 ITIO 参与方将信息泄露给竞争企业，则会损害合作伙伴的利益。因此，为维护业务信息安全，网购供应链应建立完善的 ITIO 信息安全管理制度。网购供应链各参与方可以通过签订保密协议，规定供应商、网店（零售商）和第三方物流商不同级别职员的信息访问权限等一系列措施确保信息安全。如果出现信息泄露风险，必须要追究泄密方的责任并实施相应的惩罚措施。此外，还可以通过网络信息安全建设、信息加密、设立防火墙等技术手段来保障共享信息的安全，避免信息泄露风险危及网购供应链 ITIO 合作的稳定性。

4.4 本章小结

4.1 节首先构建了传统供应链中供应商和网络零售商单独决策时的收益分配模型，求出传统供应链中供应商和网络零售商的成本和利润；其次，借鉴 VMI 思想，在共享节约契约条件下，构建多阶段动态模型研究供应商和网络零售商的库存与运输动态整合优化，研究发现，整合优化后双方利润都比传统供应链中利润增多；再次，求出使双方利润均增加的参数的取值范围；最后，通过算例验证供应商和网络零售商优化前后利润的变化量与分享系数γ之间的关系，检验了模型研究的有效性。

在 4.2 节中，考虑了由供应商和网络零售商组成的二级网购供应链优化问题。供应商生产产品，并将产品销售给网络零售商，网络零售商再把产品销售给消费者。假定供应商的生产率是市场需求率的线性函数，并且把营销成本引入需求率中，假设需求率是价格和营销成本的函数。在库存与运输整合优化模型中，决策中心整合做出订货量、零售价和营销成本决策，然后给出了库存与运输整合优化最优策略的求解方法，并对模型进行了分析。研究表明：库存与运输整合优化的产品零售价格和营销成本与需求的营销成本弹性、网络零售商订购成本、供应商生产启动成本、供应商生产成本、运输固定成本和运输可变成本呈正相关，与需求函数的价格弹性和订货批量呈负相关；订货批量与网络零售商订购成本、供应商生产启动成本、运输固定成本和需求量呈正相关，与供应商单位库存成本、网络零售商单位库存成本和运输能力柔性呈负相关；当订购数量相同时，网络零售商单独优化的营销成本大于 ITIO 的营销成本。

在 4.3 节中，针对基于共享节约的网购供应链库存与运输动态整合优化策略进行讨论，依据理论概述、存在的障碍因素、对策的论述思路，展开深入分析，在提出七大障碍因素的同时也给出相应的七大对策。该章对多周期优化具有深远的理论及现实意义。

第 5 章　动态演化研究

5.1　基于共享节约契约的网购供应链 ITIO 动态博弈分析

5.1.1　理论概述

由于电子商务的发展，网购已经成为当今时代发展的一种潮流。在 2015 年的双十一促销活动中，全天的网购交易额达 912.17 亿元，与以往相比实现了跨越式的发展。同时，热潮带来的庞大交易额也使得单个网络直销商面临无法交易的困境，或者说，单个网络直销商由于经济实力较弱，无力自建配送人员，所以在最后的一个交易环节，不得不使用第三方物流服务商来完成交易。由于物流服务商收入的增长取决于网络直销商物流费用的增长，物流服务商完全没有意愿降低物流费用，这就直接导致了网络直销商的利润受损。因此，如何协调好网络直销商和物流服务商之间的利益冲突，实现网购供应链中库存与运输的整合优化是本章研究的重点。

对此问题的研究，目前国内外学者尚未做系统研究，仅从两个视角出发。其一是双渠道供应链的协调问题研究。例如，通过对双渠道供应链中的价格竞争进行博弈分析发现，制造商开拓电子直销渠道能够使自身利润增加；另外，也有学者在研究双渠道供应链中的渠道冲突与协调问题时发现，通过对制造商电子直销渠道价格进行一定的调整，可以使供应链成员在双渠道中都受益；有的学者认为制造商可以通过设置适当的批发价格协调电子直销渠道与传统分销渠道的冲突，但也有学者认为当品牌竞争与渠道争夺同时存在时，批发价格对双渠道供应链起不到协调作用，而适当的动态定价策略能协调双渠道供应链，并使博弈各方受益；在服务-价格敏感需求条件下，一些学者研究了双渠道供应链中两种协调方式，即上下游节点之间的协调以及传统分销渠道与电子直销渠道之间的协调；通过对传统分销渠道的价格与电子直销渠道的价格的调整，利用算例仿真探讨了如何协调双渠道供应链的问题，指出通过价格折扣契约可以有效地改善双渠道供应链的绩效；研究双渠道供应链中两种协调方式的过程中，构建了能够实现双渠道供应链协调的收益共享契约，给出了实现双渠道供应链协调时的契约参数取值；另外，一些国外学者研究了供应链中关于间接材料节约共享的合同问题；也有国外学者研究了供应链共享节约合同中的线性合同和双重道德问题，但是对物流提供商和客户企业之间的协调问题研究不足；关于运用模型进行的研究也有很多，例如，在运用动态博弈模型分析常见物流合同的基础上，设计了一种可以形成一种有效的内在激励机制的共享节约合同，可以激励双方共同努力节约物流成本；以改良品供应链为研究对象，采用数量折扣作为激励机制，研究了由一个供应商和一个零售商构成的改良品二级供应链在批量对批量供应模式假设下的协调问题，研究发现，基于数量折扣的改良品供应链协调策略有效地实现了改良品供应链的协调；以数量折扣契约下的协调供应链为研究框架，研究存在零售商退出风险时传统数量折扣契约的供应链运作，并构建改进契约下的供应链协调模型，研究发现，零售商退出风险对供应链运作可能造成巨大的冲击，同时也发现，虽然数量折扣契约在冲击下不能协调运作，但运作效率非常高。其二是供应链库存与运输量和量和优化的问题研究。有国外学者研究了 Albert Heijn 超市供应链库存与运输整合优化问题，他们的研究假设由零售商即超市拥有供应链网络，并通过对 Albert Heijn 超市的实际情况分析，证明了把库存成本和运输成本整合到一个系统中进行最小化，可以让企业取得很大的竞争优势；也有学者研究了一对多配送系统中，多产品无限周期库存与运输整合优化问题，并分析了直接配送策略的绩效影响；基于对冲和随机需求的库存与运输整合优化模型，研究有限运输能力和时间约束下的多产品、多周期补货策略问题；采用讨价还价框架研究零售商和供应商 ITIO 利润分配问题等。

上述关于本章问题的研究梳理很少涉及网购供应链中网络直销商和物流服务商之间的协调问题，因此本章拟用节约共享合同研究网购供应链中的协调机制问题。另外，上述研究所达到的优化只是单方面的优化，而并非整个系统的优化。与上述研究相比，本章的研究主要有两个特点：首先，本章将共享节约契约应用于网络直销商和物流服务商所组成的网购供应链中，在寻求网购供应链协调时，也伺机解决供应链内库存与运输的整合优化问题；其次，不仅分析了共享节约契约对网络直销商和物流服务商努力效用水平的促进作用，同时还考虑了各博弈方在网购供应链中产品的最优定价策略，实用性更强，对指导网购供应链成员之间的契约制定具有更好的参考价值。

5.1.2 模型描述

本节研究由一个网络直销商和一个物流服务商构成的网购供应链的 ITIO 问题。假定网络供应链中各参与方均为风险中性和有限理性，即双方均以利润最大化为决策目标，且网络直销商处于市场主导地位，其面临的市场需求曲线与价格具有一定的相关关系。本节采用价格敏感需求的线性函数来表示其市场需求与价格之间的关系。基于双方共同努力达到节约物流费用的目的，网络直销商可以依据达成的物流合同对物流服务商进行转移支付。

假定 1：网络直销商可以根据市场需求变化及时调整自身提供产品的能力，

网络直销商面临的市场需求函数为 $D=\varepsilon-\epsilon p$，且系数 ε，$\epsilon>0$，$p\geqslant 0$。

假定 2：网络直销商的单位产品成本为 c_{d}，物流服务商的单位产品物流服务成本为 c_{m}，物流服务商具有提供单位产品物流服务价格的决策权，p_{d} 是其向网络直销商单位产品的报价，且 $p_{\mathrm{d}}>c_{\mathrm{m}}$，物流服务商为获得固定收益 r_{f} 而付出的固定成本 c_1 属于私人信息，其他信息是共同知识。

假定 3：网络直销商和物流服务商均了解双方的共同努力协作可以降低物流成本。为了达到这一目的，z_1，z_2 分别表示双方的努力程度，其中 z_1，$z_2\in[0,1]$。双方共同努力节约的单位物流费用为 $\Delta c_{\mathrm{m}}(z_1,z_2)$，其在 $[0,1]\times[0,1]$ 上是连续、二阶可微的，并满足以下条件：① $\Delta c_{\mathrm{m}}(0,z_2)=\Delta c_{\mathrm{d}}(z_1,0)=0$，该式表示如果任何一方选择不付出努力，则另一方无论怎样努力都不可能降低物流费用，换句话说，只有双方共同努力协作才能节约物流成本；② $\partial\Delta c_{\mathrm{m}}(z_1,z_2)/\partial z_1>0$，$\partial\Delta c_{\mathrm{m}}(z_1,z_2)/\partial z_2>0$，该一阶偏导的经济意义是，节约的物流费用会随着物流服务商、网络直销商努力程度的递增而递增；③ $\partial^2\Delta c_{\mathrm{m}}(z_1,z_2)/\partial^2 z_1^2<0$，$\partial^2\Delta c_{\mathrm{m}}(z_1,z_2)/\partial^2 z_2^2<0$，表示物流费用的节约速度与努力程度呈负相关关系，即物流费用的节约速度随着努力程度 z_1,z_2 的递增而递减，即节约的边际收益处于递减趋势；④ $\Delta c_{\mathrm{m}}(z_1,z_2)\in[0,z_2)$，即物流服务商的单位物流服务成本是双方共同努力节约的物流费用的上限。

假定 4：网络直销商和物流服务商由于努力而需要付出的成本分别为 $c_{\mathrm{d}}(z_1)$、$c_{\mathrm{m}}(z_2)$，其中 $c_{\mathrm{d}}(z_1)$，$c_{\mathrm{m}}(z_2)\in[0,+\infty)$，$c_{\mathrm{d}}(z_1)$、$c_{\mathrm{m}}(z_2)$ 满足以下条件：① $c_{\mathrm{d}}(0)=c_{\mathrm{m}}(0)=0$，表示物流服务商、网络直销商在不努力的情况下，是不会带来任何成本的；② $\lim\limits_{z_1\to 1}c_{\mathrm{d}}(z_1)=+\infty$，$\lim\limits_{z_2\to 1}c_{\mathrm{m}}(z_2)=+\infty$，表示任何一方付出的努力程度越接近于 1，其付出的成本越大；③ $\mathrm{d}c_{\mathrm{d}}(z_1)/\mathrm{d}z_1>0$，$\mathrm{d}c_{\mathrm{m}}(z_2)/\mathrm{d}z_2>0$，表示物流服务商、网络直销商付出的努力成本随着自身努力程度的增加而增加；④ $\mathrm{d}^2c_{\mathrm{d}}(z_1)/\mathrm{d}^2z_1^2>0$，$\mathrm{d}^2c_{\mathrm{m}}(z_2)/\mathrm{d}^2z_2^2>0$，表示物流服务商、网络直销商付出的代价随着努力程度的递增而加速递增。

假定 5：p，c_{d}，c_{m}，c_1 是外生变量，p_{d}，r_{f}，z_1，z_2 是内生变量，且满足 $p\geqslant c_{\mathrm{d}}+p_{\mathrm{d}}>0$，$c_{\mathrm{d}}>0$，$r_{\mathrm{f}}\geqslant c_1\geqslant 0$。

5.1.3　常见的物流合同模型

1. 常见的物流外包合同

在常见的物流外包合同下，网络直销商对物流服务商的转移支付表示如下：

$$T(r_{\mathrm{f}},p_{\mathrm{d}},D)=r_{\mathrm{f}}+p_{\mathrm{d}}D \tag{5.1}$$

其中，网络直销商支付给物流服务商的部分固定物流费用 r_{f} 不会随着其需求量 D 的变动而发生变动。

网络直销商、物流服务商和系统整体的利润函数分别表示为

$$\pi_{\mathrm{d}}(p,z_1,z_2)=\left[p-c_{\mathrm{d}}-p_{\mathrm{d}}+\Delta c_{\mathrm{m}}(z_1,z_2)\right](\varepsilon-\epsilon p)-r_{\mathrm{f}}-c_{\mathrm{d}}(z_1) \tag{5.2}$$

$$\pi_{\mathrm{m}}(p_{\mathrm{d}},z_1,z_2)=(p_{\mathrm{d}}-c_{\mathrm{m}})D-c_{\mathrm{m}}(z_2)+r_{\mathrm{f}}-c_1 \tag{5.3}$$

$$\pi_{\mathrm{t}}(p,z_1,z_2)=\left[p+\Delta c_{\mathrm{m}}(z_1,z_2)-(c_{\mathrm{d}}+c_{\mathrm{m}})\right](\varepsilon-\epsilon p)-\left[c_1+c_{\mathrm{d}}(z_1)+c_{\mathrm{m}}(z_2)\right] \tag{5.4}$$

1）双方的博弈分析

物流服务商和网络直销商均作为独立的利益体，双方均会以自身利益最大化为目标进行决策。双方博弈的分析如下：首先，物流服务商和网络直销商通过协商确定固定的物流费用，并选择各自的努力程度；其次，物流服务商确定自身单位产品的物流服务价格；然后，网络直销商会对物流服务商给出的单位产品物流服务价格是否合理做出判断，并选择是否接受，若接受，即表明双方达成协议，在销售季节之前，网络直销商根据合同参数和市场的需求状况决定存货的数量，销售季节来临时，需求发生；最后，根据达成的物流合同，网络直销商对物流服务商进行转移支付。若拒绝，则博弈结束。

求解过程采用逆向归纳法，如下。

给定 z_1，z_2，p_{d} 不变，在博弈的第三阶段，网络直销商的最大利润为

$$\max_{p\geqslant 0}\pi_{\mathrm{d}}(p,z_1,z_2)=\left[p-c_{\mathrm{d}}-p_{\mathrm{d}}+\Delta c_{\mathrm{m}}(z_1,z_2)\right](\varepsilon-\epsilon p)-r_{\mathrm{f}}-c_{\mathrm{d}}(z_1) \tag{5.5}$$

对式（5.5）求 p 的二阶偏导数，可得

$$\partial^2\pi_{\mathrm{d}}/\partial p^2=-2\epsilon \tag{5.6}$$

已知 $\epsilon>0$，所以式（5.6）小于 0，故 $\pi_{\mathrm{d}}(p,z_1,z_2)$ 为 p 的凸函数，即表明在 p 的取值范围内有唯一的最优解，故令式（5.5）关于 p 的一阶函数为零，在常见物流合同下，网络直销商的市场最优定价为

$$p_{\mathrm{d}}^*=\{\varepsilon+\epsilon[c_{\mathrm{d}}+p_{\mathrm{d}}-\Delta c_{\mathrm{m}}(z_1,z_2)]\}/2\epsilon \tag{5.7}$$

由此可得出，网络直销商的最佳库存量 q^* 为

$$q^*=\varepsilon-\epsilon p_{\mathrm{d}}^* \tag{5.8}$$

给定 z_1,z_2,p 不变，在博弈的第二阶段，物流服务商的最大利润表示为

$$\max_{p_{\mathrm{d}}\geqslant 0}\pi_{\mathrm{m}}(p_{\mathrm{d}},z_1,z_2)=(p_{\mathrm{d}}-c_{\mathrm{m}})(\varepsilon-\epsilon p)-c_{\mathrm{m}}(z_2)+r_{\mathrm{f}}-c_1 \tag{5.9}$$

由式（5.9）可知，在给定 z_1,z_2,p 不变的情况下，$\pi_{\mathrm{m}}(p_{\mathrm{d}},z_1,z_2)$ 是 p_{d} 的增函数，另外，从式（5.7）和式（5.8）的分析中可知，网络直销商的存货量 q 又是 p_{d} 的减函数，即网络直销商的最优决策的库存量会随着物流服务商的服务价格的提高而减少，必然导致物流服务商的业务量缩减，继而营业利润减少，故物流服务商需要全方位地权衡单位商品的服务价格。另外，由于激烈的物流市场竞争，网络直销商在网购供应链渠道中占据着主导地位。为了获得丰厚的经济利润，物流服务商的单位产品物流服务价格一般需要满足 $p_{\mathrm{d}}>c_{\mathrm{m}}$；考虑到网络直销商的接受能

力，须满足 $p_d < p - c_d$。因此，若双方能促成协议，单位产品的物流服务价格须满足 $p_d \in (c_m, p - c_d + \Delta c_m(z_1, z_2))$。

给定 p, p_d, z_1 不变，在博弈的第一阶段中，物流服务商努力的最大化利润为

$$\max_{z_2 \in [0,1]} \pi_m(p_d, z_1, z_2) = (p_d - c_m)(\varepsilon - \epsilon p) - c_m(z_2) + r_f - c_1 \tag{5.10}$$

对式（5.10）求 z_2 的一阶偏导数，可得

$$\partial \pi_m(p_d, z_1, z_2) / \partial z_2 = -\mathrm{d}c_m(z_2) / \mathrm{d}z_2 < 0 \tag{5.11}$$

式（5.11）表明物流服务商努力获得的边际收益为负。在常见的物流合同下，由于网络直销商独享全部节约收益，物流服务商努力但却不能获得任何好处，其最优选择是 $z_{21}^* = 0$。

给定 p_d, p, z_2 不变的情况下，网络直销商努力的最大化利润为

$$\max_{z_1 \in [0,1]} \pi_d(p, z_1, z_2) = \left[p - c_d - p_d + \Delta c_m(z_1, z_2)\right](\varepsilon - \epsilon p) - r_f - c_d(z_1) \tag{5.12}$$

对式（5.12）求 z_1 的二阶偏导数，可得

$$\partial^2 \pi_d(p, z_1, z_2) / \partial {z_1}^2 = D\partial^2 \Delta c_m(z_1, z_2) / \partial z_1^2 - \partial^2 c_d(z_1) / \partial z_1^2 \tag{5.13}$$

由假定可知 $\partial^2 \Delta c_m(z_1, z_2) / \partial z_1^2 < 0$，$\partial^2 c_d(z_1) / \partial z_1^2 > 0$，则式（5.13）小于零，由此可知，$\pi_d(p, z_1, z_2)$ 是 z_1 的凸函数，在 $z_1 \in [0,1]$ 上有唯一的最优解 z_{11}，其一阶最优条件满足：

$$D\partial \Delta c_m(z_1, z_2) / \partial z_1 = \mathrm{d}c_d(z_1) / \mathrm{d}z_1 > 0 \tag{5.14}$$

由此可以得出，$z_{11} > 0$，在不考虑物流服务商努力的情况下，网络直销商会选择付出努力获得物流成本的节约。但是，由于 $\Delta c_m(z_1, 0) = 0$，即在物流服务商不付出任何努力的条件下，无论网络直销商如何努力都不能达到节约物流成本的目的。另外，由于网络直销商是理性的，因此其最优的选择必然是 $z_{11}^* = 0$。

因此，在常见的物流合同下，努力博弈的纳什均衡为（$z_{11}^* = 0, z_{21}^* = 0$）。

那么，若双方能达成协议，网络直销商、物流服务商以及系统整体的最优利润函数分别为

$$\pi_d(p^*, z_{11}^*, z_{21}^*) = (p^* - c_d - p_d)(\varepsilon - \epsilon p^*) - r_f \tag{5.15}$$

$$\pi_m(p_d, z_{11}^*, z_{21}^*) = (p_d - c_m)D + r_f - c_1 \tag{5.16}$$

$$\pi_t(p^*, z_{11}^*, z_{21}^*) = \left[p^* - (c_d + c_m)\right](\varepsilon - \epsilon p^*) - c_1 \tag{5.17}$$

2）集中式决策模型

集中式决策模型是指将网络直销商和物流服务商看成一个系统，从系统的角度进行决策。在集中式决策模型下，系统的目标是利润最大化，则表示如下：

$$\begin{aligned}\max_{z_1 \in [0,1], p > 0} \pi_t(p, z_1, z_2) = &\left[p + \Delta c_m(z_1, z_2) - (c_d + c_m)\right](\varepsilon - \epsilon p) \\ &- \left[c_1 + c_d(z_1) + c_m(z_2)\right]\end{aligned} \tag{5.18}$$

给定 z_1,z_2 不变，对式（5.18）中的 p 求二阶偏导数，可得

$$\partial^2\pi_t(p,z_1,z_2)/\partial p^2=-2\epsilon \tag{5.19}$$

由式（5.19）可知，二阶偏导小于零，所以 $\pi_t(p,z_1,z_2)$ 是 p 的凸函数，在其取值范围内具有唯一的最优解 p_{cd}^*，其一阶最优条件满足：

$$\partial\pi_t(p,z_1,z_2)/\partial p=\varepsilon-2\epsilon p-\epsilon\left[\Delta c_d(z_1,z_2)-(c_d+c_m)\right] \tag{5.20}$$

由式（5.20）可知，$\partial\pi_t(p,z_1,z_2)/\partial p$ 是关于 p 的单调递减函数，因此，在集中式决策模型下，网络直销商的最优定价为

$$p_{cd}^*=\left\{\varepsilon-\epsilon\left[\Delta c_d(z_1,z_2)-(c_d+c_m)\right]\right\}/2\epsilon \tag{5.21}$$

此时，网络直销商的最优存货量为

$$D^*=\varepsilon-\epsilon p_{cd}^* \tag{5.22}$$

给定 p,z_1 不变，对式（5.18）中的 z_2 求二阶偏导数，可得

$$\partial^2\pi_t(p,z_1,z_2)/\partial z_2^2=(\varepsilon-\epsilon p)\partial^2 c_m(z_1,z_2)/\partial z_2^2-\partial^2 c_m(z_2)/\partial z_2^2 \tag{5.23}$$

由假定可知 $\partial^2 c_m(z_1,z_2)/\partial z_2^2<0$，$\partial^2 c_m(z_2)/\partial z_2^2>0$，故式（5.23）小于零，由此可知，$\partial^2\pi_t(p,z_1,z_2)/\partial z_2^2$ 是 z_2 的凸函数，在 $z_2\in[0,1]$ 具有唯一的最优解 z_{22}^*，其一阶最优条件满足：

$$(\varepsilon-\epsilon p)\partial\Delta c_m(z_1,z_2)/\partial z_2=\mathrm{d}c_m(z_2)/\mathrm{d}z_2>0 \tag{5.24}$$

同样，给定 p,x_2 不变，对式（5.18）中的 z_1 求二阶偏导数，可得

$$\partial^2\pi_t(p,z_1,z_2)/\partial z_1^2=(\varepsilon-\epsilon p)\partial^2 c_m(z_1,z_2)/\partial z_1^2-\partial^2 c_d(z_1)/\partial z_1^2 \tag{5.25}$$

由假定可知 $\partial^2 c_m(z_1,z_2)/\partial z_1^2<0$，$\partial^2 c_d(z_1)/\partial z_1^2>0$，故式（5.25）小于零，由此可知，$\partial^2\pi_t(p,z_1,z_2)/\partial z_1^2$ 是 z_1 的凸函数，在 $z_1\in[0,1]$ 具有唯一的最优解 z_{12}^*，其一阶最优条件满足：

$$(\varepsilon-\epsilon p)\partial\Delta c_m(z_1,z_2)/\partial z_1=\mathrm{d}c_d(z_1)/\mathrm{d}z_1>0 \tag{5.26}$$

式（5.14）和式（5.26）比较可知：$z_{11}^*=z_{12}^*>0$，表明在常见的物流合同下，由于网络直销商独享了全部节约收益，其努力的意愿和内在动力与在集中式决策模型下的结果相同。但是，这种强烈的意愿和内在动力能否转化成实际的努力行动，达到节约物流成本的目的，仍取决于物流服务商是否愿意付出努力进行协作。显然，在常见的物流合同下，物流服务商由于不能得到任何节约收益而不愿付出努力节约物流成本。

在集中式决策模型下，系统的最优利润为

$$\begin{aligned}\pi_t(p_{cd}^*,z_{12}^*,z_{22}^*)=&\left[p_{cd}^*+\Delta c_m(z_{12}^*,z_{22}^*)-(c_d+c_m)\right](\varepsilon-\epsilon p_{cd}^*)\\&-\left[c_1+c_d(z_{12}^*)+c_m(z_{22}^*)\right]\end{aligned} \tag{5.27}$$

命题 5.1 $z_{22}^*>z_{21}^*=0$，$z_{12}^*>z_{11}^*=0$，$p_{cd}^*>p^*$，$\pi_t(p_{cd}^*,z_{12}^*,z_{22}^*)>\pi_t(p^*,z_{11}^*,z_{21}^*)$。

证明 由式（5.24）和式（5.26）可知，$z_{22}^*>z_{21}^*=0$，$z_{12}^*>z_{11}^*=0$。

在常见物流合同下，若达到均衡状态，式（5.7）转化为

$$p^* = \{\varepsilon + \epsilon[c_d + p_d - \Delta c_m(z_{11}^*, z_{21}^*)]\} / 2\epsilon \qquad (5.28)$$

在集中式决策模型下，达到最优状态时，式（5.21）转化为

$$p_{cd}^* = \left\{\varepsilon - \epsilon\left[\Delta c_m(z_{12}^*, z_{22}^*) - (c_d + c_m)\right]\right\} / 2\epsilon \qquad (5.29)$$

对于 $\forall z_2 \in [0,1]$，存在 $\Delta c_m(0, z_2) = 0$，可得 $\Delta c_m(z_{11}^* = 0, z_{21}^*) = 0$，给定 $\forall z_2 \in [0,1]$ 不变，由假定 $\partial \Delta c_m(z_1, z_2) / \partial z_1 > 0$，可知 $\Delta c_m(z_{12}^*, z_{22}^*) > \Delta c_m(z_{11}^* = 0, z_{22}^*) = 0$，由于物流服务商是理性的，为了获取可观的利润，其物流服务的报价必然会高于其成本，即 $p_d > c_d$，进而可推导出 $p_d - \Delta c_m(z_{11}^*, z_{12}^*) > c_m - \Delta c_m(z_{12}^*, z_{22}^*)$，因此，比较式（5.28）和式（5.29）得 $p_{cd}^* < p^*$，同时可得 $D^* > D$。

给定 $\forall z_1, z_2$ 不变，$\pi_t(p, z_1, z_2)$ 是 p 的凸函数，p 在 $[0, +\infty)$ 内有唯一的最优解 p_{cd}^*，则 $\pi_t(p, z_1, z_2)$ 在 $p \in [0, p_{cd}^*)$ 单调递增。又由于 $p_{cd}^* > p^*$，可以推出，$\pi_t(p_{cd}^*, z_{12}^*, z_{22}^*) > \pi_t(p^*, z_{12}^*, z_{22}^*)$。又有给定 p, z_2 不变，$\pi_t(p, z_1, z_2)$ 是 z_1 的凸函数，在 $z_1 \in [0,1]$ 中具有唯一的最优解 z_{12}^*，则 $\pi_t(p, z_1, z_2)$ 在 $z_1 \in [0, z_{12}^*]$ 单调递增。由于 $z_{21}^* > z_{22}^* = 0$，可以得出 $\pi_t(p^*, z_{11}^*, z_{22}^*) > \pi_t(p^*, z_{11}^*, z_{21}^*)$，所以 $\pi_t(p_{cd}^*, z_{12}^*, z_{22}^*) > \pi_t(p^*, z_{11}^*, z_{21}^*)$。

在集中式决策模型下，网络直销商和物流服务商的努力程度、网络直销商的最优存货决策量以及系统的利润都会优于其在常见物流合同下的情况。

2. 共享节约模型

1）共享节约合同描述

为了促使物流服务商共同努力以节约物流成本，网络直销商愿意与物流服务商分享节约带来的收益。假定物流服务商分享节约物流费用的比例为 $1-\phi$。此时，网络直销商对物流服务商的转移支付为

$$T_d(r_f, p_d, \phi, d) = [p_d + (1-\phi)\Delta c_m(z_1, z_2)]D + r_f \qquad (5.30)$$

若 $\phi = 0$，则表示物流服务商会单独享有节约的物流费用，显然，网络直销商不会付出任何努力，也不会达到降低物流费用的目的；反之，若 $\phi = 1$，则表示网络直销商会侵占节约的全部物流费用，此时，物流服务商将不会付出任何努力，同样也会造成不能达到节约物流成本的目的。上述两种情况下，共享节约合同都会退化为常见的物流合同。因此，为了激励双方共同努力达到节约物流费用的目的，必须满足 $0 < \phi < 1$。

在共享节约合同下，网络直销商、物流服务商的期望利润分别为

$$\pi_d(p, z_1, z_2) = \left[p - c_d - p_d + \phi \Delta c_m(z_1, z_2)\right](\varepsilon - \epsilon p) - r_f - c_d(z_1) \qquad (5.31)$$

$$\pi_m(p_d, z_1, z_2) = \left[p_d - c_m + (1-\phi)\Delta c_m(z_1, z_2)\right](\varepsilon - \epsilon p) - c_m(z_2) + r_f - c_1 \qquad (5.32)$$

式（5.31）和式（5.32）是共享节约合同。当任何一方不努力时，共享节约合

同就会退化成常见的物流合同，如式（5.2）和式（5.3）。

2）双方的博弈分析

双方的博弈分析如下：首先，双方通过协商确定部分的固定物流费用和各自分享节约的物流费用的比例，之后，双方会依据这一比例选择各自的努力程度，从而确定节约的物流费用；其次，物流服务商给出确定的单位产品物流服务的价格；再次，根据给定的单位产品物流服务价格，网络直销商判断其价格是否合理，从而选择是否接受，若接受，双方达成协议，在销售季节前，根据合同参数和市场的需求状况，客户企业决定存货的数量，销售季节来临，需求发生；最后，网络直销商根据达成的物流合同对物流服务商进行转移支付。若拒绝，则博弈结束。

求解采用逆向归纳法，过程如下。

给定 z_1, z_2, p_d 不变，在博弈的第三阶段，网络直销商的最大化利润为

$$\max_{p>0} \pi_d(p, z_1, z_2) = \left[p - c_d - p_d + \phi\Delta c_m(z_1, z_2)\right](\varepsilon - \epsilon p) - r_f - c_d(z_1) \tag{5.33}$$

对式（5.33）中的 p 求二阶偏导数，可得

$$\partial^2 \pi_d(p, z_1, z_2) / \partial p^2 = -2\epsilon \tag{5.34}$$

由式（5.34）小于零可知，$\pi_d(p, z_1, z_2)$ 是 p 的凸函数，在 $p \in [0, +\infty)$ 上有唯一最优解，其一阶条件满足：

$$\partial \pi_d(p, z_1, z_2) / \partial p = \varepsilon - 2\epsilon p + \epsilon\left[p_d + c_d - \phi\Delta c_m(z_1, z_2)\right] = 0 \tag{5.35}$$

由式（5.35）可以看出，$\partial \pi_d(p, z_1, z_2) / \partial p$ 是关于 p 的递减函数，由此可得，在共享节约合同下网络直销商的最优定价为

$$p_{cm}^* = \left\{\varepsilon + \epsilon\left[p_d + c_d - \phi\Delta c_m(z_1, z_2)\right]\right\} / 2\epsilon \tag{5.36}$$

由此，进一步得到在共享节约合同下网络直销商的最优存货量为

$$D_d^* = \varepsilon - \epsilon p_{cm}^* \tag{5.37}$$

给定 z_1, z, p 不变，在博弈的第二阶段，物流服务商的最大化利润为

$$\max_{p_d>0} \pi_m(p_d, z_1, z_2) = \left[p_d - c_m + (1-\phi)\Delta c_m(z_1, z_2)\right](\varepsilon - \epsilon p) - c_m(z_2) + r_f - c_1 \tag{5.38}$$

由式（5.38）易知，在给定 z_1, z_2, p 不变的情况下，$\pi_m(p_d, z_1, z_2)$ 是 p_d 的增函数，另外，由式（5.36）和式（5.37）可以看出，D_d^* 是 p_d 的减函数，即物流服务商单位产品物流服务价格会随着网络直销商的最优存货决策量的减少而得到提高，这会导致物流服务商物流业务量的减少。因此，网络直销商应该权衡单位产品的物流服务价格。另外，加之物流市场的竞争比较激烈，物流服务商在网络供应链渠道中占据主导地位。所以为了获得可观的经济利润，物流服务商的单位产品物流服务价格一般会满足 $p_d > c_m - (1-\phi)\Delta c_m(z_1, z_2)$，考虑到网络直销商的接受能力，必须满足 $p_d < p - c_d + \phi\Delta c_m(z_1, z_2)$，因此，若双方能促成协议，物

流服务价格须满足 $p_d \in (c_m-(1-\phi)\Delta c_m(z_1,z_2), p-c_d+\phi\Delta c_m(z_1,z_2))$。

给定 p, p_d, z_2 不变的情况下，在博弈的第一阶段，网络直销商努力的最大化利润为

$$\max_{z_1\in[0,1]} \pi_d(p,z_1,z_2)=\left[p-c_d-p_d+\phi\Delta c_m(z_1,z_2)\right](\varepsilon-\epsilon p)-r_f-c_d(z_1) \quad (5.39)$$

对式（5.39）中的 z_1 求二阶偏导数，可得

$$\partial^2\pi_d(p,z_1,z_2)/\partial z_1^2=\phi(\varepsilon-\epsilon p)\partial^2\Delta c_m(z_1,z_2)/\partial z_1^2-\mathrm{d}^2c_d(z_1)/\mathrm{d}z_1^2 \quad (5.40)$$

由假定可知，$\partial^2\Delta c_m(z_1,z_2)/\partial z_1^2<0$，$\mathrm{d}^2c_d(z_1)/\mathrm{d}z_1^2>0$，又有 $0<\phi<1$，所以式（5.40）小于零，由此可得 $\pi_d(p,z_1,z_2)$ 是 z_1 的凸函数，在 $z_1\in[0,1]$ 上具有唯一最优解 z_{13}^*，其一阶最优条件满足：

$$\phi(\varepsilon-\epsilon p)\partial\Delta c_m(z_1,z_2)/\partial z_1=\mathrm{d}c_d(z_1)/\mathrm{d}z_1>0 \quad (5.41)$$

式（5.41）的左边表示网络直销商努力所获得的边际收益，右边表示其努力所付出的边际成本。

同样地，给定 p, p_d, z_1 不变，物流服务商努力的目标是利润最大化，表示如下：

$$\max_{z_2\in[0,1]} \pi_m(p_d,z_1,z_2)=\left[p_d-c_m+(1-\phi)\Delta c_m(z_1,z_2)\right](\varepsilon-\epsilon p)-c_m(z_2)+r_f-c_1 \quad (5.42)$$

对式（5.42）中的 z_2 求二阶偏导数，可得

$$\partial^2\pi_m(p_d,z_1,z_2)/\partial z_2^2=(1-\phi)(\varepsilon-\epsilon p)\partial^2\Delta c_m(z_1,z_2)/\partial z_2^2-\mathrm{d}^2c_m(z_2)/\mathrm{d}z_2^2 \quad (5.43)$$

由假定可知：$\partial^2\Delta c_m(z_1,z_2)/\partial z_2^2<0$，$\mathrm{d}^2c_m(z_2)/\mathrm{d}z_2^2>0$，$0<\phi<1$，可知式（5.43）小于零，由此可得出 $\pi_m(p_d,z_1,z_2)$ 是 z_2 的凸函数，z_2 在[0,1]具有唯一最优解 z_{23}^*，其一阶最优条件满足：

$$(1-\phi)(\varepsilon-\epsilon p)\partial\Delta c_m(z_1,z_2)/\partial z_2=\mathrm{d}c_m(z_2)/\mathrm{d}z_2>0 \quad (5.44)$$

式（5.44）的左边表示物流服务商努力所获得的边际收益，右边表示其努力所付出的边际成本。

由此可得，努力博弈的纳什均衡为 (z_{13}^*, z_{23}^*)，在共享节约合同契约的约束下，网络直销商和物流服务商任何一方都不愿意偏离其最优的努力水平，且满足：

$$\phi(\varepsilon-\epsilon p)\partial\Delta c_m(z_{13}^*,z_{23}^*)/\partial z_{13}^*=\mathrm{d}c_d(z_{13}^*)/\mathrm{d}z_{13}^*>0 \quad (5.45)$$

$$(1-\phi)(\varepsilon-\epsilon p)\partial\Delta c_m(z_{13}^*,z_{23}^*)/\partial z_{23}^*=\mathrm{d}c_m(z_{23}^*)/\mathrm{d}z_{23}^*>0 \quad (5.46)$$

如果双方能促成协议，网络直销商、物流服务商和系统的最优利润分别为

$$\pi_d(p_{cm}^*,z_{13}^*,z_{23}^*)=\left[p_{cm}^*-c_d-p_d+\phi\Delta c_m(z_{13}^*,z_{23}^*)\right](\varepsilon-\epsilon p)-r_f-c_d(z_{13}^*) \quad (5.47)$$

$$\pi_m(p_d,z_{13}^*,z_{23}^*)=\left[p_d-c_m+(1-\phi)\Delta c_m(z_{13}^*,z_{23}^*)\right](\varepsilon-\epsilon p)-c_m(z_{23}^*)+r_f-c_1 \quad (5.48)$$

$$\pi_t(p_{cm}^*,z_{13}^*,z_{23}^*)=\left[p_{cm}^*+\Delta c_m(z_{13}^*,z_{23}^*)-(c_d+c_m)\right](\varepsilon-\epsilon p_{cm}^*)-\left[c_1+c_d(z_{13}^*)+c_m(z_{23}^*)\right] \quad (5.49)$$

命题 5.2 $\pi_{\rm d}(p_{\rm cm}^*, z_{13}^*, z_{23}^*) > \pi_{\rm d}(p^*, z_{11}^*, z_{21}^*), \pi_{\rm m}(p_{\rm d}, z_{13}^*, z_{23}^*) > \pi_{\rm m}(p_{\rm d}, z_{11}^*, z_{21}^*)$。

证明 给定$\forall z_1, z_2$不变，由于$\pi_{\rm d}(p, z_1, z_2)$是p的凸函数，在其定义域内有唯一最优解$p_{\rm cm}^*$，可知$\pi_{\rm d}(p, z_1, z_2)$在$p \in [0, p_{\rm cm}^*]$上单调递增，又$p_{\rm cm}^* > p^*$，由此可得$\pi_{\rm d}(p_{\rm cm}^*, z_{13}^*, z_{23}^*) > \pi_{\rm d}(p^*, z_{13}^*, z_{23}^*)$。给定$\forall p, z_2$不变，由于$\pi_{\rm d}(p, z_1, z_2)$是$z_1$的凸函数，在$z_1 \in [0,1]$有唯一最优解$z_{13}^*$，可知$\pi_{\rm d}(p, z_1, z_2)$在$z_1 \in [0, z_{13}^*]$上单调递增，又$z_{13}^* > z_{11}^* = 0$，$\pi_{\rm d}(p_{\rm cm}^*, z_{13}^*, z_{23}^*) > \pi_{\rm d}(p^*, z_{11}^*, z_{23}^*)$。另外，给定$\forall p, z_1$不变，由于$\pi_{\rm d}(p, z_1, z_2)$是$z_2$的凸函数，在$z_2 \in [0,1]$有唯一最优解$z_{23}^*$，可知$\pi_{\rm d}(p, z_1, z_2)$在$z_2 \in [0, z_{23}^*]$上单调递增，又$z_{23}^* > z_{21}^* = 0$，可推导出$\pi_{\rm d}(p_{\rm cm}^*, z_{13}^*, z_{23}^*) > \pi_{\rm d}(p^*, z_{13}^*, z_{21}^*)$，故$\pi_{\rm d}(p_{\rm cm}^*, z_{13}^*, z_{23}^*) > \pi_{\rm d}(p^*, z_{11}^*, z_{21}^*)$。

同样地，可得$\pi_{\rm m}(p_{\rm d}, z_{13}^*, z_{23}^*) > \pi_{\rm m}(p_{\rm d}, z_{11}^*, z_{21}^*)$。

相比常见的物流合同，在共享节约合同下，网络直销商与物流服务商的利润都可以得到改善，符合帕累托改进原则，即共享节约合同可以实现双方的共赢。

5.1.4 算例分析

假定某种产品的需求和价格之间存在的函数关系表达式为$D = 150 - 3p$，网络直销商的单位产品成本为$c_{\rm d} = 20$，物流服务商提供单位产品物流服务成本为$c_{\rm m} = 5$，网络直销商支付给物流服务商的固定部分物流费用$r_{\rm f} = 10$，物流服务商获得固定收益而付出的成本$c_1 = 8$，双方共同努力节约的单位物流成本的函数形式为$\Delta c_{\rm m}(z_1, z_2) = 5(-z_2^2 + z_2)(-z_1^2 + 5z_1)$，为了节约物流成本，物流服务商付出的努力成本$c_{\rm m}(z_2) = 5[(1 - z_2)^{-1} - z_2 - 1]$，网络直销商付出的努力成本$c_{\rm d}(z_1) = 5[(1 - z_1)^{-1} - z_1 - 1]$。

在常见物流合同下，双方的努力程度为（$z_1^* = 0, z_2^* = 0$），节约的物流成本$\Delta c_{\rm m}(z_1^*, z_2^*) = 0$，物流服务商提供的物流服务价格$p_{\rm d} = 10$，网络直销商的最优价格$p^* = 40$，最优存货量$q = 30$，网络直销商的利润$\pi_{\rm d} = 290$，物流服务商的利润$\pi_{\rm m} = 152$，系统利润$\pi_{\rm t} = 442$。

相反，在集中式决策模型下，为节约物流成本，双方的努力程度为$z_{11}^* = 0.8$，$z_{21}^* = 0.5$，节约的单位物流成本$\Delta c_{\rm m}(z_{11}^*, z_{21}^*) = 4.2$，网络直销商为此付出的努力成本$c_{\rm d}(z_{11}^*) = 16$，物流服务商为此付出的努力成本$c_{\rm m}(z_{21}^*) = 2.5$，此时网络直销商的最佳市场定价$p_{\rm cd}^* = 35.4$，对应的存货量$q = 43.8$，此时系统的总利润$\pi_{\rm t} = 612.9$。

在共享节约合同下，网络直销商分享单位产品的节约物流费用比例为$\phi = 0.6$，双方付出的努力程度为$z_{13}^* = 0.7, z_{23}^* = 0.4$，节约的单位物流费用成本$\Delta c_{\rm m}(z_{13}^*, z_{23}^*) = 3.612$，网络直销商付出的努力成本$c_{\rm d}(z_{13}^*) = 8$，物流服务商付出的

努力成本 $c_{\mathrm{m}}(z_{23}^{*})=0.3$，此时网络直销商的最佳市场定价 $p_{\mathrm{cd}}^{*}=38.9164$，最佳存货量 $q=33.2508$，网络直销商的利润 $\pi_{\mathrm{d}}=350.5386$，物流服务商的利润 $\pi_{\mathrm{m}}=215.9984$，系统总利润 $\pi_{\mathrm{t}}=566.5333$。相比常见的物流合同，在共享节约合同下，网络直销商和物流服务商把努力程度分别从 0 提高到 0.7 个单位和 0.4 个单位，节约的单位产品的物流成本从 0 增加到 3.612 个单位，网络直销商的最优市场定价下降了 1.0836 个单位，最优存货量提高了 3.2508 个单位，网络直销商和物流服务商的利润分别提高了 60.5386 个单位和 63.9984 个单位，很明显，双方的福利都得到改善，符合帕累托改进原则，系统利润也增加了 124.5333 个单位，效率提高了 28.17%。这表明共享节约合同优于常见的物流合同，可以实现系统的协调。但共享节约合同相较于集中式的决策模式，双方的努力程度分别低 0.1 个单位，节约的单位物流成本减少 0.588 个单位，系统的利润减少 46.4467 个单位。这证明了共享节约合同并不能实现系统的完美协调。

5.2　共享节约契约下的网购供应链 ITIO 演化博弈分析

5.2.1　理论概述

据中国互联网网络信息中心发布的报告显示，截至 2014 年年末，我国网络购物用户规模达到 3.61 亿，其中，网民使用网络购物的比例从 48.9%提升至 55.7%，网购已经成为人们购物消费的主流，是带动经济发展的新动力。影响供应链整体竞争力的主要因素是占据总成本 80%以上的库存与运输管理成本，同时该因素也是供应链成本管理的核心环节。但二者成本之间存在的“效益背反”现象成为其成本管理的难点和重点。所谓的“效益背反”表现为：若网商通过减少运输次数、增加运输批量降低物流成本，就会增加网商产品的在库时间和库存成本；若要降低网商的库存成本，必然在接受网上订单后快速将商品配送到消费者手中，相反，就会导致运输次数增加和运输成本相应增加。因此，本节就网购供应链库存与运输整合优化即将库存控制和运输管理集成到一个系统中的问题进行研究分析，以达到网购供应链整体优化的目的，该目标的实现具有很强的理论和现实意义。

关于网购供应链的国内外研究文献非常少，对于这部分的研究主要集中于：以物流服务发生的时间过程为基础的客户导向的物流服务质量（LSQ）模型，研究了各维度之间的相关性，并比较不同细分市场上各维度在物流服务质量中对客户满意度的影响；以快递公司 USP 为例，探讨了电子商务下物流服务供应商的问题；研究了商对客（B2C）顾客服务生命周期各阶段中最重要的因素；建立并研究网购供应链中网商和快递服务商的竞争和协调等问题分析框架，提出若干值得研究的科学问题，为政府对网购快递行业进行规制提供理论依据；建立了电子商务环境下的网购均衡模型，认为网购供应链网络中包含四级决策主体，综合各级决策者的均衡条件，定义了网购供应链网络系统的整体条件，并给出了经济解释；以购物网站与快递企业组成的供应链为研究对象，分析了网购供应链的结构与特征，并提出目前购物模式存在的若干问题，从供应链横向一体化和纵向一体化两个角度分析双方的合作问题，探讨我国购物网站与快递物流发展转型过程中的双赢之路；以网购供应链为研究对象，建立了网购供应链库存与运输整合优化模型，对整合优化过程中的障碍因素进行了分析，并提出相应的对策和建议。

通过上述文献的梳理可知，对网购供应链的研究主要集中在参与方策略协调方面，而对库存与运输整合优化的研究少之又少。为此，本节引入共享节约契约，建立有限理性条件下的网购供应链 ITIO 演化博弈模型，构建整合优化和不整合优化两种情况下的网商和第三方物流（3PL）的利润函数，求解出各参与方的复制动态方程，并根据 ITIO 策略采用比例的动态变化趋势和稳定性，画出其相位图，最后得出供应链库存与运输整合优化策略的结论。基于共享节约契约的网购供应链结构如图 5.1 所示。

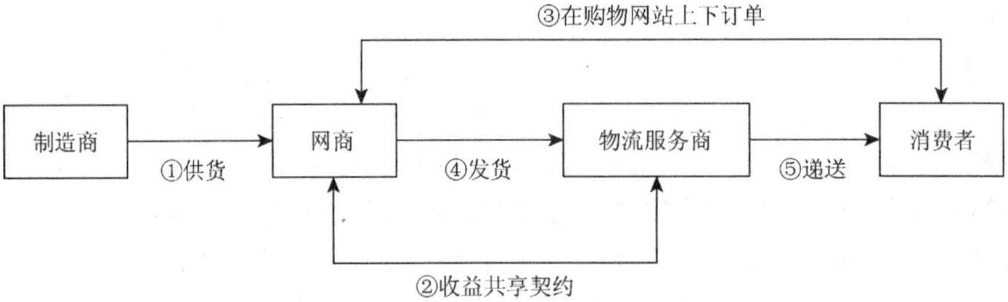

图 5.1　基于共享节约契约的网购供应链结构图

网购供应链各参与方涉及制造商、网商、物流服务商、消费者。网购的业务流程如下：①制造商负责提供商品；②网商与物流服务商之间签订收益共享契约，以实现整体利益最大化；③消费者通过购物平台下订单；④网商收到顾客订单后，进行货物打包并将货物运输外包给物流服务商；⑤物流服务商负责商品运输，消费者签收，并完成支付货款、评价反馈等一系列活动。

5.2.2　基于共享节约契约的库存与运输单独优化模型

本节构建一个由多个网商、多个 3PL 和一个供应商组成的单物品配送系统。其中供应商具有无限生产能力，故网商不存在缺货成本。网商的商品供给数量由消费者的需求决定。由于消费者的需求受到 3PL 服务态度的影响，在此引入服务态度因子 $\delta(t)(0 \leqslant \delta(t) \leqslant 1)$，服务态度因子是运输时间 t 的单调连续减函数，即 3PL 的服务态度随着时间 t 变长而变差。因此，消费者的需求函数为 $D = \delta(t)(\varepsilon - \epsilon p)$。

假定不考虑制造商和网商之间的运输成本，网商仅承担其与消费者之间的运输成本。设定 s 为网商和消费者之间的距离，Q 为配送量，且小于车辆的最大装载容量，记 k_1 为车辆行驶单位距离的运输成本，c 表示每辆车运输时产生的固定运输费用，则 3PL 单位时间的运费可以表示为 $C_1 = \dfrac{D}{Q}(2k_1 s + c)$。网商付给 3PL 的运费与网商和消费者之间的距离成正比，单位距离的费率为 r，则网商支付给 3PL 的运费为 $C_2 = \dfrac{D}{Q} sr$。令 k_2 为网商单位时间单位产品的库存成本，网商库存成本为 $C_3 = \dfrac{k_2 Q}{2}$。为了计算简便，假定网商的每次订货成本为固定成本，即 $T = T_1$。令 v 为单位产品的批发价，则不采取 ITIO 策略时网商的单位时间收入为

$$y_1 = D(p - v) - k_2\frac{Q}{2} - \frac{D}{Q}sr - T_1 = \delta(t)(p - v)(\varepsilon - \epsilon p) - k_2\frac{Q}{2}\frac{\delta(t)(\varepsilon - \epsilon p)}{Q}sr - T_1 \tag{5.50}$$

3PL 单位时间收入为

$$y_2 = \frac{D}{Q}sr - \frac{D}{Q}(c + 2k_1 s) = \frac{\delta(t)(\varepsilon - \epsilon p)}{Q}(sr - c - 2k_1 s) \tag{5.51}$$

在共享节约契约条件下，假设网商和 3PL 协商将网商的 $1 - \theta_1(0.5 < \theta_1 < 1)$ 倍收益给 3PL，并且网商也会得到 3PL 的 $1 - \theta_2(0.5 < \theta_2 < 1)$ 倍收益作为补偿，其中 θ_1、θ_2 分别为网购供应链中网商和 3PL 的契约参数，由此可以得到：

网商的利润为

$$\begin{aligned} R_1 &= (1 - \theta_2) y_2 + \theta_1 y_1 \\ &= \theta_1\left[\delta(t)(p - v)(\varepsilon - \epsilon p) - \frac{\delta(t)(\varepsilon - \epsilon p)}{Q}sr - T_1 - k_2\frac{Q}{2}\right] \\ &\quad + (1 - \theta_2)\frac{\delta(t)(\varepsilon - \epsilon p)}{Q}(sr - c - 2k_1 s) \end{aligned} \tag{5.52}$$

3PL 的利润为

$$\begin{aligned} R_2 &= \theta_2 y_2 + (1 - \theta_1) y_1 \\ &= (1 - \theta_1)\left[\delta(t)(p - v)(\varepsilon - \epsilon p) - \frac{\delta(t)(\varepsilon - \epsilon p)}{Q}sr - T_1 - k_2\frac{Q}{2}\right] \\ &\quad + \theta_2\frac{\delta(t)(\varepsilon - \epsilon p)}{Q}(sr - c - 2k_1 s) \end{aligned} \tag{5.53}$$

对网商的利润函数求 Q 的一阶偏导、二阶偏导：

$$\frac{\partial R_1}{\partial Q}=\theta_1\left[\frac{\delta(t)(\varepsilon-\epsilon p)}{Q^2}sr-\frac{k_2}{2}\right]-(1-\theta_2)\frac{\delta(t)(\varepsilon-\epsilon p)}{Q^2}(sr-c-2k_1s) \tag{5.54}$$

$$\begin{aligned}\frac{\partial^2 R_1}{\partial Q^2}&=2\theta_1\frac{\delta(t)(\epsilon p-\varepsilon)sr}{Q^3}+2(1-\theta_2)\frac{\delta(t)(\varepsilon-\epsilon p)}{Q^3}(sr-c-2k_1s)\\&=2(1-\theta_1-\theta_2)\frac{\delta(t)(\varepsilon-\epsilon p)}{Q^3}sr-2(1-\theta_2)\frac{\delta(t)(\varepsilon-\epsilon p)}{Q^3}(c+2k_1s)\end{aligned} \tag{5.55}$$

根据共享节约契约条件下的假设条件（$0.5<\theta_1<1$、$0.5<\theta_2<1$）得 $\frac{\partial^2 R_1}{\partial Q^2}<0$，则网商利润函数是 Q 的凹函数，存在 Q^* 使得网商利润最大。

$$\frac{\partial R_1}{\partial Q}=\theta_1\left[\frac{\delta(t)(\varepsilon-\epsilon p)}{Q^2}sr-\frac{k_2}{2}\right]-(1-\theta_2)\frac{\delta(t)(\varepsilon-\epsilon p)}{Q^2}(sr-c-2k_1s)=0$$

$$Q^*=\left[\frac{2\theta_1\delta(t)(\varepsilon-\epsilon p)sr-2\delta(t)(1-\theta_2)(\varepsilon-\epsilon p)(sr-c-2k_1s)}{k_2\theta_1}\right]^{\frac{1}{2}} \tag{5.56}$$

将 Q^* 代入网商利润函数 R_1 中，得最大利润 R_1^*。

由于 3PL 的运输数量由网商决定，得

$$Q_1=Q^*=\left[\frac{2\theta_1\delta(t)(\varepsilon-\epsilon p)sr-2\delta(t)(1-\theta_2)(\varepsilon-\epsilon p)(sr-c-2k_1s)}{k_2\theta_1}\right]^{\frac{1}{2}} \tag{5.57}$$

由式（5.56）可知，影响网商的最优配送量及最大利润的因素有 3PL 态度 $\delta(t)$ 和共享节约契约下各方的利益占比 θ_1、θ_2，因此，对 3PL 进行适当的激励，提高其在整体利益中所占百分比是有必要的。

5.2.3 网购供应链库存与运输整合优化模型

由前面假设知：网商和 3PL 整合优化时的单位时间利润为

$$\begin{aligned}R_{\text{ITIO}}&=D(p-v)-k_2\frac{Q}{2}-\frac{D}{Q}(sr+c+2k_1s)-T_1\\&=\delta(t)(p-v)(\varepsilon-\epsilon p)-\frac{\delta(t)(\varepsilon-\epsilon p)}{Q}(sr+c+2k_1s)-k_2\frac{Q}{2}-T_1\end{aligned} \tag{5.58}$$

对目标函数求 Q 的一阶、二阶偏导，得

$$\frac{\partial R_{\text{ITIO}}}{\partial Q}=\frac{\delta(t)(\varepsilon-\epsilon p)}{Q^2}(sr+c+2k_1s)-\frac{k_2}{2} \tag{5.59}$$

$$\frac{\partial^2 R_{\text{ITIO}}}{\partial Q^2}=\frac{2\delta(t)(\epsilon p-\varepsilon)}{Q^3}(sr+c+2k_1s) \tag{5.60}$$

由于 Q 的二阶偏导小于零，整合优化利润函数存在最大值，令式（5.59）等于零可得最优整合配送量 Q_E：

$$Q_{\mathrm{E}}=\left[\frac{2\delta(t)(sr+2k_1s+c)(\varepsilon-\epsilon p)}{k_2}\right]^{\frac{1}{2}} \tag{5.61}$$

将最优整合配送量 Q_{E} 代入式（5.58）可以求得 R_{ITIO}^*。

5.2.4　共享节约契约下网购供应链 ITIO 演化博弈分析

在对库存与运输的抉择分析中，如果双方仅考虑自身利益，则会使其双双陷入“囚徒困境”。因此，自身利益最大化是不可取的，双方应视对方为合作伙伴而非竞争对手，通过整合优化，实现整体最优。由于存在信息的不对称，有限理性的参与者往往需要通过不断博弈，进而寻求理性博弈的均衡策略。

网商和 3PL 在网购供应链中往往都是有限理性的，因此，需要通过重复的博弈过程，使二者不断调整和改进从而得到最优策略。下面采用演化博弈来分析网商和 3PL 动态策略行为。

假定选择整合的网商比例为 α，选择整合的 3PL 比例为 β，则选择不整合的网商比例为 $1-\alpha$，选择不整合的 3PL 比例为 $1-\beta$，同时假定采取整合策略时，网商可获得 ω 比例的利润，3PL 则获得 $1-\omega$ 比例的利润。

由上述假定，可以求出网商的整合优化的期望收益 U_{WE}、不整合的收益 U_{WN} 和群体平均期望收益 $\bar{U}_{\mathrm{W}}$：

$$U_{\mathrm{WE}}=(1-\beta)R_{\mathrm{W}}^*+\beta\omega R_{\mathrm{ITIO}}^* \tag{5.62}$$

$$U_{\mathrm{WN}}=R_{\mathrm{W}}^* \tag{5.63}$$

$$\bar{U}_{\mathrm{W}}=(1-\alpha)R_{\mathrm{W}}^*+\omega[(1-\beta)+R_{\mathrm{W}}^*\beta\omega R_{\mathrm{ITIO}}^*] \tag{5.64}$$

同理可得 3PL 的整合期望收益 U_{LE}、不整合收益 U_{LN} 和群体平均期望收益 $\bar{U}_{\mathrm{L}}$：

$$U_{\mathrm{LE}}=(1-\alpha)R_{\mathrm{L}}+\alpha(1-\omega)R_{\mathrm{ITIO}}^* \tag{5.65}$$

$$U_{\mathrm{LN}}=R_{\mathrm{L}} \tag{5.66}$$

$$\bar{U}_{\mathrm{L}}=(1-\beta)R_{\mathrm{L}}+\beta[(1-\alpha)+R_{\mathrm{L}}\alpha(1-\omega)R_{\mathrm{ITIO}}^*] \tag{5.67}$$

网商整合优化比例的复制动态方程为

$$\frac{\mathrm{d}\alpha}{\mathrm{d}t}=\alpha(U_{\mathrm{WE}}-\bar{U}_{\mathrm{W}})=\alpha\beta(1-\alpha)(\omega R_{\mathrm{ITIO}}^*-R_{\mathrm{W}}^*) \tag{5.68}$$

3PL 整合优化比例的复制动态方程为

$$\frac{\mathrm{d}\beta}{\mathrm{d}t}=\beta(U_{\mathrm{LE}}-\bar{U}_{\mathrm{L}})=\alpha\beta(1-\beta)[(1-\omega)R_{\mathrm{ITIO}}^*-R_{\mathrm{L}}] \tag{5.69}$$

1. 网商复制动态方程分析

由式（5.68）可知，当$\omega=\frac{R_{W}^{*}}{R_{ITIO}^{*}}$或$\beta=0$时，$\frac{d\alpha}{dt}$始终为零，对于所有的$\alpha$都是稳定状态。当$\omega\neq\frac{R_{W}^{*}}{R_{ITIO}^{*}}$且$\beta\neq0$时，$\alpha=0$和$\beta=1$是两个稳定状态。若$\omega>\frac{R_{W}^{*}}{R_{ITIO}^{*}}$，即网商获得的整合优化利润比例大于网商不整合时最优利润占整合时最优利润的比例，一开始部分网商会采用不整合策略，随着上述利益差异被发现，越来越多的网商开始模仿采取整合优化策略的博弈方，这意味着选择整合的网商比例并非一成不变，而是会随着时间变化的，最终都会使所有的网商选择采用整合优化策略，因此，$\alpha=1$是进化稳定状态。若$\omega<\frac{R_{W}^{*}}{R_{ITIO}^{*}}$，即网商获得的整合优化利润比例小于不整合时最优利润占整合时最优利润的比例，网商逐渐意识到采取不整合策略对自己是有利的，并开始模仿不整合策略的博弈方，最终会使所有的网商选择不整合策略。

图 5.2～图 5.4 分别表示上述三种情况下的网商采取整合优化策略比例的动态趋势和稳定状态。

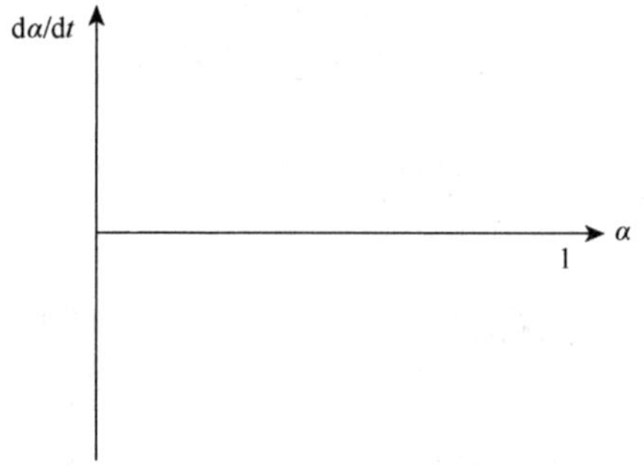

图 5.2 $\omega=\frac{R_{W}^{*}}{R_{ITIO}^{*}}$或$\beta=0$时相位图

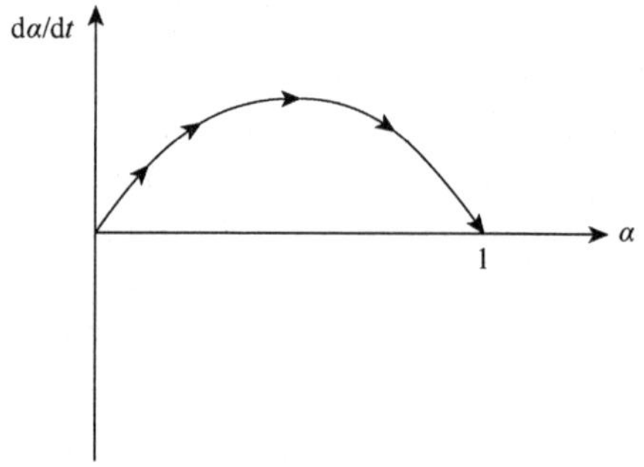

图 5.3 $\omega>\frac{R_{W}^{*}}{R_{ITIO}^{*}}$和$\beta\neq0$时相位图

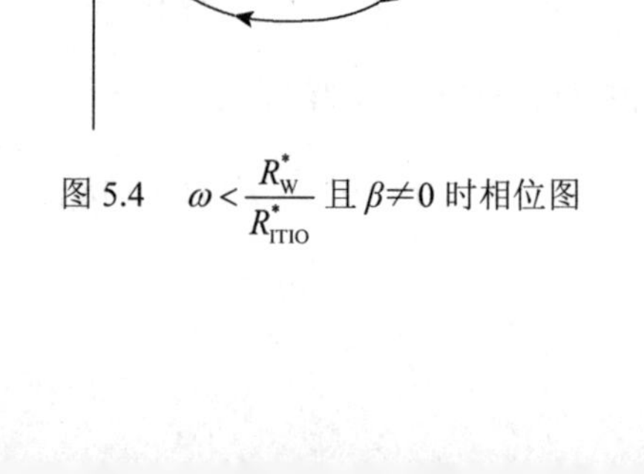

图 5.4 $\omega<\frac{R_{W}^{*}}{R_{ITIO}^{*}}$且$\beta\neq0$时相位图

2. 3PL 复制动态方程分析

由式（5.69）可知，当 $\omega = \frac{R_{\text{ITIO}}^{*} - R_{\text{L}}}{R_{\text{ITIO}}^{*}}$ 或 $\alpha = 0$ 时，$\frac{\mathrm{d}\beta}{\mathrm{d}t}$ 始终为零，对于所有的 β 都是稳定状态。当 $\omega \neq \frac{R_{\text{ITIO}}^{*} - R_{\text{L}}}{R_{\text{ITIO}}^{*}}$ 且 $\alpha \neq 0$ 时，$\beta = 0$ 和 $\beta = 1$ 是两个稳定状态。若 $1 - \omega > \frac{R_{\text{L}}}{R_{\text{ITIO}}^{*}}$ 即 $\omega < \frac{R_{\text{ITIO}}^{*} - R_{\text{L}}}{R_{\text{ITIO}}^{*}}$，3PL 的整合优化利润分配比例大于不整合时 3PL 获得的最优利润占整合时最优利润的比例，3PL 属于有限理性的一方，一开始并不会全都选择整合优化策略，随着上述利益差异的出现，越来越多的 3PL 选择整合优化策略，最终全部都趋于选择整合优化策略，此时 $\beta = 1$。若 $1 - \omega < \frac{R_{\text{L}}}{R_{\text{ITIO}}^{*}}$ 即 $\omega > \frac{R_{\text{ITIO}}^{*} - R_{\text{L}}}{R_{\text{ITIO}}^{*}}$，3PL 逐渐意识到采取整合策略对自己不利的一面，随着时间的改变，采取整合策略的 3PL 比例在减小，最终全部趋于选择不整合优化策略，此时 $\beta = 0$ 为稳定状态。3PL 采取整合优化策略比例的动态趋势和稳定状态类似，这里不再重复。

5.2.5　模型结果讨论与分析

（1）由上述的复制动态分析可知，博弈方的进化稳定状态同其采取整合优化策略所得利润分配比例 ω 以及另一博弈方采取何种策略有关。在以下两种情况下，博弈方采取整合优化策略的任意比例都为稳定状态。

第一种情况：$\omega = \frac{R_{\text{W}}^{*}}{R_{\text{ITIO}}^{*}}$ 或 $\beta = 0$。即采取整合优化策略时网商所得的利润分配比例与网商不整合时最优利润占整合时最优利润比例相等，或者全部的 3PL 都选择不整合策略，任意 α 都是稳态，此时对于网商而言，采取和不采取整合策略所获得的收益相同。

第二种情况：$\omega = \frac{R_{\text{ITIO}}^{*} - R_{\text{L}}}{R_{\text{ITIO}}^{*}}$ 或 $\alpha = 0$。即采取整合优化策略时 3PL 的利润分配比例与 3PL 采取不整合时最优利润占整合时最优利润比例相等，或者全部的网商都选择不整合策略，此时任意 y 都是稳态，3PL 采取整合和不整合策略所得收益相同。

（2）以下五种情况，各博弈方经过重复博弈最终都会采用对自己有益的策略。

令 $R_{\mathrm{L}}+R_{\mathrm{W}}^{*}<R_{\mathrm{ITIO}}^{*}$，第一种情况：$\omega>\dfrac{R_{\mathrm{ITIO}}^{*}-R_{\mathrm{L}}}{R_{\mathrm{ITIO}}^{*}}$。整合优化利润分配比例对网商而言是有利可图的，但对 3PL 是不利的，此时越来越多的网商趋向于选择整合优化策略，即进化稳定状态为 $\alpha=1$，选择整合优化策略的 3PL 的比例会逐渐减少，最终趋于零，3PL 进化稳定状态为 $\beta=0$。

第二种情况：$\omega<\dfrac{R_{\mathrm{W}}^{*}}{R_{\mathrm{ITIO}}^{*}}$。此时整合优化利润分配比例对网商而言是不利的，而对 3PL 是有益的，经过数次重复博弈过程，3PL 最终都会选择整合优化策略，即 $\beta=1$ 是其进化稳定状态，采取整合策略的网商比例最终趋于零。

第三种情况：$\dfrac{R_{\mathrm{W}}^{*}}{R_{\mathrm{ITIO}}^{*}}<\omega<\dfrac{R_{\mathrm{ITIO}}^{*}-R_{\mathrm{L}}}{R_{\mathrm{ITIO}}^{*}}$。网商和物流服务者经过数次重复博弈后发现选择整合优化策略能够改善双方收益，对彼此是有利的。双方最终都会趋于选择整合优化策略。即 $\alpha=1$ 和 $\beta=1$ 分别是网商和 3PL 的进化稳定状态。

令 $R_{\mathrm{W}}^{*}+R_{\mathrm{L}}>R_{\mathrm{ITIO}}^{*}$，第四种情况：$\omega>\dfrac{R_{\mathrm{W}}^{*}}{R_{\mathrm{ITIO}}^{*}}$。整合优化利润分配比例对网商是有益的，而对 3PL 是不利的，所有的网商最终都趋于选择整合优化策略，$\beta=0$ 是 3PL 的稳定状态。

第五种情况：$\omega<\dfrac{R_{\mathrm{ITIO}}^{*}-R_{\mathrm{L}}}{R_{\mathrm{ITIO}}^{*}}$。经过不断的重复博弈，所有的 3PL 最终趋于选择整合优化策略，但网商选择整合优化策略的比例最终趋于零，即 $\alpha=0$ 是网商的复制动态演化稳定策略，而 $\beta=1$ 是 3PL 的复制动态演化稳定策略。

5.2.6 共享节约契约下库存运输策略对整合优化复制动态和演化稳定性的影响

配送系统中的具体库存运输策略将会影响到整合优化利润分配比例 ω 以及 η、υ $\left(\text{令}\ \eta=\dfrac{R_{\mathrm{W}}^{*}}{R_{\mathrm{ITIO}}^{*}}\text{、}\ \upsilon=\dfrac{R_{\mathrm{ITIO}}^{*}-R_{\mathrm{L}}}{R_{\mathrm{ITIO}}^{*}}\right)$ 的大小，进而影响到 3PL 和网商的动态演化稳定策略。下面通过分析库存运输策略中各个参数对 η、υ 的影响，得出其对复制动态演化稳定策略的影响。

η 和 υ 的表达式如下：

$$\eta=\frac{R_{\mathrm{W}}^{*}}{R_{\mathrm{ITIO}}^{*}}=\frac{\theta_{1}\left[\delta(t)(p-v)(\varepsilon-\epsilon p)-\dfrac{\delta(t)(\varepsilon-\epsilon p)}{Q^{*}}sr-T_{1}-k_{2}\dfrac{Q^{*}}{2}\right]+(1-\theta_{2})\dfrac{\delta(t)(\varepsilon-\epsilon p)}{Q^{*}}(sr-c-2k_{1}s)}{\delta(t)(p-v)(\varepsilon-\epsilon p)-\dfrac{\delta(t)(\varepsilon-\epsilon p)}{Q_{\mathrm{E}}}(sr+c+2k_{1}s)-T_{1}-k_{2}\dfrac{Q_{\mathrm{E}}}{2}}$$

$$\upsilon=\frac{R_{\mathrm{ITIO}}^{*}-R_{\mathrm{L}}}{R_{\mathrm{ITIO}}^{*}}$$

$$=1-\frac{(1-\theta_1)\left[\delta(t)(p-v)(\varepsilon-\epsilon p)-\dfrac{\delta(t)(\varepsilon-\epsilon p)sr}{Q^{*}}-T_1-k_2\dfrac{Q^{*}}{2}\right]+\theta_2\dfrac{\delta(t)(\varepsilon-\epsilon p)}{Q^{*}}(sr-c-2k_1s)}{\delta(t)(p-v)(\varepsilon-\epsilon p)-\dfrac{\delta(t)(\varepsilon-\epsilon p)}{Q_{\mathrm{E}}}(sr+c+2k_1s)-T_1-k_2\dfrac{Q_{\mathrm{E}}}{2}}$$

为了得到各参数的变化对η和υ的定性影响，下面对η和υ的表达式中各参数求导。

$$\frac{\partial\eta}{\partial\theta_1}=\frac{\delta(t)(p-v)(\varepsilon-\epsilon p)-\dfrac{\delta(t)(\varepsilon-\epsilon p)sr}{Q^{*}}-T_1-k_2\dfrac{Q^{*}}{2}}{R_{\mathrm{ITIO}}^{*}}$$

由于$\dfrac{\partial\eta}{\partial\theta_1}>0$，$\theta_1$对$\eta$有正向影响，即$\theta_1$增大，会使得$\eta$变大，网商会倾向于选择整合优化策略。

$$\frac{\partial\eta}{\partial p}=\frac{\left[\theta_1\left[\delta(t)(\varepsilon+\epsilon v-2\epsilon p)+\dfrac{\delta(t)\epsilon sr}{Q^{*}}\right]-(1-\theta_2)(sr-2k_1s-c)\dfrac{\delta(t)\epsilon}{Q^{*}}\right]R_{\mathrm{ITIO}}^{*}}{(R_{\mathrm{ITIO}}^{*})^2}$$

$$-\frac{[\delta(t)(\varepsilon+\epsilon v-2\epsilon p)+(sr+c+2k_1s)]R_{\mathrm{W}}^{*}\dfrac{\delta(t)\epsilon}{Q_{\mathrm{E}}}}{(R_{\mathrm{ITIO}}^{*})^2}$$

此时，无法直观得到$\dfrac{\partial\eta}{\partial p}$的符号，需要所有参数的具体取值确定之后才能确定，即 p 对η的影响具有不确定性。下面把各参数对η和υ的定性影响归纳在表 5.1 中。

表 5.1　运输库存各参数对 η 和 υ 的定性影响

参数	θ_1	θ_2	ε	ϵ	p	v	Q^{*}	Q_{E}	s	r	k_2	T_1	k_1	c	t
η	+	–	⊗	⊗	⊗	⊗	⊗	⊗	⊗	⊗	⊗	⊗	⊗	⊗	⊗
υ	–	+	⊗	⊗	⊗	⊗	⊗	⊗	⊗	–	⊗	⊗	⊗	⊗	⊗

注：⊗ 表示不确定，+表示正，–表示负

从表 5.1 可知：θ_2减小，η变大，网商倾向选择整合优化策略；而θ_2增大，υ增大，3PL 所有初始整合优化比例成为演化稳定状态的可能性减小；θ_1和r增大，会使υ减小，3PL 所有初始整合优化比例成为演化稳定状态的可能性增大。对于其他参数，无法直接得出其对 η 和 υ 的影响，只有在确定具体取值之后才能判断出其对演化稳定状态的影响。

5.3 基于有限理性和共享节约的网购供应链 ITIO 动态演化

5.3.1 理论梳理

在电子商务高速发展的带动下，网络购物平台尤其像淘宝这样的大型网购平台凭借雄厚的经济实力、前沿的 IT 技术和管理技术吸引了大量网商和顾客的加入，使消费更加多样化，且成本更低廉，最重要的是其对供应链上下游各个节点起到至关重要的组织效果。因此，网络购物平台在整个供应链中发挥着不可替代的作用。目前国内外学者对网购供应链优化进行了诸多研究，例如，研究购物网站与快递供应链商合作时，分析了两者之间不同合作形式的效益，并且提出了横向一体化合作和纵向一体化合作的建议；在网购供应链网络均衡模型的研究中指出网络消费者的消费决策是商品价格、快递服务价格和物流配送时间等因素的函数；对网购供应链的竞争与协调若干问题进行研究分析，为政府管理网购供应链提供理论依据；指出博弈论及其纳什均衡解在完全理性假设下理论缺陷，从而引入有限理性下的演化博弈论，提出了用演化博弈去解释现实复杂网络的设想；梳理了演化博弈和演化经济学基本分析结构及其发展，尝试考察两种理论存在的互补性和差异性，揭示演化博弈在演化分析中的作用和局限；在供应链 VMI 系统中建立 Stackelberg 博弈模型，通过博弈最优解、算例分析得出激励机制对供应链利润和供应商努力程度有较大影响；从一个具有激励机制的 VMI 系统得出，激励机制对供应商努力程度和双方利润影响较大。而国内外学者对收益共享契约的研究主要集中在随机需求下供应链协调、供应链质量协调、VMI 模式及双渠道供应链协调等方面，例如，在非固定决策下，用混合整数线性规划方法，把一个供应商和多个零售商作为一个整体系统，在不进行信息共享和进行信息共享情况下，确定供应商、零售商以及两者作为一个整体的收益；在随机需求下，研究一个供应商和多个零售商的 VMI 系统中，供应商和零售商如何相互作用；探讨在 VMI 合同下，风险偏好情况下供应商和零售商的经营策略；研究在一个供应链中两个竞争厂商通过同一个零售商销售产品的竞争和协调机制等。

通过对上述文献梳理发现，近年来众多学者集中于从不同的研究角度对网购供应链做深入分析，但并未从共享节约的角度去研究网购供应链库存管理和运输优化的合作机理。因此，本节构建了一个简化的网购供应链机制，该机制结构包括一个供应商、一个网店和一个快递服务商，在此基础上，剖析供应商和网店关于共享节约利润分配问题，并对快递商和网店进行了演化博弈分析。

5.3.2　网购供应链模型的基本结构与假定

本节构建一个集生产、销售、配送于一体的网购供应链，该供应链参与方涉及供应商、网店、快递商、消费者。其作业流程主要包括供应商供货、消费者网上提交订单、货到付款或第三方电子支付、快递配送、确认收货、评价以及售后等。在供应链的各个衔接点处，通过互联网这一平台可以实现产品信息的交换、物流信息查询等信息流的互动，如图 5.5 所示。

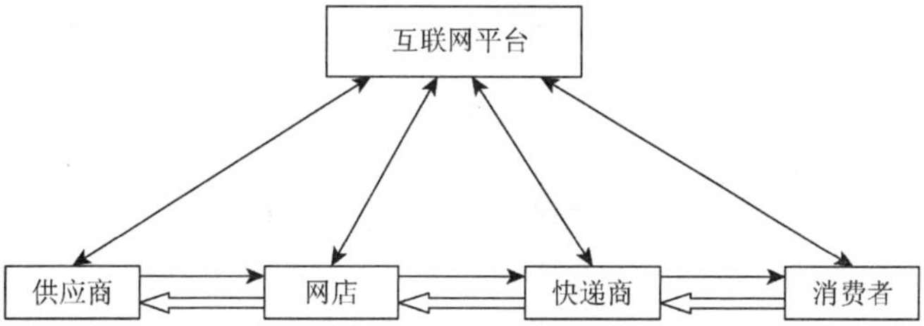

图 5.5　网购供应链结构

假定供应商、快递商和网店三者均为经济学中的“理性人”，且均属于风险中立者。令 D 为网店的需求量，P 为商品的销售价格，且快递商以固定价格给网店提供配送服务，即无运输积压情况，另外可以共享消费者的需求信息。在实行 ITIO 利润分配中，网店占据主导地位，如非品牌化妆品、非品牌服装、特色食品、各地特产等商品。假设利润的变动为 $R(z)>0$，$R'(z)>0$，$R''(z)>0$，$z\ (0<z<1)$ 为供应商努力管理的程度大小或称努力程度，供应商管理库存的努力成本函数为 $F(z)>0$，$F'(z)>0$，$F''(z)<0$，z 为决策变量，则需求函数表示为 $D(P,z)=\beta z-\alpha P+q$，其中 $\beta>0$，$\alpha>0$，$q>0$。其中 β 为市场需求 D 关于供应商库存管理的努力程度 z 的灵敏度系数，α 为市场需求 D 关于售价 P 的灵敏度系数，q 为由售价 P 所决定的市场销售量。将网店的单位商品的快递配送成本表示为 C_1，C_2、C_3、C_4 分别表示网店的进货成本、库存成本和供应商的生产成本，δ 表示合作收益中不受控制的外生变量，且服从标准正态分布，网购供应链中快递商的配送费低于大部分商品的进货成本，如部分农产品，其进货成本是低于配送费的，这样的商品不适合网络销售，因此，有 $C_2>C_1$。另外，网店和供应商之间实行库存成本分摊制，令 $\lambda(0<\lambda<1)$ 为库存成本分摊系数，当 $\lambda=0$ 时，表示网店完全承担其库存成本，当 $\lambda=1$ 时，表示供应商完全承担其库存成本，其中 C_1、C_2、C_3、C_4、P 均为常数。

单独决策时供应商和网店的利润分别为 π_{d1}、π_{d2}；实行 ITIO 时供应商和网店的利润分别为 π_{ITIO3}、π_{ITIO4}。有学者在网购供应链库存与运输整合优化模型的研究中分析得出，供应链整体、网店和物流服务商实行 ITIO 时利润均得到相应增加，因此，利润提升较多的一方需要以一定的收益比例分享给利益提升较少的一方，必须确保各参与方的利润相对于单独决策时的利润得到相应提升或者达到预期时才能促进整条供应链的长期整合优化。将 θ 定义为网店分配给供应商的节约收益占总收益增量的百分比，即供应链共享节约的比例系数，该比例系数是供应链各参与方是否达成合作的关键因素。

5.3.3　模型的建立与分析

实行 ITIO 模式的情况下，供应商和网店二者均可以促使整条供应链达到利润最大化，则供应商和网店的收入和利润表示如下：

供应商收入 y_{ITIO1} 为

$$y_{ITIO1}=DC_1+\theta(R(z)+\delta) \tag{5.70}$$

网店收入 y_{ITIO2} 为

$$y_{ITIO2}=DP+(1-\theta)(R(z)+\delta) \tag{5.71}$$

供应商利润 π_{ITIO3} 为

$$\pi_{ITIO3}=(C_2-C_4)D+\theta(R(z)+\delta)-\lambda C_3-F(z) \tag{5.72}$$

网店的利润 π_{ITIO4} 为

$$\pi_{ITIO4}=(P-C_1)D+(1-\theta)(R(z)+\delta)-(1-\lambda)C_3 \tag{5.73}$$

令 I_{d1} 为供应商单独决策时的收入，根据利润最大化的追求者往往聚集在网购供应链的各个节点，供应商和网店二者在实行 ITIO 过程中，只有当满足供应商获得的利润大于单独决策的利润时，合同才会被接受，故合作须满足的约束条件为

$$\{(C_2-C_4)D+\theta[R(z)+\delta]-\lambda C_3-F(z)\}\geqslant I_{d1} \tag{5.74}$$

供应商和网店之间信息是完全的或者说信息对称，网店知道供应商库存管理的努力程度，但供应商无法知道自己获得的受益分享比例，而供应商要追求自身利润最大化，则其共享节约的约束条件为

$$\max\{(C_2-C_4)D+\theta[R(z)+\delta]-\lambda C_3-F(z)\} \tag{5.75}$$

因此，为了实现自身利润最大化的目标，网店需要做的就是确定共享节约系数 θ，进而转化为以下函数求极值的问题。

$$\max\pi_{ITIO4}=\max\{(P-C_1)D+(1-\theta)[R(z)+\delta]-(1-\lambda)C_3\} \tag{5.76}$$

使得其满足式（5.74）。在信息对称条件下，共享节约比例 θ 不易观测。用式（5.75）对 z 求极值，可得

$$D_z'(P,z)+\theta R'(z)=F'(z) \tag{5.77}$$

在边际成本等于边际收益的情况下，追求利润最大化的供应商决定着管理库存的努力程度，令满足式（5.77）的努力程度为 $z=z^*$，供应商和网店在 ITIO 时总利润为

$$\pi_{\text{ITIO3}}+\pi_{\text{ITIO4}}=(P+C_2-C_1-C_4)D(P,z)+R(z)+\delta-C_3-F(z) \tag{5.78}$$

对式（5.78）求 θ 的一阶导数，并令其等于 0，求出如下等式

$$(P+C_2-C_1-C_4)D_z'(P,z)\mathrm{d}z/\mathrm{d}\theta+R'(z)\mathrm{d}z/\mathrm{d}\theta-F'(z)\mathrm{d}z/\mathrm{d}\theta=0 \tag{5.79}$$

其中

$$D_z'(P,z)=\beta \tag{5.80}$$

联立式（5.77）、式（5.79）和式（5.80），即可得到最优的共享节约比例：

$$\theta^*=\frac{(P+C_2-C_1-C_4)\beta+R'(z)-\beta}{R'(z)} \tag{5.81}$$

对式（5.81）的变量 z 再次进行求导得出

$$\frac{R''(z)\left[\beta-(P+C_2-C_1-C_4)\beta\right]}{R'(z)^2} \tag{5.82}$$

因为 $R''(z)<0$、$R'(z)^2>0$，所以当$(P+C_2-C_1-C_4)>1$ 时，式（5.82）是大于零的，即 ITIO 后的额外收益随着供应商努力程度的增大而增加，供应商由此获得的共享节约比例 θ 是增大的，但额外边际收益是递减的，因此，当额外边际收益递减为 0 时，此时供应链的额外收益达到最大值，努力程度刚好等于 z^*，另外由边际收益递减规律可知，供应商即使再增加努力程度其收益也不会增加，故供应商此时停止其增加的努力程度。当$(P+C_2-C_1-C_4)<1$ 时，可以看作供应链 ITIO 后的利润非常小，此时网店和供应商不会达成合作，因此，促进两者的有效合作可以通过降低生产成本或者适当提高商品价格来实现。

一般情况下，根据网店共享收益比例大小，供应商可以决定管理库存的努力程度，且双方决策在时间上有先后，故网店和供应商存在着领导者和追随者关系的 Stackelberg 博弈。在受供应商管理库存努力程度最优选择约束且网店达到博弈均衡时，根据利润最大化原则确定出最优的共享节约比例，因此，最优的博弈解是（z^*，θ^*）。对式（5.77）求关于 θ 一阶导数，解得

$$\frac{\mathrm{d}z}{\mathrm{d}\theta}=\frac{-R'(z)}{\theta R''(z)-F''(z)} \tag{5.83}$$

因为 $R'(z)>0$，$R''(z)<0$，$F''(z)>0$，因此可以推导出

$$\frac{\mathrm{d}z}{\mathrm{d}\theta}=\frac{-R'(z)}{\theta R''(z)-F''(z)}>0 \tag{5.84}$$

式（5.84）说明，当共享节约系数增大时，供应商获得的利润得到相应增加，供应商会自动提高库存管理的努力程度。当共享节约系数为 θ^* 时，整条供应链处于最优状态，供应商利润为

$$\pi_{\mathrm{ITIO3}}=(C_2-C_4)D(P,z^*)+\theta^*(R(z^*)+\delta)-\lambda C_3-F(z^*) \tag{5.85}$$

网店利润为

$$\pi_{\mathrm{ITIO4}}=(P-C_1)D(P,z^*)+(1-\theta^*)(R(z^*)+\delta)-(1-\lambda)C_3 \tag{5.86}$$

供应商和网店单独决策时，供应商利润为

$$\pi_{\mathrm{d1}}=(C_2-C_4)D(P,z)-\lambda C_3 \tag{5.87}$$

网店的利润为

$$\pi_{\mathrm{d2}}=(P-C_1)D(P,z)-(1-\lambda)C_3 \tag{5.88}$$

联立式（5.85）～式（5.88），实行共享节约后网店可以额外获取 $(P-C_1)(D(P,z^*)-D(P,z))+(1-\theta^*)(R(z^*)+\delta)$ 的利润，供应商可以多获取 $(C_2-C_4)(D(P,z^*)-D(P,z))+\theta^*(R(z^*)+\delta)-F(z^*)$ 的利润。

5.3.4 基于信息共享的网店与快递商 ITIO 演化博弈分析

1. 模型的假设与描述

供应链信息共享的两大共生单元是网店和快递商，两者均为有限理性个体且理性层次较低，信息共享遵循演化博弈论的基本假设。

2. 策略选择

博弈双方的策略选择分别为快递商（共享，不共享）和网店（共享，不共享）。若博弈方均不进行信息共享，那么整条供应链、各节点信息的利用以及资源配置等都处于低效率状态，在这种情况下，博弈方获得的收益较少，网店和快递商均不进行信息共享时收益分别为 π_{d1}、π_{d2}（前面已计算出结果）。若博弈双方均积极进行信息共享，整条供应链就会获得超额利润，超额利润表示为 π，根据前面推理可以计算出 $\pi=(C_2+P-C_4-C_1)D(P,z^*)+R(z^*)+\delta-C_3-F(z^*)$，因为供应商管理库存的努力程度存在不确定性，假设 τ 为网店获得的超额利润比例，则（$1-\tau$）是快递商获得的超额利润比例，另外，双方进行信息共享时需要建立信息共享的 IT 系统、经营与管理模式等，故需要投入一定成本，假设 k_{w}，k_{k} 分别是网店和快递商进行信息共享时投入的成本。在满足约束条件 $\tau\pi>k_{\mathrm{w}}$、$(1-\tau)\pi>k_{\mathrm{k}}$ 时博

弈方才能够积极达成合作（即信息共享）。如果其中的一方选择信息共享而另一方单独决策时，双方就会获得额外的个体信息收益 R_1（网店）、R_2（快递商），假定个体信息收益较小不及投入成本和双方进行信息共享所获得的额外利润，即 $R_1 < k_w$、$R_1 < \tau\pi$、$R_2 < k_k$、$R_2 < (1-\tau)\pi$。

在博弈分析中，假设 $\mu(0 \leqslant \mu \leqslant 1)$为网店选择积极进行信息共享的比例，$1-m$ 为网店选择不积极进行信息共享的比例，$\nu(0 \leqslant \nu \leqslant 1)$为快递商选择积极进行信息共享的比例，$1-\nu$ 为快递商选择不积极进行信息共享的比例。

随机博弈中双方的收益矩阵如表 5.2 所示。

表 5.2　收益矩阵

		快递商	
		策略 1	策略 2
网店	策略 1	$\pi_{d1}+\tau\pi-k_w, \pi_{d2}+(1-\tau)\pi-k_k$	$\pi_{d1}+R_1-k_w, \pi_{d2}$
	策略 2	$\pi_{d1}, \pi_{d2}+R_2-k_k$	π_{d1}, π_{d2}

在收益矩阵中表示共享信息和不共享信息时的策略为策略 1、策略 2。

下面来进行网店和快递商演化博弈收益分析。

当网店积极进行信息共享时，收益为

$$I_{w1} = \nu(\pi_{d1}+\tau\pi-k_w)+(1-\nu)(\pi_{d1}+R_1-k_w) \tag{5.89}$$

把式（5.85）～式（5.87）代入式（5.89）得

$$\begin{aligned} I_{w1} = {} & (D(P,z)+\nu\tau D(P,z^*))C_2+\nu\tau D(P,z^*)P-(\nu\tau D(P,z^*)+D(P,z))C_4 \\ & -\nu\tau D(P,z^*)C_1-(\nu\tau+\lambda)C_3+\nu\tau(R(z^*)-F(z^*))-(1-\nu)R_1-k_w \end{aligned} \tag{5.90}$$

当网店不积极进行信息共享时，收益为

$$I_{w2} = \nu\pi_{d1}+(1-\nu)\pi_{d1} \tag{5.91}$$

把式（5.87）代入式（5.91）得

$$I_{w2} = \nu(C_2-C_4)D(P,z) \tag{5.92}$$

从式（5.90）和式（5.92）来看，在积极推进信息共享且需求不变的条件下，网店的演化博弈收益与商品的价格、网店的进货成本呈正相关关系，与供应商和快递商配送商品单位成本、生产成本呈负相关的关系；在不积极推进信息共享且需求不变的情况下，网店的演化博弈收益与网店的进货成本呈正相关关系，但与供应商生产成本呈负相关关系。如果价格保持不变，供应商管理库存努力程度得到提高即需求增加时，网店在推行信息共享和不推行信息共享两种情况下，演化博弈收益均会有所增加，直到网店的演化博弈收益达到最大化，此时供应商管理

库存努力系数达到 z^*。另外，网店的演化博弈利润与库存成本的随机扰动项如库存的管理难度、库房租金、原料的周转率等也有关联。

网店的平均收益为

$$\overline{I}_{\mathrm{w}} = \mu I_{\mathrm{w1}} + (1-\mu) I_{\mathrm{w2}}$$

由此可以得到网店选择信息共享时的复制动态方程：

$$\frac{\mathrm{d}\mu}{\mathrm{d}t} = \mu(I_{\mathrm{w1}} - \overline{I}_{\mathrm{w}}) = \mu(1-\mu)(I_{\mathrm{w1}} - I_{\mathrm{w2}}) = \mu(1-\mu)[(\tau\pi - R_1)\nu + R_1 - k_{\mathrm{w}}]$$

同理于快递商演化博弈收益的计算和各影响因素对收益的影响与网店演化博弈收益的计算和分析，由此可以得出快递商选择信息共享时的复制动态方程为

$$\frac{\mathrm{d}\nu}{\mathrm{d}t} = \nu(1-\nu)[((1-\tau)\pi - R_2)\mu + R_2 - k_{\mathrm{k}}]$$

3. 模型的均衡点稳定性分析

联立网店和快递商的复制动态方程，可以得出系统的 5 个局部均衡点分别为 $O(0, 0)$、$A(1, 0)$、$B(0, 1)$、$C(1, 1)$和 $D\left(\dfrac{k_{\mathrm{k}} - R_2}{(1-\tau)\pi - R_2}, \dfrac{k_{\mathrm{w}} - R_1}{\tau\pi - R_1}\right)$。

利用系统对应的雅可比矩阵的局部稳定性来分析系统在这些平衡点的稳定性。分别对 $\dfrac{\mathrm{d}\mu}{\mathrm{d}t}$、$\dfrac{\mathrm{d}\nu}{\mathrm{d}t}$ 求关于 μ、ν 的偏导数，可得雅可比矩阵为

$$\boldsymbol{J} = \begin{bmatrix} (1-2\mu)((1-\tau)\pi - R_2 - c_{\mathrm{k}}) & \mu(1-\mu)((1-\tau)\pi - k_{\mathrm{k}}) \\ \nu(1-\nu)(\tau\pi - k_{\mathrm{w}}) & (1-2\nu)((\tau\pi - R_1))\mu + R_1 - k_{\mathrm{w}} \end{bmatrix}$$

从而得到 5 个均衡点的分析如表 5.3 所示。

表 5.3 均衡点

平衡点 (μ,ν)	det$\boldsymbol{J}$		tr$\boldsymbol{J}$		局部稳定性
$O(0, 0)$	$(k_{\mathrm{w}} - R_1)(k_{\mathrm{k}} - R_2)$	正	$R_1 + R_2 - k_{\mathrm{w}} - k_{\mathrm{k}}$	负	稳定点
$A(1, 0)$	$(k_{\mathrm{w}} - R_1)((1-\tau)\pi - k_{\mathrm{k}})$	正	$k_{\mathrm{k}} + R_1 - k_{\mathrm{w}} - (1-\tau)\pi$	不确定	鞍点
$B(0, 1)$	$(\tau\pi - k_{\mathrm{w}})(k_{\mathrm{k}} - R_2)$	正	$R_2 + k_{\mathrm{w}} - k_{\mathrm{k}} - \tau\pi$	正	不稳定点
$C(1, 1)$	$(\tau\pi - k_{\mathrm{w}})((1-\tau)\pi - k_{\mathrm{k}})$	正	$k_{\mathrm{k}} + k_{\mathrm{w}} - \pi$	负	稳定点
$D\left(\dfrac{k_{\mathrm{k}} - R_2}{(1-\tau)\pi - R_2}, \dfrac{k_{\mathrm{w}} - R_1}{\tau\pi - R_1}\right)$	$-\dfrac{(k_{\mathrm{w}} - R_1)(k_{\mathrm{k}} - R_2)(\tau\pi - k_{\mathrm{w}})((1-\tau)\pi - k_{\mathrm{k}})}{((1-\tau)\pi - R_2)(\tau\pi - R_1)}$	不确定	0	不确定	鞍点

从均衡点表 5.3 可以看出，在 5 个局部均衡点中 $O(0, 0)$（共享，共享），$C(1, 1)$（不共享，不共享）具有稳定性，换句话说，当供应链达到稳定均衡时，各个博弈方要么都选择不进行信息共享，要么均选择积极进行信息共享。

图 5.6 是具体的演化过程，系统最终演化的稳定均衡点为 O 点和 C 点，但影响鞍点演化方向的因素还有很多，如供应链的最初状态、商品价格、供应商管理库存成本、供应商管理库存努力程度、ITIO 后的超额利润、建立信息共享平台投入的成本、承担风险的能力等。以下简单分析鞍点演化方向的影响因素。

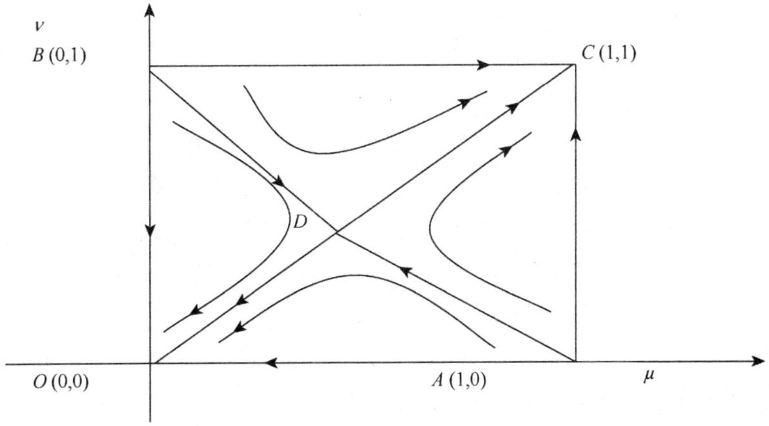

图 5.6　博弈演化过程

1）商品价格对系统演化的影响

由坐标 $D\left(\dfrac{k_{\mathrm{k}}-R_2}{(1-\tau)\pi-R_2},\dfrac{k_{\mathrm{w}}-R_1}{\tau\pi-R_1}\right)$ 和 $\pi=(C_2+P-C_4-C_1)D(P,z^*)+R(z^*)+\delta-C_3-F(z^*)$ 表达式可知，坐标 D 点的演化受到商品价格和供应商管理库存努力程度的影响。在供应商管理库存努力程度和其他条件不变的情况下，价格 P 在区间 $\left(0,\dfrac{\beta z}{2\alpha}\right)$ 变化时，坐标 D 的横纵坐标会随着价格的增加而减少，即 D 点逐渐远离 C 点而靠近 O 点，区域 $ADBO$ 的面积增大表明双方进行信息共享的积极性较弱；价格 P 在区间 $\left(\dfrac{\beta z}{2\alpha},+\infty\right)$ 变化时，坐标 D 的横纵坐标值随着价格的增加而增大，此时区域 $ADBC$ 的面积增大表明双方进行信息共享的积极性显著，但是 P 仅在一定的合理范围内上下波动并不会无限地增加，另外在商品价格和其他条件不变的情况下，随着价格的增加，鞍点 D 最终会趋向于 $C(1, 1)$。

2）网店和快递商投入的成本 k_w 、 k_k 对系统演化的影响

由坐标 D 点的表达式可知，建立信息共享平台的成本 k_w 、 k_k 增加时，促使 D 点的坐标越来越大，即越来越靠近 C 点。若两者投入的成本以相同的程度增加，说明 D 点匀速趋向 C 点而远离原点，区域 $ADBO$ 的面积增大表明双方不进行信息共享的积极性不高，区域 $ADBC$ 的面积会相应减小，换句话说，表明双方进行信息共享的积极性非常显著。如果 k_k 增长的速率较大、k_w 增长的速率较小，鞍点 D 向 C 点演化纵坐标的速率要大于横坐标。如果 k_k 增长的速率较小，k_w 增长的速率较大，鞍点 D 向 C 点演化纵坐标的速率要小于横坐标。但是，无论方向速率如何变化，鞍点 D 最终会趋向于 $C(1, 1)$。因此可以得出结论：网店和快递商投入信息共享的成本越大，他们越不愿意选择合作。

3）网店和供应商一方进行信息共享和另一方单独决策时个体信息收益 R_1（网店）、R_2（快递商）对系统演化的影响

由坐标 D 点的表达式可知，在 $R_1 < k_w$ 、$R_1 < \tau\pi$ 、$R_2 < k_k$ 、$R_2 < (1-\tau)\pi$ 的约束条件下，伴随着个体信息收益 R_1 、R_2 的增加，D 点坐标的数值越来越小（数学证明略），区域 $ADBC$ 的面积也会随之增大，即表明网店和供应商进行信息共享合作的概率增大，但在一些条件的束缚下，鞍点 D 仅能无限接近原点而不能达到原点。因此，网点和快递商从单独信息共享中获益后，就会极力寻求信息共享合作，继而追求更大的信息共享收益。因此得出结论：网店和供应商单独进行信息共享获得的收益越多，他们越倾向于信息共享合作发展。

5.4 本章小结

5.1 节简单论述了常见的物流外包合同不能有效地激励物流服务商付出努力节约物流成本的缺陷。为了激励网络直销商和物流服务商共同努力节约物流成本，设计了一种共享节约合同。在共享节约合同下，双方的努力存在互补性，即一方付出的努力越多，另一方也会付出更多的努力；另外，任何一方分享的节约物流收益的比例越高，其付出的努力程度也会越高。在共享节约合同下，双方的努力程度、网络直销商的市场最佳定价、存货决策量、物流服务商和网络直销商的利润以及系统的利润都优于其在常见物流合同下的情况，即共享节约合同可以有效地协调双方共同努力节约物流成本，实现双方的共赢、系统利润的更优。但是，在共享节约合同下，双方的努力程度、网络直销商的市场最佳定价、存货决策量和系统的利润都不能达到集中式决策模型下的最优水平，即共享节约合同不能充分实现系统的完美协调。最后，算例进一步证实了上述结论。

在 5.2 节中，主要研究了共享节约契约下网购供应链中供应商和网店之间收益分配问题，在供应商和网店之间建立了具有共享节约机制的 ITIO 模型，并且考

虑了两者之间库存成本的分摊问题，最后探讨了收益和信息共享机制的 ITIO 对网店和快递商演化博弈收益和鞍点演化方向的影响。研究结果表明，网店和供应商进行共享节约后可以提高供应链的利润总和，网店共享一定比例的总利润给供应商可以提高供应商管理库存的努力程度。共享节约比例系数的大小与商品的价格、额外利润总和、市场需求对供应商库存管理努力程度灵敏度系数等因素有关。在其他条件不变的情况下，随着供应商管理库存的努力程度 z 增加，供应链合作后的额外利润不断增加，额外边际利润不断减少，当努力程度达到 Stackelberg 博弈最优解 z^* 时，供应链额外利润达到极大值，此时共享节约比例也达到最优值 θ^*，因此，供应商的管理库存的努力程度控制在 $0 < z \leqslant z^*$ 有利于网店和供应商进行信息共享合作。演化博弈研究确定了两者之间的最优策略选择以及影响策略选择的因素。研究发现，当网店和快递商之间选择策略（共享，共享）、（不共享，不共享）时，供应链达到稳定均衡，即各个博弈方要么选择积极进行信息共享，要么都选择不进行信息共享，是演化博弈的最优策略。网店和快递商进行信息共享演化博弈策略的选择和收益与建立信息共享的 IT 平台投入的成本、商品价格、供应商管理库存成本、供应商管理库存努力程度、ITIO 后的超额利润、承担风险的能力、博弈方单独选择信息共享时的信息收益大小等因素有关。基于上述分析可知，推进供应链信息化建设，是供应链整体以及各节点实现利润增加的必要条件。首先，信息化建设包括生产销售情况、VMI 库存、市场需求调查等方面，实时进行信息共享能够降低供应链运行成本，提高运行效率。其次，要对商品进行合理的定价，合理的定价有利于供应链各节点更加积极地进行信息共享，从而增加系统演化博弈的收益。再次，既要注重产品竞争，也要注重供应链整体及各节点竞争，传统竞争主要集中在产品质量、价格、创新，但是长期来看，仅凭产品竞争是远远不够的，企业要想长远发展，必须提高供应链整体以及各节点之间的核心竞争力，为系统演化提供良好基础。最后，节点之间的竞争和博弈会导致资源配置和信息共享的低效率，造成供应商、零售商等节点资源浪费，因此，加强各节点之间合作、提高资源和信息的利用率，是充分发挥供应链各节点市场竞争力、提高整体运行效率的有效路径。

5.3 节对基于信息共享的网店和快递商进行了 ITIO 演化博弈分析，在博弈分析中又重点对模型均衡点的稳定性进行了分析，通过模型的均衡点分析得出了商品价格对系统演化的影响，网店和快递商投入的成本 k_w、k_k 对系统演化的影响，以及网店和供应商一方进行信息共享和另一方单独决策时个体信息收益 R_1（网店）、R_2（快递商）对系统演化的影响。

第6章　网购供应链优化策略

6.1　网购供应链库存与运输整合优化障碍与对策分析

ITIO 克服了分散优化下运输成本和库存成本中的“效益背反”现象，是提高供应链竞争力的有效手段。网购经济带来了新的经济增长点，而一般的网络零售商由于规模有限，一方面，在供货方面制约于上游供应商，因为上游供应商为了节约库存成本或运输成本往往会少频率、大批量的向网络零售商提供商品，这样势必会给网络零售商带来库存压力，从而增加了其库存成本；另一方面，网络零售商势单力薄，无力自建物流，其在网购过程将商品传递到网购消费者手中必然会借助快递商，由于网购的少量和多频次的特点，在一定程度上使快递商的运输成本增加，为了实现运输成本的最优化，快递商又会延迟等待快递件数到足量才发货，进而损害消费者的利益。由于网购供应链和传统供应链之间存在很大的差别，其库存与运输整合优化的难度比传统供应链库存与运输整合优化更大。以往的企业都是分别研究库存成本和运输成本，分析各自的最优化情况，整合优化地研究库存与运输的较少，而涉及网购供应链的库存与运输整合优化几乎没有。

6.1.1　网购供应链库存与运输整合优化运作模式

网购供应链参与方由供应商、快递商、物流公司、交易网站平台企业、网店及客户构成，物流公司负责供应商与网店之间的物流配送、快递商负责网店和客户之间的配送工作、交易网站平台企业负责给网店提供交易平台和网店之间的配送工作。真实的网络购物包括供应商根据网店需求和指令提供货物、客户网上订购、网上电子支付、快递商负责运输、客户签收直到确认收货、支付以及评价反馈等活动。网店决策其库存量时依据其需求信息，供应商和快递商依据网店的指示进行供货和配送，由于网店有多频次、小批量的需求特性，网店最小化库存成本的同时，必然会使供应商和快递商的运输成本增加。供应商为了降低运输成本，必然会延迟供货、减少供货频次和增加供货量等，从而导致网店的库存过多或库存不足而造成库存成本的增加；快递商为了减少运输成本，同样会延迟快递服务的时效性，从而导致顾客不能及时收到快递而流失，损害了网店的利益。因此，各个决策主体的分散化决策，势必会造成运输企业的收益增加，而代价往往是库存企业利益的损失，从而使整条供应链的库存和运输成本增加。

ITIO 研究的主要问题：以同时考虑库存与运输相应要素为前提，如何有效地管理和组织配送活动，在有限（或无限）的周期内，将一种（或多种）货物从一个（或多个）供货点配送到一个（或多个）零售商，或其相反过程。ITIO 从最大化整个供应链利益的角度出发，找出供应链最优的库存与运输方案，使库存和运输的总费用达到最小，然后通过利润共享使得供应链上各个决策主体共享更高的利润。针对真实的网购模式中存在难以协调的库存与运输成本的问题，本小节构建了网购供应链 ITIO 运作模式：客户提交订单给网店；网店把搜集到的订单信息、客户需求信息、自身库存信息共享到 ITIO 服务器，并传递订单信息给快递商；快递商依此到网店取货，并把快递按量按时配送给客户；客户再根据收到的快递，决定把不符合自己要求的快件退换或者确定收货并评价；供应商把自身库存信息、与网店之间的路线信息和车辆信息共享到 ITIO 服务器；连接 ITIO 服务器与征信机构系统，可以获取供应商与网店的信用信息；ITIO 决策者根据共享信息，做出最优的 ITIO 决策，确定最优的活动整合、配送频率、批量整合、配送批量、配送路线，ITIO 决策者发布最优决策后，网店再根据最优策略发出订单并共享订单信息，根据 ITIO 最优策略，供应商发货出货并共享运输信息。供应商实时掌握供应链中的库存、需求、发货、订单、订货、运输和车辆等信息，并据此及时调整自己的生产计划、库存和配送，有效降低自己的缺货成本、库存成本、运输成本，提高整个服务水平；网店实时掌控相关的 ITIO 合作信息，提出自己的最优策略和做出自己的最优反应。ITIO 运作模型如图 6.1 所示。

从 ITIO 运作模型图可以看出：该模型在避免缺货和减少网店库存费用的情况下，在使供应商运输费用降低的同时，也降低了快递商的运输与库存成本，使快递商的利润增加，实现了快递商、网店和供应商的三方“共赢”，然而许多障碍因素依然存在于该模型的具体操作过程中，如果不能妥善地解决这些障碍因素，ITIO 便不能发挥其降低库存和运输成本以及实现利润分配的作用。

6.1.2 网购供应链库存与运输整合优化障碍因素分析

1. 信息安全问题

ITIO 成功的一个前提条件是各参与方能够共享真实可靠的信息，然而信息的泄露降低了项目合作的价值，打击了各方信息共享的积极性。信息泄露包括第三方物流企业信息泄露、上游企业和下游企业信息泄露。不同于传统的“制造商-零售商-顾客”供应链，网购供应链的信息泄露还包括快递商的信息泄露。据《2012 年度中国网络零售市场数据监测报告》显示，目前在国内，快递业务量和

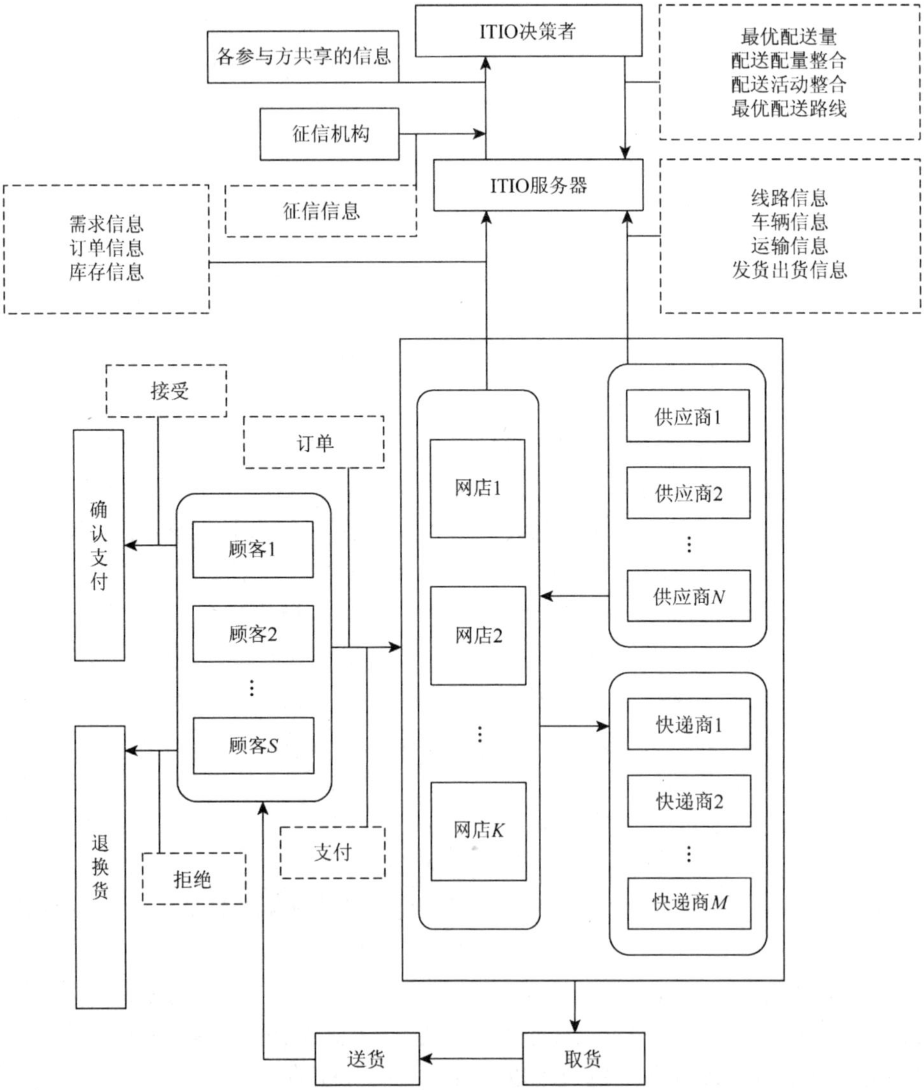

图 6.1　网购供应链 ITIO 运作模型

业务收入在高速增长的同时利润和服务质量却在下降，并且面临着洗牌危险，例如，2012 年星晨急便倒闭便说明了这点。又如《2013 年（上）中国网络零售市场数据监测报告》称，近几年快递业竞争激烈，时时发生价格战，行业利润率已从 2005 年的近 30%下降到现在的 5%左右，目前多数快递企业的利润率不到 5%。在面临如此巨大的压力之下，快递商为了追求利润和生存，把订单信息出卖给其他网店和供应商来获得利润，这一行为导致同一网购供应链上的网店和供应商的利润下降。信息泄漏成为许多企业在供应链合作中顾忌的一个重要问题。除了传统供应链三方面的信息泄露，还包括快递商的信息泄露。如果不妥善解决信息泄露问题，信息泄露风险会使项目合作价值下降，ITIO 将无法顺利开展。

2. ITIO 利润分配难

ITIO 涉及多个利益主体，这里主要有客户、网店、快递商、供应商，有时还包括材料零部件提供商、第三方企业等，他们共同构成了整条 ITIO 价值链，属于一种跨企业合作方式。网店、快递商、供应商 ITIO 利润分配是关系到各方的切身利益、ITIO 业务是否能顺利开展、供应链是否能开拓新的利润增长点、供应链是否能提高竞争力的重要问题。在网购供应链中，供应商因其较强的经济实力，往往处于主导地位，而网店因其跟随属性，处于 ITIO 利润分配劣势地位。通常情况下，网店依据可能分配到的利润多寡来决定自身努力程度，因此，在一定程度上将会偏离 ITIO 的最优策略。如何协调好网店、供应商和快递商的利润分配成为 ITIO 的一个亟需解决的重难点问题。

3. 订单信息分散与快递商大批量运输的矛盾难以调和

在客户下订单的网购过程中，网店把订单信息反映给快递商，快递商在接到网店的订单信息后，不得不逐个地去网店取货，快递商取货后回到快递公司，还要对其进行分类运输，增加了其库存成本，处于明显被动的地位。客户倾向折扣和方便心理使得订单具有分散特性，导致了网购物流配送的小规模、多频次特点，这必然会造成快递车辆使用效率低下和运输费用提高的现象。快递商要想节约成本，争取更多的利润，必定会等到快件量足够多时才发货，这会使客户享受不到网购方便快速的便利性，反过来又造成客户满意度的下降，直接影响了网店的销售额。快递商大批量运输和订单信息分散制约了 ITIO 利润的形成。

4. 退换货及特殊产品维修难导致的成本增加冲抵了 ITIO 成本节约

传统零售店的服务一般都包括售前服务和售后服务，企业要想留住顾客，要更加注重售后的退换货及产品维修服务。与传统零售店类似，网购也存在售后服务，与传统零售店不同的是，网购维修实体店的缺失使得一些重售后服务的产品如电子类产品的售后服务得不到应有的保障，损害了客户的部分利益；同时由于在网购过程中，图片与实体产品的差异如颜色、尺寸及质量的偏差造成的退换货尤为严重，这不仅影响客户的再次购买、增加网店的差评率、直接降低网店的销售额，而且造成了客户支出增加和时间浪费。据中国电子商务投诉与维权公共服务平台监测数据显示，2013 年（上），在全国数万家网购网站中，淘宝网、天猫占据最大投诉比例为 17.31%，主要是质量问题的投诉，可见网店在售后服务方面存在着巨大的压力。退换货及特殊产品维修难所造成的利润损失冲抵了一部分

ITIO 的成本节约，导致 ITIO 成本节约的同时不能惠及客户。所以在开展网购服务过程中，要特别注意售后服务，谁抓住了售后服务，谁就掌握了竞争优势，做好退换货及特殊产品维修服务意义重大。

5. 同质化价格竞争加剧了 ITIO 成本节约的压力

在网店刚开始经营阶段，由于网店经济实力和产品供应渠道的有限性等因素，网店的产品难免会大量相似，不具有差异化竞争优势。随着生产力的大大提高，市场上的产品呈现着多样化的特点，消费者需求差异化的心理、产品的差异化已经成为许多企业的一个利润源泉。大量的同质化产品充斥着各个网店，网店在竞争中脱颖而出，唯一的策略便是降低价格，网购价格往往是公开的，导致了其他竞争对手竞相降价，由此引发了价格的恶性竞争，最后，各个出售同质化产品的网店势必会亏损。中国电子商务研究中心监测数据显示，截至 2013 年 6 月，个人网店数量达 1246 万家，较 2012 年上半年的 1725 万家，同比减少了 27.8%，预计到 2013 年中国个人网店将下降到 1124 万家。同质化产品的价格竞争带来的成本减少了 ITIO 赚取的额外利润，导致目前许多网店面临关闭的境地。

6. 快递服务失真和客户不评价压缩了 ITIO 的利润空间

快递服务是指快递商接到网店的订单信息，到网店仓库取货并送达客户手中的过程，它是网购的重要组成部分，是直接与客户接触的一个重要环节，尤其是送货上门的快递方式。目前我国快递服务存在服务态度差、快递破损、快递延迟、快递员代签字等影响网店和客户切身利益的问题。客户会因为快递的服务质量差而给网店中评甚至差评，降低购买率，影响网店的销售量，而快递商的业务也会因网店销售量的减少而减少，从而压缩了 ITIO 的利润空间。由于顾客缺乏反馈意识，收到商品后嫌麻烦而出现很多不评论的现象，网店很难对客户售后体验有效感知，同时也会影响网店的好评率并对其他客户购买造成不便。网店在进货时，一般会考虑客户的评价，从而预测其进货数量，由于反馈少或缺乏有效详细的评论，在一定程度上引发了网店库存过多或过少的现象，增加了 ITIO 难度，降低了 ITIO 利润。

6.1.3 网购供应链库存与运输整合优化策略建议

1. 建立信息保障机制

保障信息共享安全的渠道主要是签订多边保密协议和竞业禁止合约、加强信息共享平台的安全建设以及建立分级信息准入制度。网购供应链和传统供应链有其相似性，以上措施同样也适用于网购供应链。在签订多边保密协议和竞业禁止合约时，快递商应是其中一方，因为其信息泄露同样会造成整条供应链价值的损失。快递商是和客户直接接触的，其服务质量的好坏直接影响网上的评价，消费者会把快递商的服务失误转嫁给网店，从而影响网店的销售额。网购供应链中的商家实力有限，无力自建配送人员，因此对快递商具有 100%的依赖性。没有无义务的权利，所以商家在要求快递商承诺保密时，应对其保密行为进行一定的奖励。奖励来源于整条供应链上库存和运输成本的节约，奖励金额至少要大于其泄露信息时所能获取的利润。最后还应表明要与其建立长期合作战略伙伴的关系，增加其信息泄露的成本，从而有效保证信息的安全。此外，还应该设立惩罚机制，对泄露信息的快递商予以惩戒，可以要求快递商在第三方账户上存入一定数量的现金，当其违反合约时，将对这部分存款予以没收。

2. 合理设计利润分配制度

在网购供应链中处于主导地位的供应商通过 ITIO 可以获得较大的利润分配。建立科学合理的 ITIO 收益分配制度，最大限度地调动 ITIO 各参与方的积极性，尤其是网店分享信息的积极性。为了提高网店收益，提升其合作积极性，供应商对网店实行定价激励、批量折扣和返销等策略。定价激励指供应商对于积极合作的网店给予一定的价格折扣，使其从供应链的内部定价中获益，而对那些合作程度较低的网店实行抑制性高价；批量折扣指网店购买一定数量的商品时，供应商会给一定的低价优惠，网店便可通过批量折扣，获取一定收益；返销指网店可以把没有销售完的商品以一定的价格退回给供应商，从而降低网店的损失。处于主导地位的供应商可通过以上措施来激励网店积极合作，共同分享 ITIO 的利润。

3. 平台商搭桥做好各方库存与运输整合

淘宝网作为交易网站平台，能够有效获取各方信息。为了解决信息分散导致的快递商运输成本增加的问题，淘宝平台可以在全国各地建立仓储中心，并和主要的快递公司进行合作，将客户的订单直接转移到仓库，并通过分类，把投送不同快递商、不同地区的快递区别出来。快递商省去了挨个到网店取货的麻烦，避免了把货物运输到快递公司进行分类的问题，而是直接去仓储中心取货，既减少了运输费用，又节约了快递公司的库存成本，同时还节省了网店的库存成本，做到了库存与运输整合优化。平台商也可以通过收取一定费用为第三方提供仓储，该部分费用用来弥补仓库的建设维护费用以及人员薪资。通过淘宝网搭桥整合网店和快递商，提供第三方平台服务，实现整个网购供应链的 ITIO。

4. 各家企业协作共建售后服务实体网点

在交易平台网站上注册的网店，往往都是经济实力较弱的个体商户，这些商户只注重产品的出售，缺乏对产品售后服务的观念，因此，各个网店并不具备专业的售后维修服务能力。为了弥补售后服务不足，经营相似产品的企业可以整合起来，共同建立售后服务的实体网点，网点的建立不仅可以解决售后服务难的问题，还可以提升服务质量，这既可以节约单个网店为客户提供售后维修的成本，又可为其他需要维修服务的消费者提供服务，赚取一定利润；为了消除因产品图形与实物不符、色差及质量原因引发的退换货等问题，网店在对产品描述的过程中应尽可能详尽、真实且对存在问题的产品进行特别说明以降低客户的期望，以免退换货给其造成利润流失；同时，作为交易平台的企业，也应对网店加强监督，避免图片与实物不符、色差和质量不合格等问题。

5. 以库存与运输整合的服务差异化破解同质化困局

网店经营成本低、门槛低，使得网购平台上存在大量的网店，同时也反映了网店经济实力的弱小，在网店供应链中处于跟随者的地位，不具备与供应商讨价还价的能力，网店要想走出同质化产品带来的成本压力必须另辟蹊径。服务差异化带来的收益可以有效弥补同质化竞争带来的成本压力。首先，这种差异化体现在库存与运输上，网店加强与供应商合作，通过 ITIO，实现低库存成本并降低缺货率，从而增加收益，同时，以优质的库存状况来确保货物的完好无损也能实现客户的利益；其次，通过和快递商、淘宝合作，把商品存放在平台商建立的仓库中，快递商直接从仓库取货，进一步降低了库存成本、提高了快递服务的响应性、增加了客户的满意率；最后，进一步加强与快递商合作，以顾客为导向，以客户希望的时间、地点进行送货，对不便网上支付和不会使用网上支付的客户，允许使用现金支付，以热情的服务响应网购中客户的要求，争取客户的好评率。库存与运输整合的服务差异化所带来的收益是破除经济实力弱小的网店同质化竞争成本的有效措施。

6. 针对快递商和客户提出不同激励措施

快递商在网购的“最后一公里”有着非常重要的现实意义。快递商的不良行为不仅会降低网店的销售额，而且也将对自身的长远发展产生消极影响；支付不评论一方面会抑制整条网购供应链 ITIO 利润增长，另一方面也会直接降低网店的销售量，从而应分别针对快递商和客户提出相应的激励措施。网店应根据客户对快递服务的评论给予一定的奖励或惩罚，和快递商签订收入共享和服务成本共担的组合式合同来进行协调优化，同时应与多个快递商建立合作关系，以此来增加快递商不良行为的成本。网店在提升客户评论质量的同时，应设计一套激励机制，例如，淘宝网推出在客户评论后，奖励一些虚拟金币来激励客户评论的机制，但要想获得有效的评论，网店可以推出根据订单金额奖励一定比例的现金的激励措施，并对评论进行抽奖活动，对抽中的幸运顾客，采取一定的奖励措施。

本节以供应商-网店-快递商组成的网购供应链做为研究对象，构建了网购供应链库存与运输整合优化运作模式，指出了网购供应链库存与运输整合优化的具体操作方法，分析了库存与运输整合优化过程中存在信息安全、ITIO 利润分配难、订单信息分散与快递商大批量运输的矛盾难以调和、退换货及特殊产品维修难导致的成本增加冲抵了 ITIO 成本节约、同质化价格竞争加剧了 ITIO 成本节约的压力、快递服务失真和客户不评价压缩了 ITIO 的利润空间等障碍因素，并从建立信息保障机制、合理设计利润分配制度、平台商搭桥做好各方库存与运输整合、各家企业协作共建售后服务实体网点、以库存与运输整合的服务差异化破解同质化困局、针对快递商和客户提出不同激励措施等方面提出相应的对策和建议。

6.2　矛盾分析法在网购供应链库存与运输优化中的应用

6.2.1　库存与运输矛盾分析

网购供应链的库存包括两种，一种是生产过程中的库存，另一种是运输过程中的库存。企业保持库存的主要原因是为了应对各种各样的不确定性，并保持网购供应链系统运行的稳定性。但库存也掩盖了管理中的一些问题，这会增加企业的成本，削弱企业的竞争力。因此，企业要进行库存管理来使库存保持合理水平常态，并降低货物积压或库存不足的可能性，在生产与销售得到满足的情况下，降低资金占用率以降低库存成本，提升网购供应链企业的核心竞争力。

企业的物资在生产地点和需求地点之间的空间距离问题是通过对物资进行距离的空间移动来解决的，即运输。商品的使用价值在创造空间效益的同时得以实现，并能满足社会需要。运输是物流的一个中心环节，也是物流最重要的功能之一。采用适当的运输方式，消耗适当的运输成本，使企业能够在合适时间、合适地点，得到合适的物资，企业的反应能力得以提升以及网购供应链企业的竞争力能够加强，是企业运输管理所要实现的目标。

由以上分析可知，降低成本是企业提高竞争力的有效措施，但库存与运输管理很难同时达到最优，两者之间存在“效益背反”效应。增加运输批量、减少运输频次是降低运输成本的办法，但该办法增加了货物在仓库停留时间，因此库存成本增加了。若要使库存成本降低，这就要求一旦商品被生产出来，就送达所需的地方，这样又增加了运输频次，增加了运输成本。因此，要保证库存与运输总成本最低，就需要企业找到库存成本与运输成本之间的平衡点。

库存与运输成本之间的矛盾同时也是个体理性和集体理性之间的矛盾，若库存与运输都从个体理性出发，决策时都只以追求自身利益的最大化为目标，则无法实现库存与运输的整体最优结果，无法达到物流成本最低。

6.2.2 库存与运输矛盾产生的原因

（1）追求不统一。在网购供应链上，库存与运输属于不同的企业，例如，制造商、批发商、网络零售商和第三方物流企业，为实现各自利益最大化的目标，库存与运输的决策通常是分别进行的。

（2）缺乏先进的技术平台。库存与运输整合优化需要对数据进行统一处理，通过对网络零售商、分销中心和运输车辆的库存信息及其动态的掌握，综合分析之后进行决策。这就需要先进的信息处理设备以及综合的物流信息管理系统，我国中低端物流企业缺乏这种技术平台。

（3）缺乏库存与运输整合优化技术。企业需要将库存控制和运输管理整合到一个整体中，寻求这个整合问题而非其中某一个问题的最优解决方案，但处理这种优化问题的数学模型及求解算法相对困难。

6.2.3 库存与运输矛盾的缓解

在库存与运输对立的模式下，他们之间缺乏整合优化的意识，一方所得必为另一方所失，双方都以追求自身利益的最大化为目标，最终损害供应链整体利润。因此，库存与运输之间应建立一种新的合作方式即库存与运输整合优化模式，该模式以寻求双方的共同发展使得整体系统最优、物流成本最低为目标。

库存与运输整合优化就是将库存问题和运输问题整合到一个系统中去，用同一个目标函数进行求解，寻求各参与方最优解决方案，以此来优化整个系统。库存与运输整合优化管理可以建立整合决策机制和信息共享平台，在共享平台上网络零售商可以共享自己的信息，这样其他参与方就可以根据一手信息及时做出最优决策，有效缓解“牛鞭效应”，有效节约库存成本以及降低信息滞后带来的风险。库存与运输整合优化可以整合配送信息，使得配送形成规模化，提高工作效率、车辆的利用率、相关人员的工作效率，最小化网购供应链运输、库存和管理成本。

网购供应链中库存与运输成本问题反映了二者存在矛盾对立现象，也可以说是个体理性和集体理性的对立。通过建立库存与运输整合优化模型，最优化库存与运输成本问题，实现矛盾的相对统一，并在保证个体利益的情况下，实现整体利益最优。但库存与运输整合优化仍存在信息泄露、整合优化利润分配难以及道德问题等障碍因素，因此，库存与运输矛盾的解决，还要经过长时间的研究。

6.3　共享节约对网购供应链 ITIO 的影响机制和优化策略

网购供应链网络由多条网购供应链组成，在该网络中，一家供应商可与多家网店建立相应契约来分销他的商品，一家网店也可以与多家快递商建立合作。多个参与者签订契约来实现线上商品的信息流、资金流和物流的统一。与传统 M-R-C 供应链相比，网购供应链缩减了商品的流通环节，降低了商品在流通中所产生的费用。网购是基于网店来将供应商的产品直接销售给顾客的，没有批发商或零售商等赚取物流或人工成本的中间环节。同时，网购的辐射范围广，顾客在网购平台可以买到国内各地以及国外的产品，还送货上门，能够满足绝大部分人的需求。但是供应商的配送效率最优化与网店运营商的库存成本最小化之间存在协调整合的问题，第三方快递物流的时效性也影响网购供应链的效率。

在网购供应链中，网店运营商可以通过三种方式从供应商那里取货。第一种是网店根据顾客的需求到供应商那里取得相应数量的产品；第二种是先从供应商处取得产品，再销售给顾客；第三种是和供应商建立一种契约关系，网店只需将顾客的需求信息发送给供应商，由供应商直接将产品发送给顾客。第一种情况下供应商需要频繁地给网店配送商品，这样就增加了供应商的配送成本，因而供应商不愿小批量、多频率地送货；第二种情况下网店容易造成库存不足或库存过剩而增加库存成本；第三种情况需要供应商和网店高度配合，并加入第三方物流，由三方共享效益。基于以上三种情况，网店运营商、供应商和快递之间难以高度协调达到效益最优，而 ITIO 模型可以有效地解决这一问题。

在网店运营商、供应商和快递之间建立一个信息共享的 ITIO 服务器，使得参与方都可以实时了解各方的动态信息。网店运营商通过 ITIO 服务器发布订单信息、库存信息，查看快递商的服务情况，以便做出最有利于自己的决策。供应商在 ITIO 服务器上可以清晰地了解网店的需求信息，安排供货，包括供货的数量、路线、频率等，达到规模送货、整合发货。快递商通过 ITIO 服务器了解到网店的订单情况，有效安排相近相邻地区车辆、配送运输等，以此来节约人力、物力。

在优化参与方之间的协调运作问题后，紧接着需要解决他们之间的收益分配问题。收益共享节约合同可以有效解决这一难题。该合同可以有效平衡供应商、平台商、网店运营商和快递商之间的利润分配，促进各方都尽最大努力来实现收益最大化。在收益共享节约机制下，ITIO 过程中，网店依据销售数量来获得一定的销售收益，供应商得到相应配送效率和成本收益，快递商按配送数量、配送速度和顾客评价来获取利润收益，平台商则以租金形式获得利润。建立以网购供应链 ITIO 模型为基础的共享节约机制可以有效地激励利益相关方，促使他们努力达到服务最优化和利益最大化，保证各方最终的利益分配都能实现。

本部分基于网购供应链，引入收益共享契约 ITIO 模型，首先建立共享节约对网购供应链 ITIO 的机制传导模型，然后分析基于共享节约的 ITIO 模型的阻碍因素，最后在共享节约机制下，提出了促进参与方合作的对策建议，以实现网购供应链各方的收益与努力相匹配。

6.3.1 机制传导模式

在共享节约机制下满足网购供应链 ITIO 模型，最大化各参与方的收益，并且收益与他们各自的劳动成正比。供应商、平台商、网店和快递商共同分成单产品网购供应链的完成所得利润，许多平台商在里面将采取抽成或分成政策来赚取收益。在 ITIO 服务器的管理下，设 e_1 为供应商的努力，e_2 为网店商的努力，e_3 为快递商的努力，网购供应链 ITIO 的运作由他们三方的共同努力协调完成。供应商的努力 e_1 的反映者是网店商，网店商的供应与库存数量的合理配置能够有效反映供应商 e_1 的大小；网店商的努力 e_2 的反映条件是网店商在一定时期内的销售数量，它能直接的在 ITIO 服务器中反映，达到信息的透明化；顾客的评价满意度是衡量快递商努力 e_3 的标准，快递商配送的速度、包装的完整性以及配送人员的态度等决定了 e_3 的大小。在 ITIO 服务器中，三方的努力程度各有评判标准，最终得到三方在网购供应链中的努力百分比，各参与方在信息共享下做出自己的最优决策。如果参与方在利润分配下能够相互激励并参与进来，那么这个网购供应链 ITIO 模型便能够实现各参与方的目标。若有一方没有参与到 ITIO 模型中，在收益共享条件下，各参与方就要不断反复调整收益与努力程度，直到各参与方都能融入 ITIO 模型中。传导机制图如图 6.2 所示。

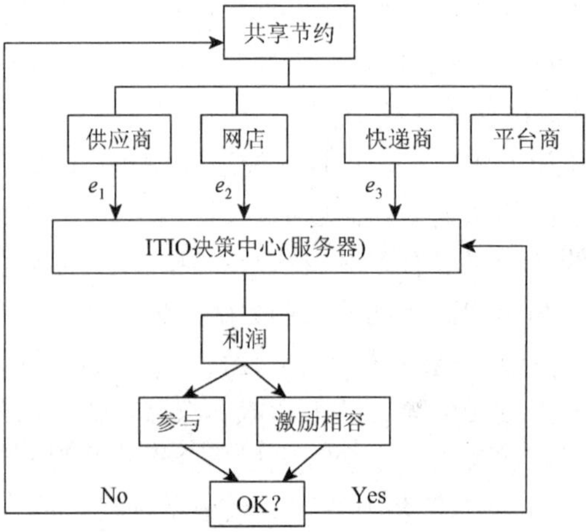

图 6.2 传导机制图

6.3.2　基于共享节约的网购供应链 ITIO 障碍因素

1. 收益分配与努力成本难协调

在网购供应链 ITIO 模型下，各参与方为获得利润的最大部分在其中都做出了不同程度的努力，“效益背反”是网购供应链利润分配存在的最大难题。网店存在人力、时间和机会成本；供应商存在生产成本、运输费用和人力等成本；快递商存在人力、物力和运输等成本。三个参与方都付出了他们自己的劳动来获得报酬，而网购平台商通过提供媒介来分得收益。网店运营商的努力程度是由顾客对网店客服态度的评价来形成；供应商的努力程度由产品质量、顾客满意度和再次购买的意愿体现；快递服务的努力程度由货物送达的速度和包装质量体现；网购平台依靠信息系统的完善性体现。依据顾客的主观评价大致形成各参与方的努力，努力的多少和程度都无法准确地来测度，因此，很难用一个确切的标准来衡量利润在他们之间的分配比例。网店运营商在网购供应链中的努力程度无法得到准确度量，供应商在网购供应链中的贡献度同样也无法得到准确测度，从而不能有效形成努力和收益成正向比例的匹配。这种努力和收益之间的不匹配使得整个供应链的效用最大化不能够实现，如果能够合理分配网购供应链中的利润、各参与方在模型中都能够采用最优策略且其合作积极性都很高，则整个网购供应链的运作效率能够得到大幅提升。但若存在一方没有处理好利润分配，该参与方就不能够获得整个供应链 ITIO 模型的最优策略，将使顾客网购满意度降低，影响网购供应链的整体利益。

2. 与平台商合作的规则和安排相冲突

在国内几家大型网购平台上，如淘宝、亚马逊、京东等，网购运营商与平台商签订相关协议，需要依靠平台来完成网购供应链的一系列活动，所以平台商在网购供应链中占据非常重要的地位。网购运营商要依靠平台商生存，就必须要遵守平台商的规则和安排。面对这些固定规则，网店运营商有时不得不去服从某些规则和安排，打乱了原有的网店运作秩序，影响了整体发挥网购供应链 ITIO 模型的效果。例如，平台商规定在某些季节或节日中网店商要对产品做一些优惠活动，但因这些优惠活动缺失的那部分产品价格却不能得到补贴，优惠活动带来的快递业务暴增加剧了快递商的繁忙并导致快递服务的粗糙，进而影响顾客的满意度，造成网购供应链 ITIO 模型各参与方无法达到最优。平台商向网店提供网购平台并收取一定的租金为报酬，这部分租金也是网购供应链 ITIO 模型得来的利润组成之一。平台商定时收取租金而不考虑运营商的效益，而现在电子商务的发展越来越普及，使平台商还有可能收取更多的租金，这就给双方的合作增加了压力。

3. 物流服务商与 ITIO 最优策略难匹配

物流行业认为快递业务是物流服务的“最后 100 米”，这“最后 100 米”在全程物流服务中有着举足轻重的作用，决定着网购供应链系统的顺利完成。但是网购供应链 ITIO 最优策略不是分散各参与方得来的，而是综合考虑整个网购供应链系统得出的，因此会与参与方自身的最优策略冲突。在这种状况下，物流服务商不愿配合参与网购供应链 ITIO 策略，影响了整个 ITIO 模型的进行。另外，物流服务商有固定的收费标准及服务标准，因而快递商不可能以损害自身利益为代价而与网店勉强合作。在最优的网购供应链 ITIO 模型中，物流服务商的一些配送和收费策略使得 ITIO 最优策略的要求无法得到满足，导致网购供应链 ITIO 最优策略无法开展。

4. 参与 ITIO 决策地位和信息不对称

网购供应链涉及四个参与方，每个参与方在供应链中所处的角色都不是完全平等的，在网购供应链 ITIO 策略中具有主导权的参与方能够更方便地从有利于自身的方向来采取优化策略，往往导致参与方之间出现利益冲突而影响整个网购供应链的协作。网购供应链主导权的争夺与利益分配息息相关，可以根据各参与方在市场中的势力大小来判断，视情况相互协调达成一致，并在实践过程中互相激励和监督，确保执行网购供应链 ITIO 最优策略。但是在进行主导权协商过程中存在信息不对称现象，各参与方的信息只有自己最清楚且都不会完全了解其他参与方的信息，例如，供应商不能确切了解网店运营商的努力程度及其真实库存信息，网店运营商不能明确知道快递商在服务过程中是否按照顾客要求的标准来完成配送，也不能明确供应商的产品质量是否达标。

因此，信息不对称使得主导权难以确定，同时也给整个网购供应链的合作带来不确定性。如果参与方在合作中不能及时完善自己的信息，主导决策权的一方就不能有效协调参与方的努力与收益，影响参与方在网购供应链 ITIO 最优策略下的积极程度，不利于网购供应链 ITIO 的长期合作。

5. 合作方和平台商泄露信息机密的可能

在共享节约机制下，网购供应链 ITIO 通过 ITIO 决策中心向各参与方发送信息，该服务器建立在网购平台基础上，所以各参与方公布的信息都透明化。通常情况下，服务器的 IT 技术能有效地防止因技术问题而出现的信息泄露，但是不能完全排除平台商与合作方泄露商业机密等人为因素。网店零售商可能会由于利益的驱使将与其合作的快递商的优惠收费信息与标准与其他网店零售商共享，降低了快递商从其他网店零售商获得更多收益的可能；物流配送商收到供应商的指令为网店零售商送货，能够清楚地了解供应商的货物信息及配送频率，而物流配送商有可能会将这些商业信息散播给其他供应商，提高其他供应商的配送效用；或者平台商的管理层也有可能故意将某一方的网购供应链 ITIO 最优决策透露给其他相关方，造成两方竞争的局面。所以在网购供应链 ITIO 决策中缺失约束各参与方行为的信息保密承诺，以及针对各方的信息泄露风险的承担机制，因此会造成因为利益而不惜损害合作方利益的行为，违背了整个网购供应链的收益共享原则。

6.3.3　以共享节约促进网购供应链 ITIO 的合作对策

1. 合理的收益共享节约机制的建立

一个合理的收益共享节约机制有利于参与方的长期合作以及执行网购供应链 ITIO 策略。合作共赢原则引领利润分配的过程，分配时依照贡献度，确保参与方的利益正比于劳动。首先，通过增加收益增量来进行适当合理的分配，能够提升各参与方的收益。其次，通过建立监督和激励机制，确保参与方努力参与到网购供应链中，为提高整个网购供应链系统的总收益而一起努力。同时在分配过程中，对贡献最大的参与方，适当给其更多分配，以一种收益激励制度保证分配的收益高于个体努力成本。例如，在节假日期间，快递商的服务量增大，此时为了激励快递商保证服务质量，可以适当增加快递商的收益份额。

2. 充分利用规则最大化合作效益

网购供应链 ITIO 服务器依靠平台商提供服务与平台，ITIO 服务器建立于众多网购供应链当中，平台商规则不能单凭一条网购供应链打破，因此，网购供应链参与方只能遵守平台商规则，充分利用平台商规则，谨遵规则来寻找最大化收益共享的执行策略，将与平台商的合作效益最大化。同时签订与平台商合作协议，来合理化合作方利益。假如遇到表现强势的合作平台商，可以及时地更换平台，也可以继续和平台商协商来达到降低费用的目的。如果打算更换平台商，要随时有备选平台以最小化更换成本。因此，网店商应当尝试在多家平台商上同时出售产品，这样不仅能够保证销售量，也能防止在强势的平台商改变规则时处于被动状态。备选平台也是网店商与平台商谈判的筹码，起到协调规则或降低租金的作用。如果希望平台商继续降低成本，可利用适当手段使平台商降低费用，同时合作方网购供应链的活动应遵守信息保密承诺。

3. 签订固化的合同和补贴物流费用

网购供应链可以和任何一家物流服务商保持合作，但是合作时所制定的合同要包括合作策略，以尽可能保证长期的合作关系。合同中一定要体现物流服务商的服务地域的时效性和广泛性，以防合作中物流服务商服务质量下降或终止合作的道德风险，损害网购供应链 ITIO 的整体利益。有时物流服务商的收费策略和配送与最优共享节约 ITIO 决策不相符，网店商和供应商可在供应链 ITIO 服务器上发布相关信息来共享并相互协调，可以采用批量整合配送或往返整合的方式来降低物流商的成本进而额外增加物流商的费用，保证及时配送。另外，供应商还可以配合物流商的配送数量和时间，租用物流商的仓库，尽可能减少物流商的配送成本，相当于额外增加物流商的配送费用。这种相互调整的配送方式有利于整个网购供应链 ITIO 策略的执行，还能最大化共享节约效用。

4. 依照市场能力决定主导权

网购供应链中供应商拥有资源，网店商拥有市场，平台商拥有信息，第三方物流拥有技术，参与方依靠各自的优势在供应链中扮演不同的角色。主导权能够紧密联系各方的努力和收益，虽然主导方在主观上是利己的，但他能够基于共享节约在比较公平、透明的 ITIO 决策下来分配各方收益。市场是能够最优化资源配置的场所，也应以参与方的市场能力来决定网购供应链的主导权，主导权依靠市场能力的大小来自主协商达成，应兼顾各方利益，保证各方的执行积极性，共同实现最大化的效益，确保长期稳定地合作。现在随着电子商务的快速发展，国内出现越来越多的电商平台，线下零售和电商企业相互竞争，大型电商平台之间也相互竞争，很多电商与网店零售商的合作是一种相互依赖的关系，电商依靠网店零售商的市场份额，网店零售商依靠电商平台增加销售途径。但在合作中的利益分成中，处于利益的强势方是被依赖的一方，在合作中具有相对主导权。

5. 建立信息分级访问和责任追究索偿制度

在大数据时代，千千万万人的信息关系于网购供应链，大家一直重点关注信息安全。将信息安全机制应用于网购供应链 ITIO 模型，对合作方也是一种保护。提高信息技术水平，保证网络信息环境的安全，将分级访问权限设立到网购供应链 ITIO 服务器中，不同级别和类别的人访问的权限不同，而且合作方之间必须签订信息保密协定，约束每个职员的活动和行为。如果信息发生泄露，要依据制度执行相应的责任追究和索偿。若有任何一个信息事故发生，除去技术原因，那么人为的信息泄露要落实到个人，以一定的惩罚机制连带对所在的参与方施以惩罚，这就要求参与方严格落实职工管理制度，有效监管网购供应链 ITIO 信息。

6.4　共享节约对网购供应链库存与运输动态整合优化的促进机制研究

网络供应商和零售商库存与运输之间存在“效益背反”现象，共享节约合同是协调网购供应链库存与运输之间“效益背反”现象的有效途径。收益共享节约合同主要是以激励第三方物流服务提供商、网购平台等获取固定利益的参与方降低成本以及提高效率为目的，将销售获取的利润按照一定比例进行分配，并将其纳入收益分配机制中，该收益分配可以依据物流的配送速度、商品的货损率以及顾客满意度等因素制定。共享节约合同将库存控制和运输管理结合到同一个问题中，该契约找到了整合问题而不是仅涉及其中一个问题的最优解决方案，这就是共享节约机制的优势所在，即可以有效整合网购供应链库存与运输，使整个网购供应链的总成本降低，利益冲突得到缓和。

6.4.1　收益分享的供应链协调效应

学者通过构建收益共享合同，然后对该合同与价格折扣、回购合同、数量折扣进行了对比分析，并采用动态博弈模型验证了该合同的主要性质与内在激励机制；在此基础上，本书作者提出库存成本与运输成本之间存在“效益背反”现象，并说明了库存与运输的整合分析具有理论价值和实践意义；分析了不同决策下供应链的最优决策和该决策与系统绩效的区别和联系，接着在非对称理性条件下，研究了供应商和零售商的 ITIO 的动态演化问题，得出 ESS，最后分析了在讨价还价与收益共享条件下的 ITIO 的效益分配；构建收益共享契约模型来实现双渠道供应链协调，并在实现协调时得出了契约参数取值范围的计算公式，以及双渠道供应链完美协调存在的条件；对供应商与零售商合作、收益共享契约、使用批发价格契约三种情况下供应链成员的博弈均衡进行了研究，指出收益共享契约对于供应链成员质量控制存在的优势和局限；在存在搭便车的情况下，构建数理模型，对三种不同的双渠道结构下各供应链主体分散决策时的定价均衡进行了分析，并探讨了供应链的整体收益最大化的双渠道定价策略；比较工业产业中应用的合同绩效，指出其能够促进协调供应链成员之间的关系，发现即使共享节约合同不能减少供应链的整体消耗和损失，但是能够提升整个产业链的获利水平；将共享节约引入现实生活，研究了轮胎再制造商和物流公司关于轮胎成本的共享节约，提供了共享节约合同在降低轮胎耗损方面的建议以及增加双方利益的途径；进一步研究了供应链共享节约合同中的双重道德风险和线性合同问题，提出了在线性收益共享合同下，供应商总能取得次优均衡，并做了进一步研究，表明参数的微小变动可能将一个绩效良好的收益共享节约合同变成一个绩效很差的合同，并分析了导致这种现象的理论根源；在需求和供应不确定的情况下，构建了收入共享契约和服务需求的模型，提出了若批发价格保持不变，则供应商的收入共享比例会相对更高；若供应商的收入分享比保持不变，则批发价格会更高；在具有区间灰色特征的随机动态供应链系统下，针对供应链系统中存在的随机线性跳变的鲁棒性问题，采用Markov 算法进行求解，得到了判定随机动态供应链系统鲁棒性的相关指标；在产品的市场需求是价格的非线性函数以及在零售商成本为私有信息的假设前提下，针对由单个零售商和单个供应商组成的供应链，研究了如何协调供应链来应对突发事件；假设 ITIO、零售商和供应商都是理性的，将共享节约合同引入 ITIO 中，对零售商的最优售价、制造商最优批发价格以及库存运输费用节约之间的相关联系进行了分析，然后构建模型验证了存在双方努力水平纳什均衡解。学者对在共享节约合同下供应链的库存与运输整合优化问题进行了较多的研究，但是没有将网购供应链在不同合作周期对合作稳定性的影响考虑进来，本部分首先建立动态作用机制理论模型，并在此基础上，在共享节约条件下，对网购供应链库存与运输动态整合优化遇到的障碍因素进行分析，并给出解决途径。

6.4.2 动态作用机制理论模型

如图 6.3 所示，对于整个网购供应链的分成用 α 表示，网购供应链各参与方的努力程度用 e 表示。本动态作用机制理论模型的设计思路如下：网购供应链由网购平台、供应商和网络零售店三个参与方组成，假设存在两个合作周期，参与方在合作的第一周期中分别付出努力为（e_{11}、e_{12}、e_{13}），根据其努力程度进行收益分配，而努力程度可依据配送速度、货损率与顾客满意度进行评比，分别获得各自的收益分成为（α_{11}、α_{12}、α_{13}）；在第二周期各参与方分别付出努力为（e_{21}、e_{22}、e_{23}），同样得出各自收益分成为（α_{21}、α_{22}、α_{23}）；依据这两个生产周期的效益和努力程度，得出动态转化函数并分析出合作期对合作稳定性的影响。

6.4.3 收益共享节约条件下的网购供应链库存与运输动态整合优化的问题

1. 动态信息不对称问题造成的道德风险

供应商、平台、网店以及第三方物流四个参与方在网购供应链库存与运输动态优化中都各自具有利益诉求且倾向于追寻自身利益最大化。例如，网络零售商希望降低自身的库存费用而供应商希望尽可能地降低运输成本，网购平台提取固

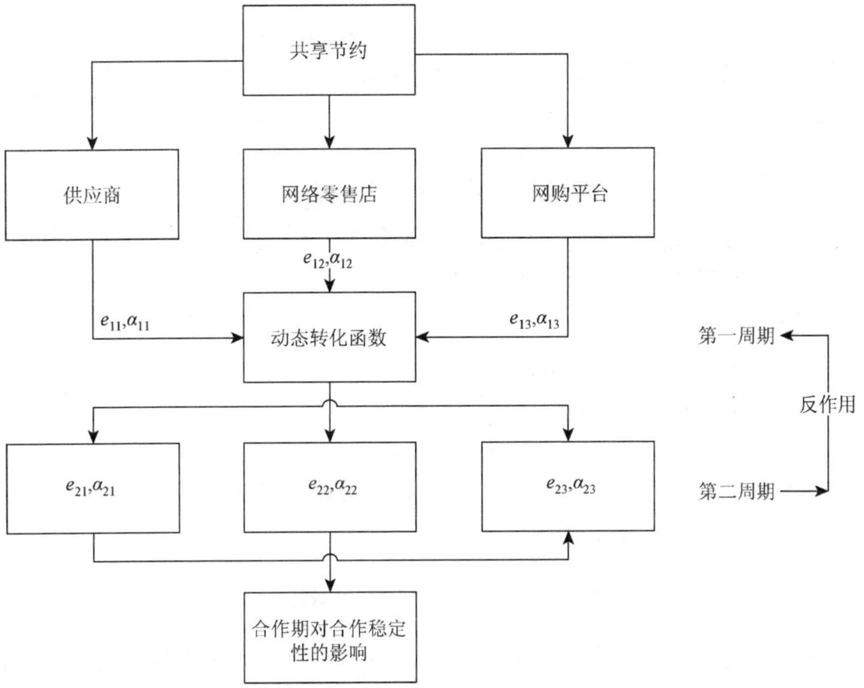

图 6.3　动态作用机制理论模型

定的平台使用费，物流商依据重量、体积、距离、交货提前期收取相应物流费用。在库存与运输动态整合优化中，参与方无法有效地掌握合作方的库存与运输信息，只能对对方策略的可能分布进行估计。因此，存在这种动态信息不对称的现象，将会导致某个参与方有可能实施有损合作方利益的库存与运输策略。例如，供应商在知道某商品的价格在市场上具有下降趋势的情况下，故意对网络零售商隐瞒或谎报且在早期进行一次性大批量的商品供给，从而导致网络零售店的库存大批量累积，产生巨额的库存费用。同时，由于物流第三方和网购平台收取费用较低且具有固定性，即使其提前得知市场上的信息反馈也不会积极应对，不会即时告知合作方相关信息，导致其他参与方不必要的成本损失。这种行为损害了网购供应链库存与运输整体效率，破坏了网购供应链中各参与方的收益共享机制，也打破了 ITIO 动态合作的持续性。

2. 中小企业动态决策随意性较大

伴随着社会经济的迅猛发展，许多中小企业应运而出。供应商一般情况下会因为种种原因无法提供物料和服务的精准时间。例如，在物料的生产过程中可能会发生机器损坏、交通堵塞以及运输工具故障等偶然突发事件，使得供应商无法在之前承诺的时间准时送达物料，同时由于零售商没有提前准备防范措施，将会导致仓库的闲置或不足，造成不必要的机会成本或租金的损失。此时，如果企业未及时给出有效的解决方案，将导致库存与运输费用的增加，损害整个供应链的利益。以上这些情况的发生往往是由于在现实生活中的大部分中小企业缺乏固定有效的管理决策机构。例如，企业内部缺乏完善的管理决策机构，缺少类似于监事会、股东会、董事会和经理层等分工明确的机构，对于企业日常运作事项缺乏合理的分工管理，没有形成一个有效的反应机制，从而导致企业在较短的时间内无法做出合理的对策，造成上述供应链衔接问题的发生。这一现象在一些家族企业中尤为明显，会出现由于某个家族成员的个人因素而使原有的生产或销售计划改变的情况。例如，某个家庭成员对产品的某一部分生产材料做出判断，认为生产成本过高而决定临时更换，从而导致准备生产或者已经在生产运作的产品撤回，造成可以避免的成本浪费。而这些决策信息并没有在第一时间反馈到其他参与者，没有及时做出应对，造成成本的增加，努力的积极性将会变弱，供应链收益共享节约的优势不能得到有效发挥，影响长期合作的意愿。

3. 垄断平台方争夺库存与运输动态整合优化的利润

在库存与运输动态整合优化的过程中，总体所获得的利润往往是固定的，某一参与方利益增加，必然会削弱其他参与方利益。网络零售商、供应商、第三方物流商和平台商的库存与运输动态整合优化的利润分配与各参与方的利益息息相关。如库存与运输动态整合优化业务是否能够顺利开展、供应链各方是否可以达到收益共享节约、供应链各方是否可以拓展新的利润增长点以及供应链是否可以有效提高竞争力的关键问题。然而各企业在供应链合作过程中的地位是不平等的，垄断性的平台商会强势争取网购供应链 ITIO 动态决策权，获取较大份额的利润，从而使得其他参与方的利润减少。例如，eBay 平台商对以拍卖形式出售商品的网店收取较大提成，使得一些类似古董的不能标价的商品滞留，这些销售商承受不住压力为减少平台租金的支出纷纷转移到网购平台。淘宝平台商则对租金收取方式进行了创新，在 2003 年创立之初承诺免费三年，现在淘宝平台对一般的商家入驻仅收取 1000 元的保证金以及每年收取 60000 元技术服务费，若商家长期诚信经营则会退回部分服务费，这些优惠措施吸引了很多网店入驻。淘宝平台实施薄利多销的途径正是迎合了网络零售商对价格敏感的特性，这些零售商有较大的价格需求弹性，只需花费较低的成本，也可以提供给第三方物流较多的利润分成，以此实现共享节约。因此，平台商的垄断行为对整条网购供应链的效率及利益有着严重的影响，这也是库存与运输动态整合优化亟需解决的一个问题。

4. 新网购渠道的冲击

现如今网购普及率逐渐增大，在对人们日常生活的影响不断扩大的趋势下，市场上出现了越来越多的网购渠道。除了淘宝等传统网购渠道外，出现了微信的“钱包”、百度的“有啊”、腾讯的“拍拍”等新渠道，一方面，这些新兴的网购渠道因拥有较低的入驻成本甚至免租吸引了大面积的零售商；另一方面，类似于淘宝这种传统的网购平台的业务是基于电脑建立的生态圈，而如今已处于后 PC 时代，人们对手机的使用频率远大于电脑，主要流量都发生在移动端，而淘宝网购平台在移动端市场份额不大，导致传统网购平台未来有可能会走下坡路。这会导致原有的网购零售商丧失部分客户量，直接造成每次库存和运输的货物减少和分散，从而浪费了供应商的运输成本以及零售商的库存费用，这将严重影响供应商和物流商的收益，降低传统网购供应链的收益水平，阻碍收益共享节约的实现。

5. 合作环境的动态变化导致收益不确定性风险

整体利益最大化的实现需要网购供应链的每个参与方之间相互合作、收益共享，然而，合作环境也是影响整体利益的又一关键因素。环境包括内部环境和外部环境，内部环境即合作方内部的经营问题，实际生活中往往存在因某一个合作方临时改变合作细节而导致合作环境发生改变的情况，使得其他参与方无法及时变更自身决策，损害供应链整体的收益。例如，汽油价格突然上涨，物流成本加大，物流服务商将会提高服务费用，并且为节省燃油费也会增加每次运输的货物数量，这些将导致网络零售商库存成本的增加以及客户交易量的减少，最终影响整个供应链的收益。而外部环境则是每个行业环境发生了改变，如国家颁布某项政策、市场需求发生变化以及国家经济形势发生变化等。例如，某产品整个行业上前景不好、价格下行，实际收益比预期收益要低出很多。行业的整体环境发生变化而导致供应链收益减少，同时会掩盖网购供应链各合作方的合作绩效，降低合作方的信心。

6.4.4　收益共享节约条件下的网购供应链库存与运输动态整合优化对策

1. 设立激励机制

在信息不对称的动态情况下，网购供应链的各参与方为获得利润最大化，纷纷设立了激励机制，使得参与方为实现整体利益最优所付出的努力程度与利益直接相关，避免了各参与方“搭便车”的不恰当行为。参与方采取正当合理的策略，相互信任，建立长期合作关系，实现收益共享节约与纳什均衡，最大化其收益。为了处理信息不对称性带来的问题，激励机制可以采用诱导方式，促使参与方采取 ITIO 的策略，使得参与方的经营目标与 ITIO 整体目标相一致，但不强迫各企业采取指定的方案。对于及时提供市场上的变动信息或者遇到销售、运输障碍问题努力解决的参与方，根据其盈利或弥补收益的大小给予一定份额的奖励。这样，各参与方将会积极保持长期合作共赢的信念，维护网购供应链 ITIO 的整体利益。

2. 构建分权化管理机制，提高 ITIO 决策的科学性

中小企业往往随意性较大，因此，动态决策将造成网购供应链收益受损，对此问题企业内部需要建立分权化、相互制衡的权利机构，建立监事会、股东会和董事会的三权互相监督机制，将企业的决策机构、出纳部门、财务部门进行分开管理，形成相互独立的企业各部门。同时企业也可以设立员工大会进行集体决策，在供应链 ITIO 决策上，企业要进行充分调研、集体决策，这样会大幅度降低决策的武断性带来的风险。对于一些决策能力欠缺的企业可以充分利用信息系统的决策分析模块（网上现有智能决策软件）、云服务等对企业员工进行决策能力的培训，提高参与方能力和认知水平。同时，平时的突发事件将造成提前预订的产品或服务不能按照合同如期进行，造成供应链整体的亏损，对此，需要企业的决策者提前制定详尽的合同，合作细节尽量合同化，避免发生意外时的利益纠纷，影响长期合作的关系。

3. 优化网购平台，进行跨连的公用仓储和配送整合

在网购供应链中，存在一些网购平台商拥有资源、市场、技术和信息等优势，从而在该供应链中处于较高的地位，往往拥有垄断优势，导致一些小型网络零售商因无法负担昂贵的租金而退出市场。因此，网络零售商在不断提升自身的资金实力的同时需要提高自身市场博弈地位。选择两家合作平台，降低对网购平台的依赖性，使得网购平台共享节约分利，提高供应链的整体效率。同时，地域分散且运输和库存业务量小，造成规模不经济现象，导致供应商和网络零售商消耗不必要的运输费用和库存成本。为了实现网购供应链的库存与运输动态整合优化，可以通过快递商与淘宝合作，把商品存放在网购平台商建立的公用仓库，这样快递商就可以直接从仓库取货，进一步降低库存成本并提高快递服务的有效性，增加客户的有效购买率。平台商通过向供应商和零售商收取一定的仓储费来实现收益，长期合作可以降低空位带来的损失，因此，可以以若干年为单位收取一定租金和服务费并提供一些折扣优惠。对于那些销量好、交易量大的时期，网络零售商效益好则可提供给网购平台商较多分成，有效实现共享节约，提升供应链各参与方的整体效益。

4. 开辟新的合作渠道

对于在传统平台如淘宝上销售的网络零售商而言，其获利水平在一定程度上

受到其他平台销售商的影响，因此可以试图选择新的合作伙伴，如自身就具备强大支付功能的新兴渠道微信。淘宝上的用户不能通过扫描网店的产品二维码进入微信页面，即不可以通过微信平台进行购物支付，将会损害淘宝零售商的一部分利润。因此，网络零售商需要学习新技术，掌握更好的销售途径和方法。例如，微信有越来越多的网购零售商做了会员卡取代了之前的会员服务，也就是只要用微信用户关注店铺的公众号或者在朋友圈转发即可获得相应优惠。因此网络零售商可以采取多种渠道来销售商品，将商铺搬到朋友圈，把以前在淘宝上的老客户资源加入微信好友，并在朋友圈发布产品，增加其销售收益。

5. 增强参与方动态合作的鲁棒性

供应链的平稳运行是供应链管理的重要基础，由于合作环境发生动态变化，网购供应链的收益受到内部和外部环境的影响。对于突发性事件，可以通过收益共享节约合同来制定相应的协调机制，例如，当零售商遭遇突发事件造成其期望成本在一定范围内发生扰动时，各参与方可以动态调整人员、资金和资源的合作安排。如果商品的运输成本有所上升，可以适当减少运输操作人员的数量或者在运输人员不变的情况下调整供应链的资金安排，提高运输方面的资金支出，保证产品的质量，并保持供应链的最优批发价格、最优生产计划和最优零售价格不变，达到一定的鲁棒性。建立鲁棒稳定机制，消除外生变量的影响，以及因此带来的合作方积极性变小等问题，可以合理评估合作绩效。

参考文献

陈静. 2015. 基于电子商务环境下的库存—路径问题优化研究[D]. 广州：华南理工大学.

陈治亚，付延冰，陆凤山，等. 2004. 企业供应链中库存与运输服务[J]. 交通运输工程学报，4（2）：85-88.

成党伟. 2011. 基于顾客满意的物流企业客户服务质量提升研究[J]. 科学研究，（3）：2268-2271.

代建生，孟卫东. 2014. 风险规避下具有促销效应的收益共享契约[J]. 管理科学学报，17（5）：25-34.

但斌，吴庆，张旭梅，等. 2007. 第三方物流服务提供商与客户企业的共享节约合同[J]. 系统工程理论与实践，（2）：46-53.

但斌，徐广业. 2013. 随机需求下双渠道供应链协调的收益共享契约[J]. 系统工程学报，28（4）：514-521.

邓哲锋，王勇，徐鹏. 2010. 时滞变质物品库存与运输联合优化模型[J]. 工业工程，13（4）：81-85.

邓正华，况红. 2012. 考虑产品不同残值的供应链收益共享契约协调效用研究[J]. 物流技术，（17）：302-303.

丁正平，刘业政. 2003. 存在搭便车时双渠道供应链的收益共享契约[J]. 系统工程学报，28（3）：370-376.

付蓬勃，吕永波，董秀，等. 2008. 多零售商环境下利润共享契约研究[J]. 物流技术，27（12）：82-85.

郭春香，李旭升，郭耀煌. 2011. 社会责任环境下供应链的协作与利润分享策略研究[J]. 管理工程学报，25（2）：103-108.

金志扬，张孝祖，江浩斌，等. 2005. 现代物流系统中库存-运输联合优化的博弈分析[J]. 物流技术，（10）：284-286.

可可. 2013. VMI 模式下需求随机的库存路径联合优化问题研究[D]. 武汉：武汉理工大学.

雷邦军. 2009. 不确定环境下的库存与运输整合优化问题研究[D]. 重庆：重庆大学.

李富昌. 2010. 不同决策模式下供应链配送系统库存运输优化及收益分配研究[D]. 重庆：重庆大学.

李富昌. 2012a. 库存与运输联合优化的障碍因素及应对策略[J]. 资源开发与市场，28（1）：63-65.

李富昌. 2012b. 库存与运输联合优化中的信息共享研究[J]. 中国流通经济，（4）：34-38.

李富昌. 2012c. 库存与运输联合优化利润分配研究[J]. 工业技术经济，11：97-103.

李富昌. 2016. 共享节约下的库存与运输联合优化研究[J]. 技术经济与管理研究，（1）：18-22.

李宏宽，李忱. 2015. 跨链间同级库存协作下集群式供应链协调分析[J]. 计算机集成制造系统，21（12）：3282-3291.

李虎. 2007. 基于 VMI 的库存与运输联合优化问题研究[D]. 上海：同济大学.

李绩才，周永务，肖旦，等. 2013. 考虑损失厌恶一对多型供应链的收益共享契约[J]. 管理科学学报，16（2）：71-82.
林略，杨书萍，但斌. 2010. 收益共享契约下鲜活农产品三级供应链协调[J]. 系统工程学报，25（4）：484-491.
林强，叶飞，陈晓明. 2011. 随机弹性需求条件下基于 CVaR 与收益共享契约的供应链决策模型[J]. 系统工程理论与实践，31（12）：2296-2307.
林志炳，蔡晨，许保光. 2010. 损失厌恶下的供应链收益共享契约研究[J]. 管理科学学报，13（8）：33-41.
刘丹，刘志学，汪小京. 2013. 考虑多类零售商的库存与运输 VMI 集成策略[J]. 控制与决策，28（4）：517-524.
刘桂庆，周永务. 2009. 1：1 的二级非一体化供应链库存与运输联合优化模型[J]. 系统管理学报，（6）：649-654.
刘桂庆. 2010. 库存与配送联合优化若干问题研究[D]. 合肥：合肥工业大学.
刘立辉，钱燕云. 2006. 一对多配送网络中 ITIO 问题的建模与算法研究[J]. 公路交通科技，23（10）：136-141.
刘丽文，袁佳瑞. 2003. VMI 环境下的库存与发货模型研究[J]. 中国管理科学，11（5）：31-36.
刘利国. 2010. VMI 模式下的库存与路径集成优化模型研究[D]. 长沙：湖南大学.
卢玮，郭睿，胡晓辉. 2015. 基于收益共享节约的网购供应链库存与运输动态整合优化研究[J]. 物流技术，34（11）：204-207.
卢亚秀. 2015. VMI 模式下天然气供应链库存与运输联合优化研究[D]. 成都：成都理工大学.
马乐. 2008. VMI 环境下库存运输联合优化问题的研究[D]. 重庆：重庆大学.
宁亚春，罗之仁. 2010. 政府管制与双寡头企业社会责任行为的博弈研究[J]. 中国管理科学，18（2）：157-164.
秦军昌，王渊，朱正威. 2014. 应急物流中库存与运输集成决策模型研究[J]. 数学的实践与认识，44（7）：47-58.
唐宏祥. 2004. VMI 对供应链性能的影响分析[J]. 中国管理科学，12（2）：60-65.
田立新，唐焕超. 2009. 成品油单周期库存与运输联合优化[J]. 系统管理学报，18（5）：588-590.
汪亮. 2014. VMI 模式下收益共享契约研究[D]. 昆明：云南财经大学.
王法涛，苑春荟. 2013. 网上零售服务供应链模型构建及协同机制[J]. 中国流通经济，（7）：14-20.
王斐，周涮. 2010. 基于 JMI 的单周期离散随机需求下的库存与运输集成问题研究[J]. 物流技术，29（11）：52-55.
王桦，李富昌. 2015. 网购供应链库存与运输联合优化模型研究[J]. 资源开发与市场，31（5）：597-601.
王亮，李世珣，孙绍荣. 2007. 随机需求直接发运的运输与库存整合优化研究[J]. 管理工程学报，21（2）：130-133.
王亮. 2008. 供应链运输与库存整合优化技术应用分析[J]. 中国流通经济，22（9）：27-29.
王乾龙. 2012. 供应链管理环境下库存与运输联合优化问题研究[D]. 上海：上海交通大学.
王芹鹏，赵道致. 2014. 消费者低碳偏好下的供应链收益共享契约研究[J]. 中国管理科学，22（9）：106-113.
王伟. 2011. 供应链下的 IRP 问题研究[D]. 北京：北京化工大学.
王旭，施朝春，葛显龙. 2011. 基于 Milk Run 模式的库存运输整合优化[J]. 计算机集成制造系统，

17（4）：852-857.
王耀燕，刘辉. 2005. 供应链中基于 VMI 库存与运输协调问题的研究[J]. 铁道运输与经济，27（12）：92-94.
王勇，邓哲锋，徐鹏. 2009. 基于多折扣价格报价的库存与运输整合优化模型[J]. 工业工程，12（6）：85-89.
王勇，韩伟. 2010. 基于作业整合具有提前期的运输与库存联合优化[J]. 统计与决策，(8)：73-75.
王勇，李富昌. 2011. 基于非对称理性的 ITIO 动态演化分析[J]. 管理工程学报，25(1)：158-164.
吴庆，但斌. 2009. 低值易逝品的第三方物流收入共享协调合同研究[J]. 管理工程学报，(3)：40-44.
伍强，刘春玲，郭君. 2012. 风险厌恶假设下的供应链利润分享契约协调机制研究[J]. 经济经纬，(6)：101-106.
奚飞，马成，周永务. 2009. 基于不同订货周期策略的库存路径问题研究[J]. 合肥工业大学学报：自然科学版，32（6）：931-936.
奚飞. 2009. 基于固定分区策略的库存路径问题研究[D]. 合肥：合肥工业大学.
肖汉. 2010. 多周期随机需求库存—路径问题研究[D]. 西安：西南交通大学.
肖继先，康玉茜，孔闪闪. 2013. 最大最小运送周期下的库存与运输优化模型[J]. 辽宁工程技术大学学报（自然科学版），32（3）：393-396.
谢秉磊. 2010. VMI 模式下的随机库存路径问题[J]. 公路与汽运，(1)：71-73.
谢小良，符卓，杨芳. 2010. 存货影响销售率的无形变质物品库存-运输整合优化模型[J]. 公路交通科技，27（2）：138-142.
邢光军，林欣怡，达庆利. 2009. 具有逆向物流的供应链利润共享与协调机制[J]. 东南大学学报（自然科学版），39（3）：646-650.
熊中楷，谢林林，王明恺. 2006. 随机需求条件下供应链收益分享合同研究[J]. 科技管理研究，26（11）：233-236.
徐广业，但斌，肖剑. 2010. 基于改进收益共享契约的双渠道供应链协调研究[J]. 中国管理科学，18（6）：59-64.
徐琪，刘峥，汤兵勇. 2015. 合同订购与现货市场混合交易下的双渠道供应链优化决策[J]. 中国管理科学，23（4）：105-116.
杨畅，程硕，张毕西. 2016. 考虑市场需求不确定下的供应链协调优化[J]. 数学的实践与认识，46（17）：129-135.
杨道箭，齐二石，魏峰. 2011. 顾客策略行为与风险偏好下供应链利润分享[J]. 管理科学学报，14（12）：50-59.
杨德礼，于江. 2003. 供应链管理下节点企业与第三方物流间协同合作的量化研究[J]. 中国软科学，(3)：51-55.
杨佳. 2013. VMI 模式下 IT 产品库存与运输集成优化研究[D]. 大连：大连海事大学.
杨子楠. 2013. 基于虚拟库存管理的库存与运输集成优化研究[D]. 北京：北京交通大学.
叶飞，林强. 2012. 风险规避型供应链的收益共享机制研究[J]. 管理工程学报，26（1）：113-118.
张东亮. 2007. 基于 VMI 的库存与运输联合优化问题研究[D]. 北京：北京交通大学.
张可芳，赵红梅. 2016. 基于成本控制的库存与运输联合优化研究综述[J]. 物流工程与管理，38（7）：33-34.

张熙悦，王怀祖，熊中楷. 2006. 收益分享合同与供应链绩效研究[J]. 商业研究，(18)：5-7.

赵霞，吴方卫. 2009. 随机产出与需求下农产品供应链协调的收益共享合同研究[J]. 中国管理科学，17 (5)：88-95.

赵亚博，王丽萍，蔡建湖. 2011. 基于收益分享契约的多节点供应链协调模型[J]. 物流技术，30 (9)：161-164.

赵志刚，李向阳，刘秀华，等. 2007. 面向供应链协调的利润分享契约及其响应方法研究[J]. 中国管理科学，15 (6)：78-85.

朱道立，胡一竑，徐最. 2011. 网购供应链中的竞争和协调若干问题[J]. 上海理工大学学报，33 (3)：248-252.

Aghezzaf E H，Raa B，Landeghem H V. 2006. Modeling inventory routing problems in supply chains of high consumption products[J]. European Journal of Operational Research，169 (3)：1048-1063.

Anderson E，Coughlan A T. 1987. International market entry and expension via independent or integrated channels of distribution [J]. Journal of Marketing，51：71-82.

Bard J F，Liu H，Jaillet P，et al. 1998. A decomposition approach to the inventory routing problem with satellite facilities[J]. Transportation Science，32：189-203.

Bertazzi L，Speranza M G，Ukovich W. 1997. Minimization of logistic costs with given frequencies[J]. Transportation Research Part B Methodological，31 (4)：327-340.

Bramel J，Simchi-Levi D. 1997. The Logic of Logistics[M]. New York：Springer.

Cachon G P，Lariviere M A. 2005. Supply chain coordination with revenue-sharing contracts：Strengths and limitation[J]. Management Science，51 (1)：30-44.

Campbell A，Clarke L，Kleywegt A，et al. 1998. The inventory routing problem[M]. Boston：Kluwer Academic Publishers：95-113.

Chauhan S S，Proth J M. 2005. Analysis of a supply chain partnership with revenue sharing[J]. International Journal of Production Economics，97 (1)：44-51.

Chen Z G，Xu Y，Wang Y. 2008. Integrated vendor-buyer cooperative inventory model with nonlinear lead time crashing cost[J]. System Engineering Theory and Practice，28 (3)：64-70.

Cheung K L，Lee H L. 2002. The inventory benefit of shipment coordination and stock rebalancing in a supply chain[J]. Management Science，48 (2)：300-306.

Corbett C J，DeCroix G A，Ha A Y. 2005. Optimal shared-savings contracts in supply chains：Linear contracts and double moral hazard[J]. European Journal of Operational Research，163 (3)：653-667.

Corbett C J，Decroix G A. 2001. Shared-savings contracts for indirect materials in supply chains：Channel profits and environmental impacts[J]. Management Science，47 (7)：881-893.

Cruz J M. 2010. The impact of corporate social responsibility in supply chain management：Multicriteria decision-making approach[J]. Decision Support Systems，2010，48 (1)：224-236.

Daganzo C F，Newell G F. 1985. Physical distribution from a warehouse：Vehicle coverage and inventory levels[J]. Transportation Research Part B，19 (5)：397-407.

Daganzo C F. 1988. A comparison of in-vehicle and out-of-vehicle freight consolidation strategies[J]. Transportation Research Part B，22 (3)：173-180.

Dana Jr J D，Spier K E. 2001. Revenue sharing and vertical control in the video rental industry [J].

Journal of Industrial Economics，49（3）：223-245.

Eppen G D，Iyer A V. 1997. Backup agreements in fashion buying-the value of upstream flexibility[J]. Management Science，43（11）：1469-1484.

Esmaeili M，Aryanezhad M B，Zeephongsekul P. 2009. A game theory approach in seller-buyer supply chain[J]. European Journal of Operational Research，195：442-448.

Federgruen A，Prastacos G，Zipkin P H. 1986. An allocation and distribution model for perishable products[J]. Operations Research，34（1）：75-82.

Federgruen A，Zipkin P. 1985. A combined vehicle routing and inventory allocation problem[J]. Operation Research，(33)：469-490.

Fisher M，Raman A. 1996. Reducing the cost of demand uncertainty through accurate response to early sales[J]. Operations Research，44（1）：87-99.

Foros Ø，Hagen K P，Kind H J. 2009. Price-dependent profit sharing as a channel coordination device[J]. INFORMS，55（8）：1280-1291.

Harris F W. 1913. How many parts to make at once. Factory[J]. The Magazine of Management，10（2）：135-136.

Herer Y，Roundy R. 1997. Heuristics for a one-warehouse multiretailer distribution problem with performance bounds[J]. Operations Research，45（1）：102-115.

Iyer A V，Bergen M E. 1997. Quick response in manufacturer-retailer channels[J]. Management Science，43：559-570.

Jaber M Y，Osman I H. 2006. Coordinating a two-level supply chain with delay in payments and profit sharing[J]. Computers & Industrial Engineering，50（4）：385-400.

Kelle P，Al-khateeb F，Miller P A. 2003. Partnership and negotiation support by joint optimal ordering/setup policies for JIT[J]. International Journal of Production Economics，81-82：431-441.

Kumar A，Schwarz L B，Ward J E. 1995. Risk-pooling along a fixed delivery route using a dynamic inventory-allocation policy[J]. Management Science，41（2）：344-362.

Lariviere M A. 1999. Supply chain contracting and coordination with stochastic demand[M]//Tayur S，Ganeshan R，Magazine M. Quantitative Models for Supply Chain Management. Boston：Kluwer Academic Publishers：235-268.

Lee W J，Kim D. 1993. Optimal and heuristic decision strategies for integrated production and marketing planning[J]. Decision Sciences，24（6）：1203-1213.

Netessine S，Rudi N. 2001. Supply chain structures on the Internet：Marketing-operations coordination[R]. University of Pennsylvania Working Paper，Philadelphia.

Schweitzer M E，Cachon G P. 2000. Decision bias in the newsvendor problem with a known demand distribution：Experimental evidence[J]. Management Science，46（3）：404-420.

Shen S Y，Honda M. 2009. Incorporating lateral transfers of vehicles and inventory into an integrated replenishment and routing plan for a three-echelon supply chain[J]. Computers & Industrial Engineering，56（2）：754-775.

Trudeau P，Dror M. 1992. Stochastic inventory routing：Route design with stockouts and route failures[J]. Transportation Science，26（3）：171-184.

Tsay A A. 1999. The quantity flexibility contract and supplier-customer incentives[J]. Management

Science，45（10）：1339-1358.

Wang C X，Webster S. 2007. Channel coordination for a supply chain with a risk-neutral manufacturer and a loss-averse retailer[J]. Decision Sciences，38（3）：361-389.

Wang C X，Webster S. 2009. The lost-averse newsvendor problem[J]. Omega，37（1）：93-105.

Wang Y，Jiang L，Shen Z J. 2004. Channel performance under consignment contract with revenue sharing[J]. Management Science，50（1）：34-47.

Wang Y. 2006. Joint pricing-production decisions in supply chains of complementary products with uncertain demand[J]. Operations Research，54（6）：1110-1127.

Yadav P，Miller D M，Schmidt C P，et al. 2003. McGriff treading company implements service contracts with shared savings[J]. Interfaces，33（6）：18-29.

后　记

本书是国家自然科学基金项目（71362029，71562036）、云南省中青年学术和技术带头人后备人才项目（2014HB009）的研究成果之一。本书还受到云南省支持新增一级学科博士点学科建设项目——应用经济学、云南师范大学“十二五”学科建设项目——层次应用经济学联合资助。

本书是集体智慧的结晶，是全体研究人员的成果。李富昌、胡晓辉、卢玮对本书研究思路和研究内容进行了设计和组织，并撰写了主要章节。云南师范大学经济与管理学院王桦、吴可可、何展、薛婉璐、吴璐、苏益莉、胡安建、陈莹、叶丽华、文任丽参与了部分内容的撰写和文字校对工作。在本书的撰写和编辑过程中，得到了科学出版社朱小刚和相关编辑的大力支持，他们为本书的出版付出了艰辛劳动。在此，向所有关心和支持本书出版的人士表示由衷的感谢！

李富昌　胡晓辉　卢　玮

2017年6月于昆明